完全版

袴田事件を裁いた男

無罪を確信しながら死刑判決文を書いた元エリート裁判官・熊本典道の転落

尾形誠規

朝日新聞出版

1968年、熊本典道は証拠が少なかった第一審の段階から、袴田さんは無罪だと主張した。死刑確定後も上級審で必ず覆してくれると信じたが、何人もの裁判官は「警察がここまで大がかりな証拠を捏造するはずがない」という思い込みにより、無実の袴田さんを48年も拘束する。熊本は2020年に死去、東京高裁の大善裁判長による「再審決定」の朗報も聞くことができなかった。

（朝日新聞2023年3月14日、3月21日）

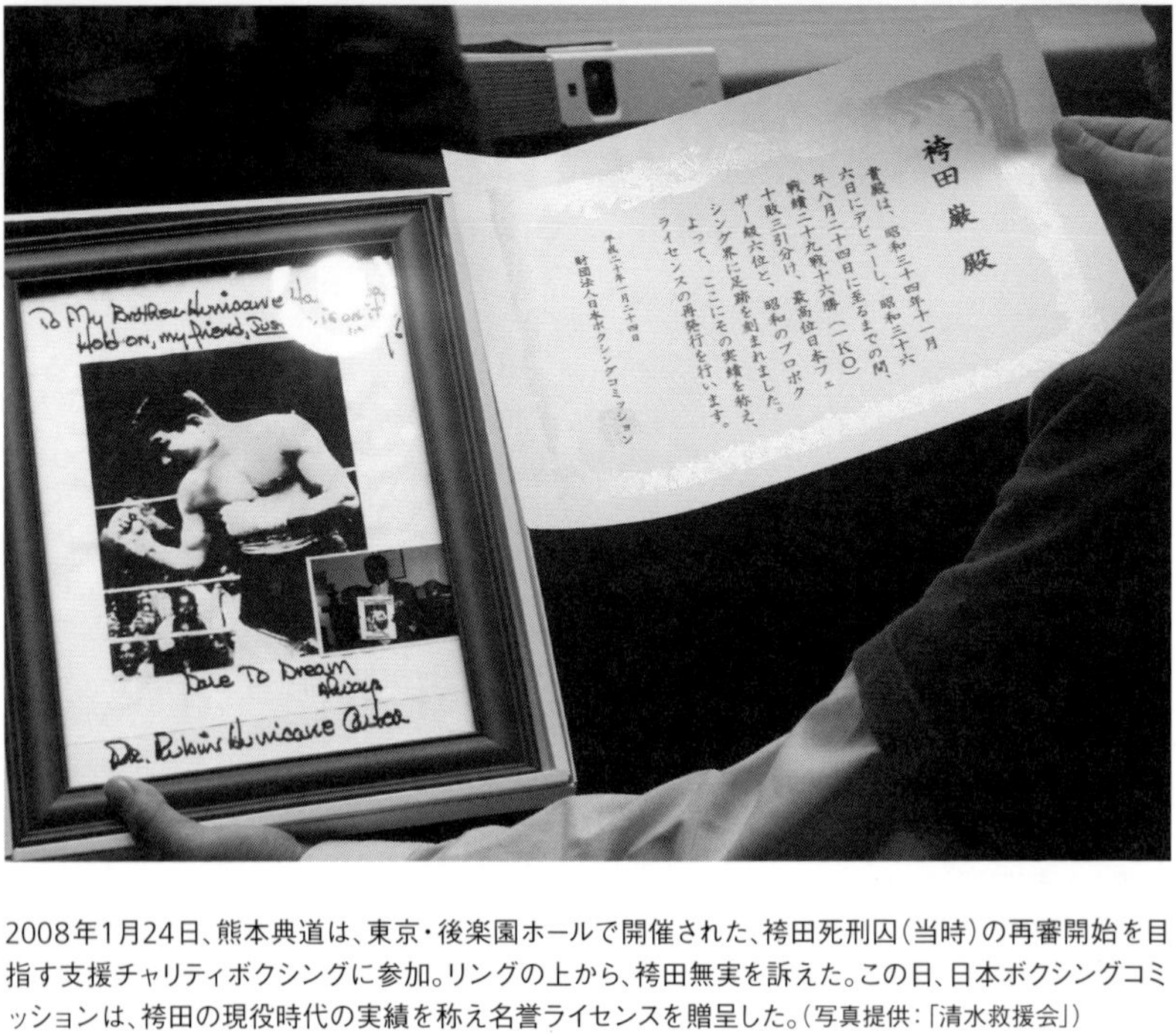

2008年1月24日、熊本典道は、東京・後楽園ホールで開催された、袴田死刑囚（当時）の再審開始を目指す支援チャリティボクシングに参加。リングの上から、袴田無実を訴えた。この日、日本ボクシングコミッションは、袴田の現役時代の実績を称え名誉ライセンスを贈呈した。（写真提供：「清水救援会」）

完全版

袴田事件を裁いた男

無罪を確信しながら死刑判決文を書いた元エリート裁判官・熊本典道の転落

完全版まえがき

「良心ある告白をした美談の男」とは別の、もう一つの顔

二〇二三年三月十三日午後二時過ぎ、東京高等裁判所前は喝采に湧いていた。一九六六年に静岡県で一家四人が殺害された、いわゆる「袴田事件」で極刑を下された袴田巖《はかまたいわお》さん（八十七歳）の第二次再審請求審において、高裁が裁判のやり直しを命じたのだ。拍手や歓声があがる弁護団や支援者の輪の中には、長年、袴田さんを支えてきた姉の秀子《ひでこ》（九十歳）の晴れやかな表情もあった。

〈捜査機関が重要な証拠を捏造《ねつぞう》した疑いがあり、袴田さんを犯人と認定することは到底できない〉

高裁の決定文に記された文言は、九年前の二〇一四年三月二十七日に静岡地裁が下した再審開始の決定文にもあった。同日、袴田死刑囚は四十七年以上にもわたり収監されていた東京拘置所から釈放され自由の身となる。あとは再審開始を待つだけだった。

ところが、検察の即時抗告に対し、東京高裁は二〇一八年、静岡地裁の決定を取り消すまさかの決定を下す。対し弁護側は特別抗告を行い、これを受けた最高裁は二〇年、東京高裁決定を取り消し高裁への差し戻しを命じる。

そして、前述のとおり三年後に高裁が改めて再審開始を決定。懸念した特別抗告もされず再審が正式に確定する。これまで日本の刑事裁判で死刑が確定し、後に再審が決定・開始されたのは四例。その全てで無罪判決が下りている。袴田さんにも無罪判決が出るのは間違いないはずだ。

裁判は最初の地裁判決が重みを持つ。袴田事件においても一九六八年に静岡地裁が下した死刑判決が後の展開に大きく影響した。このとき、判決文を書いたのは熊本典道《くまもとのりみち》という名の当時三十歳の若き裁判官である。熊本は判決から三十九年が過ぎた二〇〇七年、裁判官に課せられた「評議の秘密」を破り、実は審理過程で無罪心証を持っていたこと、二人の先輩裁判官との合議で二対一の多数決に敗れ、極刑を命じる判決文を作成したことを公にした。

熊本の告白は大きな反響を呼び、国内の新聞・テレビはもちろん、海外メディアからも、勇気ある発言、良心的な判事と、その行動を称賛する報道が相次いだ。対し、最高裁は「真偽不明であるが、元裁判官が評議の秘密を漏らしたとすれば極めて遺憾である」とのコメントを発表していた。

心に背く判決文を書いた熊本は死刑判決の翌年、裁判官を退官。罪の意識に苛《さいな》まれながらその後の人生を歩み、二〇年十一月十一日、八十三歳でこの世を去った。彼が生涯抱えていた苦しみは、人殺しの汚名を着せられ〝世界で最も長く収監されている死刑囚〟として不幸なギネス記録にも認定されたこともある袴田さんに比べれば、格段に浅いのかもしれない。が、裁判員制度が始まって十四年。あなたが、無罪を確信しながら死刑判決を下した熊本と同じ立場に立たされない保証はどこにもなく、その結果、冤罪《えんざい》の一端を担った責任に悩まされ続ける可能性もゼロではない。果たして、メディアが「心に十字架を背負った裁判官」と称した熊本はどんな生涯を送ってきたのか。

本書は二〇〇九年から二〇一〇年にかけ熊本本人と関係者に話を聞き、無罪を確信しながら死刑判決文を書いた元裁判官の素顔に迫ったルポルタージュに〝その後〟を加筆したものである。

取材を進めるうち浮かび上がってきたのは、当初イメージしていた「良心ある告白をした美談の男」とは別の、もう一つの顔だった——。

完全版 袴田事件を裁いた男　目次

完全版まえがき　3
Ⅰ　接触　9
Ⅱ　疑惑　21
Ⅲ　悲劇　51
Ⅳ　背信　83
Ⅴ　天使　117
Ⅵ　子供　147

Ⅶ　旧友　175
Ⅷ　再生　199
Ⅸ　四年後　233
Ⅹ　さらに九年後　249
年表・「袴田事件」再審公判、開始への道のり　301
参考資料　302
解説　江川紹子　303
特別付録　朝日新聞取材班　314
佐藤優　326
村山浩昭（元静岡地方裁判所判事・弁護士）　329
木谷明（元東京高等裁判所判事・弁護士）　338

＊本書は、二〇一四年六月、朝日文庫版として刊行された『袴田事件を裁いた男　無罪を確信しながら死刑判決文を書いた元判事の転落と再生の四十六年』を改題、本文を加筆修正したものです。
＊本書は、第二次再審請求で静岡地裁が再審決定した後、静岡地検が即時抗告した二〇一四年三月二十七日以降の出来事を取材し、巻頭の口絵のほか、新章として「完全版まえがき」「X　さらに九年後」を付け加えました。巻末には、「特別付録」として、佐藤優氏のコラム、朝日新聞の記事、村山浩昭元静岡地方裁判所判事と木谷明元東京高裁判事の講演録を転載しました。
＊親本は、二〇一〇年六月、鉄人社より刊行された『美談の男　冤罪　袴田事件を裁いた元主任裁判官・熊本典道の秘密』です。一四年の文庫刊行時に加筆した「IX　四年後」および、本書で加筆した二つの新章、江川紹子氏の「完全版のための追補」、特別付録を除き、事実関係、年齢、年数などは親本刊行時のままにしてあります。
＊敬称は一部省略している箇所があります。
＊本文中の写真でクレジットがないものは、熊本典道氏からご提供いただいたものです。

Ⅰ
接触

僕の話を美談にしないでくださいね

二〇〇九年一月六日午後七時。福岡空港の出発ロビーで、ボクは待合い座席に身を沈めていた。羽田行きの便が発つまで、あと四十分ある。せっかくだから明太子でも買ってくか。身を起こそうとするが、上手《うま》く体が動かない。

搭乗口の前で茶髪のサラリーマン風が携帯片手に怒鳴っている。

「何遍も同じこと言わせせんじゃねーよ。明日の朝イチ。守れよ。絶対だぞ」

威圧的な物言いが見苦しいぜ、あんちゃん。でも、今は腹を立てる気力もないけどな。よろよろと立ち上がる。土産はいい。どうせまたここに来ることになるのだから。

喫煙室でタバコを取り出す。左手にマルボロライトを一本挟み、ライターで火をつけて初めて気づいた。掌が汗でじっとりだ。この分じゃ、たぶん背中も濡れている。

体は正直だ。魂を揺さぶられる話を聞いた後の体は嘘をつかない。

「人を殺した人間が、おめおめとね……おめおめと生きていていいわけがないんだよ……」

男が何度も口にした台詞《せりふ》が蘇る。

いやいや、何があっても死んでいい理由なんかないですよ。

そんな陳腐な返しができる空気はどこにもなかった。

男が抱えてきた長年の苦悩を思えば、ただその嗚咽《おえつ》する姿に息を呑むしかなかった。


ボクが、創刊から十年間にわたり関わってきた月刊誌の編集長を降り、新たにノンフィクションのムック本を企画したのは〇八年十月のことだ。初っぱなのテーマは「裁判」を選んだ。裁判員制度実施を目前に控え、実際の法廷で何が起きているのか、その悲喜こもごもの人生ドラマを一冊にまとめようと考えた。

多くのライター、ジャーナリストに記事を依頼する中、どうしても自分で会って話を聞いてみたい人物がいた。熊本典道。冤罪の疑いが濃いとされる袴田事件で、無罪の確信を持ちながら死刑判決文を書いた元主任裁判官である。


熊本の存在は、〇七年二月、偶然見たテレビ朝日の「報道ステーション」で初めて知った。

事件の第一審公判途中から一貫して無罪の心証を持ち続けていたこと。合議の場で他の裁判官と意見が割れ、二対一で自分が敗れたこと。取り決めに従って死刑判決文は自分が書いたこと。その後まもなく、責任を感じて裁判官の職を辞したこと。今後は再審開始に向け尽力したいこと。

裁判官が、外に向け自ら過ちを認めるなど聞いたことがない。衝撃の告白に、ボクは画面に釘付けになった。

「自分の子供や親のことを思い出さない日はあっても、彼が手錠を外されて被告人席に来たときの顔……そして判決言い渡しの日のガクンとしたときの顔は……一日たりとも決して忘れたことはありません」

熊本はことばを絞りだし、「もし彼に会えることがあったら……目の前で……十五分なら十五分……ただ泣いてるしかないと思います」と頭を垂れていた。長年の罪悪感に耐えてきた、苦しみの姿がそこにはあった。

裁判本のコンテンツを考え始めたとき、真っ先に熊本の顔が浮かんだ。

裁判員裁判が始まろうとしている今、いつ誰が熊本と同じ立場になってもおかしくない。人が人を裁く苦悩を、元裁判官に語ってもらう記事は欠かせない。

というのは建前で、ボクにはテレビで見た熊本の姿が、ただずっと心に残っていた。

心に背く死刑判決文を書き、その自責の念に耐えかね、四十年近い時を経て己の過ちを告白する。なんという勇気、なんという覚悟。人間が持つ真心、良心を熊本に教えられた気がした。ふだんも涙もろいボクが、このときはよりいっそう泣いた。その記憶がずっとあった。

元裁判官ではなく、人間熊本に会いたい。動機は極めてシンプルだった。

取材するにあたり、袴田事件のことは一通り調べた。詳しくは後述するが、事件の概要は次のようになる。

一九六六年六月、静岡県清水市（現静岡市清水区）で、みそ販売会社の専務宅が放火に遭い、屋内で一家四人が刺殺されていた。容疑者として逮捕されたのは、元ボクサーの袴田巖。みそ工場の従業員だった。

警察は当初から彼を犯人と決めつけ、長時間の違法な取り調べの末、犯行を否認する袴田から自白を得る。明確な証拠がなかったため、自供に頼るしかなかったようだ。

そして裁判。一審の静岡地裁で袴田は供述を翻《ひるがえ》し、一貫して無罪を主張する。しかし、下った判決は死刑。高裁、最高裁への上訴も棄却された。その後、弁護団が求めた再審請求（裁判のやり直し請求）も認められず、未だ袴田死刑囚は獄中の身にある（注・二〇一〇年）。

四十年以上も自由を奪われ、いつ訪れるともわからぬ死に怯えながら日々を送る。そんな地獄を強いた責任を、熊本は深く深く悔いていた。


飛行機が羽田に着き、モノレールで浜松町。そこから山手線に乗り換える。

疲れた顔の中年女、ドアのそばで腕を組むカップル、作業着姿の二十代、肩を叩き合う酔客。いろんな人がいる。いろんな顔がある。

「判決文を書く前はねぇ、なんか人の顔を見たくなって電車に乗ったんだよね。罪を犯したあいつも、こうやって電車に乗ってたんやろうなぁ、なんであのとき、あいつはナイフを持ち出したりしたんかなぁ、なんで刺すのを思いとどまらなかったんかなぁとか、そういうことを、ただじーっと考えてました」

遠くを見つめるような目で話していた熊本の姿がまた浮かぶ。その、ある意味、裁判官には似つかわしくない人情味が、熊本を苦しめたのではなかろうか。

自宅に戻る。バッグを下ろす。タバコに火をつける。

テレビが、交通死亡事故のニュースを伝えている。何も耳に入ってこない。

おもむろにＩＣレコーダーを取り出し、再生ボタンを押す。

熊本のことばが流れてくる。

「僕のことなんかどうでもいいんだよ。袴田くんが……彼が一日も早く自由になってくれること、大切なのはただ……それだけです」


福岡・中洲《なかす》。その日、ボクはホテルオークラの料理屋の個室で、初めて熊本に対面した。

想像以上に小柄だった。茶のジャケットに黒のズボン、白いワイシャツ、紺のネクタイ。ちゃんとした身なりだ。杖をついているのは足腰が弱っているせいだろうか。

会うなり、熊本は人なつっこい笑顔で手を上げた。

「やーやー遠いところまで。ごくろうさん」

口元を見ると前歯が一本しかない。妙に可愛かった。

「さて、と」

和室の座椅子に熊本がゆっくり腰を下ろす。弱々しいその姿に、元裁判官という肩書からくる厳格なイメージが徐々に薄れていく。

「先生、お酒は？」

「うん、ビールをいただこうかな」

「けっこう、飲まれるんですか？」

「うんうん、本当はダメなんだけどね。女房に時々、怒られてます。ハハハハ」

今日は怒られても飲んでください。おねーさん、ビール一本。


熊本は饒舌《じょうぜつ》だった。

高校卒業後、本当は医学部に進学するはずだったところを、寸前で考えを変え、九州大学の法学部に進んだこと。在学中に司法試験を受けトップで合格したこと。驚かされたのは、判事補として最初に赴任した東京地方裁判所の三年間で死刑判決に四回関わり、その全ての死刑囚と東京拘置所で面会したというエピソードだ。

「判決に問題があったということですか？」

ボクには意味がわからなかった。裁判官が己で死刑判決を下した囚人に面会するとは、特別な事情があったとしか考えられない。

「いや、何も揺るぎはなかったよ。本人もちゃんと認めている。でも心は平静でいられないんだよね。ある意味、自分で踏ん切りがつかなかったんだろうなぁ」

僕たち三人の裁判官は一生懸命審理した。でも何か言いたいことはないか。法廷で言い残したことはないか――。とにかく、彼らと話がしたかったのだという。

「全員が、死刑は仕方ありませんと、いさぎよかったよ。でもさ、仕方ありませんで済まされないよね。死刑にしたんだもんね」

「そんな裁判官は他に」

「いないよ。いるわけないよ。そんなバカは僕だけです」

熊本は大声で笑った。


世間に自分の過ちを告白してからすでに二年。これまで、数多くのメディアから取材されてきたに違いない。が、話が袴田裁判の死刑判決に及ぶと、熊本は嗚咽しながら幾度も悔恨のことばを口にした。

「裁判官を辞めた後、弁護士になったんだけど……なんというか、自責の念を通り越して、もはや生きてても仕方がないというかねぇ。酒は浴びるほど飲んだよ。でも、何の解決にもならなかったです」

死に場所を探し、日本各地を彷徨《さまよ》った。ノルウェーのフィヨルドにも足を運んだことがある。でも死ねなかった。

「それで、今まで生きながらえてきました。……恥ずかしいよね」

「恥ずかしいなんて、とんでもないですよ。先生は立派ですよ。きちんと告白なさったじゃないですか。できることじゃありませんよ」

「いや、僕はね、人殺しの片棒を担《かつ》いだんだよ。そんな人殺しが……おめおめと生きてていいわけが……ない……」

嗚咽が号泣に変わった。返すことばが見つからない。

「いやいや……ごめんなさい」

熊本は言う。告白したことで、長年の胸のつかえは下りた。が、それはあくまで自己満足に過ぎない。自分が本当になすべきは、未だ獄中にいる袴田死刑囚（注・二〇一〇年）に直接謝罪し、彼を救い出すことだ、と。

「袴田さんも体調が良くないようですね」

「拘禁《こうきん》反応……と聞いてます。本当にね、本当に申し訳ないよ……」

あっという間に三時間が過ぎていた。まだまだ聞きたいことはあったが、この辺りで終わりとしよう。あ、熊本さん、ビール、まだ一本いきます？　じゃあボクももう少しだけ。

〝先生〟がいつのまにか〝熊本さん〟になっていた。

「これは直接、事件とは関係ないのかもしれませんが」

「なんだい。何でも聞いてよ」

「熊本さん、お子さんは？」

聞いた瞬間、熊本の顔が少し歪んだ。

「すいません、余計なことを言いました」

「大丈夫だよ。それじゃあ言うけどね。娘がね……娘が二人います。でも、もう何年も会ってません。……孫もいるけれども……もう会わない方がいいと思って……ます。はい。終わり」

待ってください。それは何か事件と関係してるんでしょうか。

ボクのしつこい問いかけに、熊本の重い口が開く。

事件に関わったことは、家族には一切言わなかった。が、長女が高校一年のとき、二人でヨーロッパを旅行した。ある夜、あるホテルで娘が将来の仕事について相談を持ちかけてきた。このタイミングしかない。今まで黙ってきた過去を洗いざらい打ち明けた。

――お父さんは昔、裁判官をやっていて、心に背く死刑判決文を書いた。死刑を言い渡された彼は、今も冤罪を訴えている。お父さんが早く死んで、もしそのとき事件が良い方向に解決していなかったら、おまえはその後も人殺しの娘として生きていかなければならない。これは一生、付いて回る。だから、おまえが将来就職することがあっても、法律関係、その周辺の仕事だけは絶対に選んではいけない――。

娘は唖然とし、その後、一切話題には触れなくなった。当然だろう。十五、六歳の少女には荷が重すぎる話だ。

「妹は、その後、姉から話を聞いたんでしょう。とにかくね……もう会わない方がいい。以上、終わり」

事件は、裁かれた袴田死刑囚はもちろん、裁いた熊本の人生をも大きく狂わせていた。

取材を終え帰る段になり、熊本がポツンと言った。

「あのね、僕の話を美談にしないでくださいね」

謙虚なことばに頭が下がった。酔いも手伝い、思わず握手を求めた。お会いできて光栄でした。どうかお元気で。貴重な話が聞けたことに、心の底から感謝、感動していた。

しかし、ボクはわかっていなかった。熊本が口にした「美談にしないでください」の本当の意味。

それを知るのはまだかなり先のことだ。

II
疑惑

裁く一員として

「無期だったよ」

二〇〇九年七月十五日。東京地方裁判所。法廷から戻ってきたライターの北尾《きたお》トロが、ボクに声をかけた。無期懲役か……。それまで全身に張り詰めていた緊張の糸が徐々に解《ほぐ》れていく。

判決は死刑ではなく有期刑。その結論が正しいのかどうかボクにはわからない。わからないが、彼に極刑が下されなかった事実に安堵している自分がいた。とりあえず、これで彼は首をくくられずに済む。十年、二十年、三十年の後には、社会に出られる可能性がある。公判を見続けてきた者の一人として、最後の最後に「死刑」の宣告は聞きたくなかった。

〇七年一月二十五日の深夜、東京・杉並の住宅で八十六歳の母親と六十一歳の長男が殺害された。犯人は、近所に住む当時二十一歳の大学生だった。遊ぶ金欲しさに、以前から目を付けていた被害者宅に忍び込み、騒がれたためサバイバルナイフで刺殺するという残忍極まりない犯行である。

金品強奪を目的に二人を殺害したのなら、死刑で決まりだろう。八カ月後に始まることになる初公判を前に、ボクは北尾に躊躇《ちゅうちょ》無く自分の結論を口にした。対し北尾は、無期と極刑のぎりぎりのラインだろうと予想する。

編集者とライターという関係で、ボクが北尾と傍聴を始めたのは〇一年の夏からだ。万引き・痴漢から強盗・殺人まで、実際の裁判には想像以上のドラマがあった。

意外な犯行動機、マヌケな証言、検察と弁護人の丁々発止《ちょうちょうはっし》のやり取り、裁判官の重いことば。時には心が打ち砕かれ、時には笑いを噛《か》み殺す。法廷は、映画やテレビより百倍リアルでスリリングな空間だった。

月刊誌での連載が終わってまもない〇四年五月、裁判員法（裁判員の参加する刑事裁判に関する法律）が成立した。これまで司法試験を通ったプロフェッショナルだけで構成されていた裁判に、一般国民が加わることになるらしい。

面白いではないか。単純に興味が湧いた。

――夫を殺した妻の犯行は、長年ＤＶ（ドメスティック・バイオレンス）に悩んでのことだから懲役八年くらいが妥当では？――。

――いくら初犯とはいえ、幼女に猥褻《わいせつ》な行為を働き、懲役三年は短すぎるだろう――。

傍聴席で最後まで審理を見ていれば、誰しも自分なりの判決を下してしまうものだ。裁判長に対し、その結論は違うだろうと、時に異を唱えたくなることもある。

裁判員制度、良いではないか。職業裁判官が密室で行っていた審理に、一般人の視点がプラスされるのは歓迎すべきではないか。もし仮に自分が選任されたのなら喜んで参加したい。

法案が成立した当初、ボクは施行まで五年も先の裁判員裁判を、部外者である傍聴人レベルでしか捉えていなかった。
○七年九月。北尾と組み、再び裁判傍聴の連載を始めた。扱うのは、裁判員裁判の対象となる、強盗・殺人などの重大事件のみ。自分が裁判員になったと想定し、罪の有無と、量刑を真剣に考えるのだ。他人事《ひとごと》ではなく、あくまで、裁く一員として見直す裁判。そこで、最初に遭遇したのが前出の杉並親子殺人事件だった。

元大学生の被告は、生気のない表情で初公判の法廷に現れた。どこにでもいる特徴のない青年である。

が、ボクはある思いを持って傍聴席に身を沈めていた。被告人が、自分の息子とかぶっているのだ。年齢は違えど、同じ大学の同じ学部。加えて、ボクの息子も入学してまもなく学校に通わなくなっていた。似ている。もし、被告人席の主が自分の長男だったら……。気分がドーンと落ちた。

これで、被告人の口から真摯《しんし》な反省のことばでも出れば、まだ救いがあった。が、その後の公判で、彼は理解不能な答弁を繰り返す。

「ああいうことをしたのは、自分でも不可解です。すべきではなかったと思います」

「(被害者の)二人に対して悔い改める気持ちは無いに等しいです」

「刑は軽いに越したことはないですが、判決は死刑でもかまわないと思ってます」

償いの気持ちはゼロ。極刑でも受ける。ある意味、嘘偽りのないことばなのだろうが、その言動には不思議なほど現実感がない。果たして、彼は自分が犯した罪を理解できているのだろうか。

審理の後半、被告人の父親が弁護側の証人として出廷した。年齢はボクと同じ五十歳前後だ。

「まさか、自分の子供が……。ただもう頭が真っ白になりました」

父親の証言を、ボクはとても平静に聞けなかった。自宅を売却し、八千万円を賠償金に充てたこと。家を去る際、娘二人に「二度とここには戻ってこられないから覚悟して付いてきてくれ」と声をかけたこと。息子に対しては「命をかけて償ってほしい」と思っていること。涙ながらに語る父親を見ながら、ボクの息はどんどん苦しくなっていく。

しかし、そんな悲痛な親のことばを前にしても、被告人は能面のような顔で宣《のたま》うのだ。

「(遺族が)死刑を望むのなら、それでもかまいません。どうすれば償えるのか、どうすれば(遺族の)心が安らぐのか、逆に聞きたいぐらいです」

ダメだ。死刑にするより無い。何の落ち度も無い二人の命を奪った強盗殺人で、反省の弁も無し。客観視すれば、他に選択肢は無いだろう。が、現実にこの青年が絞首刑に処されることを想像すると、身の毛がよだつ。

いや、まだ傍聴席にいるから、この程度の葛藤で済むのだ。もし、自分が裁判員に選任されたら、最終的な合議の場で死刑に一票を投じることができるのか。被告人への同情ではない。恐らく、己が死刑判決を下した一員になること、その事実が生涯付きまとうだろうことに恐怖を覚えるに違いないのだ。

初公判から二年弱が過ぎた判決当日、ボクは抽選に漏れ、東京地裁のロビーで結果を待った。傍聴の権利が無くなったことに、逆に感謝した。「死刑」の宣告を聞くのは恐かった。

覚悟した判決の行方は、予想と異なった。無期懲役にした理由を裁判長はこう述べている。

――どれくらいの金品があるか調べずに被害者宅を選ぶ等、準備が周到なわりに犯行は計画性が乏しい。犯行時二十一歳八カ月の若年だった。家族が遺族に賠償金を支払っている。殺意はあったが、それは刺す寸前に生じたもので、侵入時からではない等々――。

「これらの項目に照らすと、死刑に処することはやむを得ない、と考える事案とは思われない」

ボクの下そうとしていた判決と、国が下した判決は、違っていた。

有罪か無罪か

有罪・無罪を争う裁判も東京高裁で傍聴したことがある。韓国人男性の元エステ店店長が、同じ韓国人のエステ嬢を殺害したとされる事件。一審のさいたま地裁ですでに懲役十三年の判決が下っていたが、男は無実を訴え控訴していた。

石で殴られ、頭部をビニール袋にくるまれた女の死体をアパートの部屋で発見したのは、同居中だった被告人本人である。別の店で働くため彼女が引っ越す前日、酔った女が冗談半分、男をセックスに誘う。躊躇しながらも男は応じた。が、挿入の前に射精し、女になじられる。気まずい空気の中、男は部屋を飛び出し、二時間ほど後に帰ったところ、女が死んでいた――。

事件当日の筋書きだけを追うと、被告人が犯人としか思えない。

しかし、男には、女を殺す動機がなかった。それまで勤務先で酷使され続けてきた彼女を助け、生活に窮すれば衣食住の面倒までみていた。が、二人は男女の間柄ではない。男には別の恋人がいた。言わば、同胞の妹的な存在。それは関係者の証言でも明らかになっている。

「そんな私が彼女を殺したりするわけがないじゃありませんか」

公判中、男は涙を流し、何度も裁判長に訴えた。

しかも、男は不法滞在の身ながら、自ら警察に出頭している。自首ではない。あくまで親しい知り合いが殺害された事実を知らせるためだ。自分が犯人なら、そんなリスクを冒すはずはないと男は主張する。

さらに、男が犯人であることを指し示す物証もなかった。検察側は、逮捕時、被告人の掌《てのひら》に残っていた携帯のコードの跡が絞殺の証拠だというが、逆に弁護側は、それは男が被害者の首に巻かれたコードを解いた際に付いたものだと反論する。

警察での取り調べの段階で、男は何度も同じ訴えを繰り返した。しかし、刑事はハナから犯人と断定、容疑を否認する被告人に、容赦の無い暴言と〝証拠の残らない暴行〟を働いたという。一方、証人として出廷した担当刑事は「違法な調べは一切なかった」と主張していた。

「控訴を棄却します」

判決当日。裁判長は、開廷してまもなく事務的な口調で結論を述べた。逆転無罪はならなかった。

静まりかえる法廷。裁判長が判決文を朗読し始める。その瞬間だった。

「こんなもの裁判じゃない！」

被告人が立ち上がり、大声でわめき散らした。怒りの収まらない様子で、体を上下左右に動かしている。それを、付き添いの刑務官が数人で取り押さえる。

「退廷を命じます。仕方ありませんね。退廷してください」

「こんなの裁判じゃない！」

裁判長のことばなど聞こえぬかのように、怒声を上げながら被告人が法廷を出ていく。

同時に、傍聴席から罵声が飛んだ。

「推定無罪だろ！　何を見てたんだ！　最低じゃないか！」

「ふざけんな！　裁判長、おまえはそれでも人間か！」

支援者が怒りに震えながら、次々と部屋を後にする。やりきれない。やりきれない思いで胸が張り裂けそうだ。

「判決に不服がある場合は、二週間以内に最高裁に……」

型どおりの文言を裁判長が口にして、閉廷。最高裁で判決が覆《くつがえ》ることなど、真犯人でも見つからない限り、一〇〇パーセントありえないことは傍聴席の誰もがわかっていた。

多数決の論理

有罪・無罪を決めた上で、有罪の場合は量刑も決定しなければならない裁判員裁判。制度の施行が明らかになったころは、安易に賛成の意を持っていたが、視点も新たに裁判を見直してみると、考えは大きく変わった。

被告本人が犯行を認め、提出された証拠も疑いようのないものなら、有罪を下すことに迷いは生まれないだろう。しかし、量刑の程度は悩ましい。有期刑だとして、懲役五年なのか八年なのか十年なのか。その決定が被告、被害者、そして双方の家族の人生に大きな影響をもたらすだけに、易々《やすやす》と結論づけることはできない。

特に、前記の元大学生の事件のような、死刑に相当する案件の場合、裁く側の負担はより大きくなる。終身刑のない日本では、無期懲役以上の罰は死刑以外にない。これは、裁く者にとっても、裁かれる者にとっても、天と地の差である。

東京都江東《こうとう》区のマンション女性バラバラ殺人の裁判もそうだった。二〇〇八年四月、男性派遣社員が、同じ階に住む女性を〝性奴隷〟にする目的で自室に監禁。殺害の後に、遺体を切り刻みトイレに流したという事件で、逮捕前、犯人の男性がテレビの取材に平然と答えていたことでも話題になった。ボクは、この第二回公判を、被告人席に手が届きそうな傍聴席の最前列で見守った。

東京地裁１０４号法廷の壁に、巨大モニターが設置され、被告が被害者を殺害・切断、遺体をどのように冷蔵庫に入れたかといった過程が、イラストで映し出される。裁判員制度導入を目前に控え、素人にもわかりやすく、ということなのだろう。

しかし、その一見、稚拙にも思える犯行再現の絵が被告直筆によるものだとわかると、背筋が寒くなった。実際、裁判員に選ばれると、イラストではなく、殺害現場や遺体の様子は、警察が撮った写真で見せられるのだろうか。

あまりに凄惨な犯行に、遺族の一人が泣き崩れ法廷を出ていく。廊下からも泣き声が聞こえてくる。苦しい。耐えられない。

やがて、被告人が証言台に呼ばれた。スローモーションのような動きで席を立つ被告。目は虚空を彷徨《さまよ》っている。

「死刑になって当然だと思います」

被告人は声を絞り出すようにして、質問に答える。遺族が強く極刑を望んでいること、それに値する犯行を働いたことは本人もわかっている。世間一般の感情も、死刑にすべし、が大半だろう。が、検察の死刑求刑とは異なり、判決は無期懲役だった。

世間の注目が集まった事件だけに、三人の裁判官は大いに悩んだに違いない。被害者一人でも、犯行の内容によっては、過去に死刑判決が出された例もある。合議の場では極刑を主張した裁判官がいたのかもしれない。が、最終的に死刑回避。

判決を聞いたとき、ボクは正直ホッとした。一方に、やり場のない怒りと哀しみに苛《さいな》まれた遺族の存在があることがわかっていてもなお、胸をなで下ろす自分がいた。


死刑か否か。裁判員に選任され、その選択を迫られる事件に遭遇した自分の姿は想像もしたくない。殺す勇気も、生かしておく勇気も、ボクにはない。できれば、生涯、裁く立場にはなりたくないと願うばかりだ。

ただ、万が一、裁判員として審理に臨むことになった場合、絶対に立ち会いたくないシチュエーションがある。それは被告が罪を否認しているケースだ。

日本の裁判は多数決で決定される。裁判員裁判なら、プロの裁判官三人と一般裁判員六人の計九人で評議が行われ、多くの票を集めた意見が結論となる。仮に、被告の主張を信じ無罪に票を投じる者が四人いても、残り五人が反対意見なら有罪で決まりだ（ただし、被告を有罪とするには、プロの裁判官が少なくとも一人、その意見に賛成している必要がある)。

納得がいかなくても、それがルールだ。しかも、無罪意見を持った四人は、その後、量刑決定にも参加しなければならない。例えば、強盗目的で計画的に複数の人間を殺害したような、極刑以外に考えられないケースだと、無条件に死刑判決文に署名しなければならないのだ。

無罪を確信しながら、死刑判決を下す。こんな理不尽が世の中にあるだろうか。意に反して、裁判の名のもと、無実の人間を葬っていい理屈など絶対にない。もし、ボクがその任を負うことになったら、生涯、自責の念に駆られることになるだろう。が、日本の法律は、それを裁判官と裁判員に強いているのだ。

これまでの裁判員裁判ではもちろん、職業裁判官でも、こうした究極の審理に直面するケースはごく稀《まれ》だろう。

熊本典道は、その〝ごく稀な裁判〟に遭遇した裁判官の一人だった。

これを美談と言わずして何と言う

熊本に聞いた話は、裁判特集本の中で八頁の記事にした。

「いやぁ、ありがとう。今までいろんなところに書いてもらったけれど、一番よく僕のことをわかってくれてる。本当にありがとう」

二〇〇九年三月下旬、掲載誌を送付して数日後、本人から電話があった。声に張りがある。気にいってもらえて恐縮しきりだ。

すでにこの時点で、ボクは熊本の半生を一冊の本にしようと考えていた。

自分が多少なりとも裁判を傍聴してきたこともある。有罪死刑か無罪釈放か。この究極の二択が、いかに裁く者を追い詰めるかも、うっすらわかっている。事実、熊本は重い十字架を背負って、長年を生きてきたのだ。


編集者という仕事柄、これまでいろいろな人間に会った。売れっ子アイドル、耳の聞こえないヤクザ、駆け込み寺の住職、宝くじで一億円を当てた男、新興宗教の教祖。どの話も興味深かったし、時に涙したこともある。が、熊本の歩んできた道は、群を抜いてボクの心を衝《つ》いた。

熊本は「僕の話を美談にするな」と言った。しかし、これを美談と言わずして何と言う。単なるお涙ちょうだいの話じゃない。ただ一度の過ちのために、苦しみぬいた人生。酒に溺れ、自殺未遂を図り、娘とも離ればなれになり、それでも呵責《かしやく》は解けず、四十年近い時を経て、覚悟の告白。裁判員裁判が実施される今、これ以上の重くて深いドラマはないだろう。


本を出すなら、自分で書くしかないと思った。通常、出版社の人間が一冊まるごと執筆するなどありえないが、本人に直接会って、魂を揺さぶられたのだから仕方ない。もっと深くもっと強く、熊本を知りたい。こんな衝動は長年の編集者生活で初めての経験だった。

その思いを素直に熊本に伝えると、袴田事件を世に知らしめるためには協力を惜しまないと、心強いことばが返ってきた。思わず電話を握る手に力が入る。

「そこで、まずは熊本さんの詳しいプロフィールが知りたいんです。覚えていらっしゃる範囲で、に急がせなさんな」と、いつも同じ答えが返ってきた。

それから一カ月。手紙もファックスも届かなかった。何度か電話をかけてみたものの、「そんな

「わかりました。二時間もあれば書けるから、郵送します」

年表にしていただくことは可能でしょうか」

五月。上京してきた熊本から電話があり、宿泊先の東京ドームホテルのロビーに出向いた。杖をつきながら歩くその傍らに、女性が一人付き添っていた。年齢は六十代後半だろうか。

「五時になったら、迎えにきますから」

女性が熊本に声をかけ、エレベーターの方に去っていく。

「奥さんですか？」

「いやいや、そんなようなもんです」

「今日はどんな用件で東京に？」

「ボクシング協会に呼ばれてね。夕方から袴田くんのチャリティボクシングが後楽園ホールであるんだよ」

日本ボクシングコミッションが、袴田死刑囚の再審開始を求め、支援活動を行っていることは知っていた。旧《ふる》くは九一年、当時のファイティング原田《はらだ》会長が、後楽園ホールのリング上から再審開始請求の支援をアピールし、熊本が告白後に衆議院議員会館で行った記者会見の場にも、輪島功一《わじまこういち》、大橋秀行《おおはしひでゆき》ら、元世界チャンプの顔があった。最近では、東日本ボクシング協会理事である新田渉世《にったしょうせい》が、面会のため熱心に東京拘置所へ足を運んでいるらしい。

「年表の件なんですが、面倒なことを頼んですいません。ボクがまた後ほど福岡にお伺いして、直接お聞きしますんで」

「そうだよ。最初からそうすればいいんだよ」

その日の熊本は、明らかに様子がおかしかった。最初に取材したときも多少、話が脱線気味だったが、今日はまるで別人のようだ。ボクの問いかけに、理解不能な答えが返ってきたり、急に黙り込んだり。体調が思わしくないのかもしれない。

「ノルウェーに……ね、ノルウェー」

「はい、死のうと思ってノルウェーのフィヨルドに行かれたんですよね」

「デッキにさ、少年がいてさ……彼が……いや、それでさ……君はいくつ？」

「あ、私は、もう五十になります」

「……今、何時かね？」

「まもなく五時ですが、あの、先ほどの、デッキの少年というのは？」

「…………………」

そのまま熊本は黙り込み、ほどなく先ほどの女性が現れると、おもむろに立ち上がった。

二カ月後の七月、福岡のホテルの部屋で会った際、熊本の言動はさらにおかしくなっていた。別ルートで入手した熊本のプロフィールの隙間を埋めるべく、たどってきた人生を本人から聞き出そうとしたのだが、まるで話が嚙み合わない。

「ここには、ビールはないかね？」

アルコールが入れば口も滑らかになるかと、注文に応じて缶ビールを買いに走った。しかし作業は一向に、はかどらなかった。二時間たった。まだ判事補就任にも到達していない。

「よし、今日は帰ろう」

突然、熊本が席を立ち、出口の方に歩き始めた。

「すいません、本当に」

今日もまた付き添っていた女性が、申し訳なさそうに謝る。ボクは苦笑するしかない。

「母さん、僕の部屋は何号室だね？」

「何を言うとるの、ここのホテルへは家から来たんでしょ」

「へー、そうか」

熊本が部屋を一人で出ていくと、女性が耳打ちしてきた。

「実はですね、去年、前立腺ガンをやりましてですね。それはホルモン剤で治まってるんですけど、代わりに脳の萎縮が始まってるんですよ。調子のいいときもあるんやけどねぇ……。今日はもういいですか。すいません」

「仕方ないですよ。気にしないでください」


あきらめた方がいいのかもしれない。あの状態で、本人から正確なことを聞き出すのは難しそうだ。心がどんどん〝企画倒れ〟の方向に傾いていく。

しかし、収穫もある。付き添いの女性だ。島内和子《しまうちかずこ》、六十九歳。三年前の二〇〇六年に熊本と知り合い、今は生活を共にしているらしい。彼女の話では、熊本には二度の離婚歴があり、最初の妻はすでに他界しているという。

そういえば、熊本から家族の話はほとんど聞いたことがなかった。別れた二人の娘は最初の妻との間にできた子供なのか、それとも再婚後か。二度の離婚は、事件に関係しているのか。

さらに、島内は、「無実の死刑囚・元プロボクサー袴田巖さんを救う会」（以下、「救う会」）の副代表、門間《もんま》幸枝《さちえ》に連絡を取ったらどうかと助言をくれた。門間は代表の夫と共に長年袴田を支援してきた女性で、これまで熊本にも何度も会い、ボクが書いた記事も読んでくれているらしい。

「それと、これはまだ黙っているように言われてるんですけど、来年、映画ができるんですよ。熊本さんが主人公です。私、シナリオを読みましたもん」

福岡から戻った後、何度か電話で話すうち、島内は、ボクがまだ知らない情報を提供してくれるようになっていた。少しは信頼を得られているのだろうか。

にしても、まだわからない。熊本と島内はどういう関係なのだろう。単に体調の悪い熊本の面倒をみているだけなのか。それとも、愛情でつながった間柄なのか。

ボクの目には、熊本はすっかり彼女に頼り切っているようにしか見えない。対し、島内は熊本にどんな思いを。また違う次元の好奇心が湧いてきた。

プラトニックライツとヒューマンライツ

九月。東京・本郷《ほんごう》の、クラシックが流れる喫茶店で、門間に会った。夫と共に「救う会」に加わり約二十年。門間夫妻が袴田事件のことを知ったのは一九八六年の夏、家族四人でピースボートに乗りパラオやフィリピンを八日間巡って帰国した後のことだった。もともと平和問題や社会問題に関心があったが、知り合いから事件のことを教えてもらい、こんなひどいことがあったのかと衝撃を受けたそうだ。再審開始の道がなかなか開けない中、熊本の登場には快哉《かいさい》を叫んだと彼女は言う。

「こういうボランティア活動をやっていて一番苦労するのは、周りに理解されないことなんです。壁に向かって話しているというか……。そこに、先生が勇気を持って告白してくれた。これは、何より勇気づけられましたね」

門間は会が主催する、冤罪や差別、死刑をテーマにした公開学習会に熊本を招いたり、講演会やシンポジウムへの同行、国内外メディアの取材窓口にもなるなどして、熊本の存在を世にアピールしてきた。それは、袴田死刑囚（注・二〇二〇年）の釈放が根底にあることはもちろんだが、熊本の人権に関する考え方にも大きく心を動かされたという。

「先生は、日本の人権はプラトニックライツで、ヒューマンライツじゃないとおっしゃるんですね。つまり、個人的、利己的な人権はあっても、人間の存在そのものに関する意識が非常に低い、と。全く同感です。人権に関して言えば、日本は発展途上国じゃなくて、発展後進国ですよ」

実際、無罪を確信しながら死刑判決文を書いた元主任裁判官の告白は、日本より海外メディアの方が高い関心を示した。ロサンゼルスタイムズ、フィガロ、ザ・タイムズ等々、各紙ともに熊本は極めて良心的な判事として絶賛されている。

「ドイツのテレビ局の記者が言ってました。熊本さんのような裁判官は、世界中を見回してもいない、それほど評価すべきなんだと。対して、日本のマスコミからは、なぜもっと早く告白しなかっ

EDITION A

MONDAY, MAY 21, 2007 11

Los Angeles Times

WORLD REPORT

ANALYSIS / FORECAST / OPINION

A Special Section Produced in Cooperation with The Yomiuri Shimbun

Japan urged to come clean on confessions

■ Police routinely torment suspects, say activists for a death row convict whose judge admits, 40 years later, that he erred.

By Bruce Wallace
Times Staff Writer

TOKYO — The physical evidence that implicated former pro boxer Iwao Hakamada in the stabbing deaths of a family of four on a summer night in 1966 was hardly conclusive.

The clothes prosecutors said he had worn during the killing did not fit him.

The murder weapon Hakamada allegedly used was, according to his lawyers, too small to make the wounds. And, they said, the door police claimed Hakamada used to enter and leave the victims' house was locked.

But prosecutors had the most important piece of evidence they needed, enough for the three judges of the Shizuoka District Court to find Hakamada guilty and sentence him to death.

Hakamada's confession

It did not matter that Hakamada almost immediately retracted his admission and then testified during his trial that he had been beaten and threatened during extended interrogations over 22 days in a police detention cell, with no lawyer present. His signed admission of guilt has kept him in prison ever since, through failed appeals, still awaiting an execution that could come at any time.

Now his conviction is again under scrutiny, after the only surviving judge of the three-man panel that found him guilty — by consensus — broke four decades of silence to say he had always believed that Hakamada's confession was coerced. The case is seen by analysts here as a stark illustration of the Japanese legal system's addiction to acquiring convictions by confession.

"I knew right away that something was wrong with his confession," said the former judge, Norimichi Kumamoto, after he finally went public with his belief that he had participated in sentencing an innocent man to die.

Kumamoto, 70, quit the bench six months after the 1968 trial, and says he has carried "hurt in his heart" over his role in sending Hakamada to death row.

"I have always regretted that I couldn't persuade the chief judge" to acquit, he says. "He was older than me, and I thought that because he had experienced the war when freedoms were taken away or oppressed, that he would understand what had happened to Hakamada.

"But judges in Japan tended to be influenced by the media and social pressures, and the media were being very aggressive, describing [the accused] as an evil figure," Kumamoto recalls. "And Japanese tend to believe that the prosecutors' office, as an arm of the government, wouldn't do anything intentionally wrong."

Japanese courts deliberate in secret and verdicts are issued under all three names. (Japan does not have a jury system but plans to introduce a hybrid form of judges and juries in 2009.) Kumamoto kept his doubts about the boxer's conviction to himself, maintaining silence even as Hakamada's confession was cited as the reason for turning down his appeals and a bid for retrial.

When the ex-judge finally went public in March at a news conference in Tokyo, much of the subsequent media coverage attacked him for flouting a law prohibiting judges from disclosing deliberations.

Some, however, did welcome Kumamoto's blistering indictment of the system's reliance on confessions to maintain a conviction rate that exceeds 99% in criminal trials. Unlike American law, which gives suspects the right to have a lawyer present during questioning, Japan allows police to interrogate people without a lawyer for as many as 23 days before pressing charges or releasing them. They can then be re-arrested, beginning another 23-day session.

The suspects are kept in small holding cells known as *daiyo kangoku*, or "substitute prisons," a setting that critics say allows police to coerce confessions to crimes they did not commit. The Japan Federation of Bar Assns. recently joined human rights groups in contending that holding sus-

Continued on Page 12

SENTENCE: *Iwao Hakamada was convicted in 1968 based on a confession that he has maintained was coerced.*

熊本の告白は、海外メディアで大きく取り上げられた。ロサンゼルスタイムズは「無実の人をも自白に追い込む日本」と見出しを打ち、日本の人権意識の低さ、司法制度の実態を糾弾した。（2007年5月21日）

たのか、なぜ今ごろになってとか、守秘義務を破ったことに対してとか、突き放したような質問が出ました。私は頭にきましたね。何をくだらないことを言ってるんですか。私たち、支援者からしたら、先生、今まで生きていてくれてありがとうございました、という感謝の気持ちでいっぱいです」

熊本を手放しで称賛する門間に、ボクは少し温度差を感じていた。袴田事件を始め未だ多くの冤罪疑惑事件を抱え、世界でも数少ない死刑実施国である事実を考えれば、確かに日本の人権は、諸外国に大きく後れを取っていると言えるのかもしれない。熊本の告白も、良心が生んだ行動だったことに何の疑いもない。

ただ、いつのころからか、引っかかりを覚えるようになった。話の辻褄《つじつま》が合わなかったり発言が飛んだりするのもさることながら、熊本が時折見せる暗く沈んだ顔には、まだ人に打ち明けていない心の闇が存在する気がしてならない。

「はい、そう感じる気持ちもわかりますね。私も先生に何度もお会いして、これまでのことを聞きました。自殺を考えたり、相当お辛い人生だったようですね。話があっちやこっちに行ったり、記憶が曖昧な部分も少なくない。病気のことはお聞きになりました？」

「ええ、島内さんから」

「彼女はすごいですよ。和子さんがいなかったら今、先生は生きてないかもしれませんね」

門間によると、熊本は島内に出会ったころ、ホームレス同然の生活を送っていたらしい。司法試験をトップ合格したエリートがホームレスに。熊本はなぜそこまで転落したのか。全ては袴田事件のせいなのか。ボクはまだまだ知らないことが多すぎるようだ。

支援者に届いた一通の手紙

数日後、もう一人、別の支援者に話を聞くため、新幹線に乗った。目的地は静岡県静岡市清水区（旧・清水市）。山崎俊樹《やまさきとしき》は、事件が起きたその地で「袴田巖さんを救援する清水・静岡市民の会」（以下、「清水救援会」）の事務局長を務める人物だ。ちなみに、清水救援会は現在、袴田弁護団と最も密接な関係にある団体で、これまで犯行手口の検証や実験、証拠の洗い直しなど、再審開始に向け精力的な活動を続けてきた。

「袴田事件を世に知らせるためには、私はできる範囲の協力はします。でも、なぜいま熊本さんの本なんですか？」

自宅に招き入れてくれた山崎は口を開くや言った。少しトゲがあるように聞こえたのは気のせいか。

「私自身は、熊本さんが事件当時、真面目でリベラルな判断をしようと努力していたことは、とても評価していますよ。でも、自分の判断、裁きに悔いがあるのなら、裁判官を辞め、弁護士になった後、もっと何かできることはあったんじゃないかと思うんです」

「救う会」の門間とは違う厳しい意見だ。そこには、どうやら山崎と熊本のこれまでの関わり合いにも要因があるらしい。

「一審の静岡地裁で、熊本さんが無罪の心証を持っていたことは、ずっと前から知ってました。静岡の弁護士の間では噂になってたんですよ。人権派で通ってた熊本さんが無罪を主張して覆らなかったのだから、もうあの事件はどうしようもない、と」

弁護団と清水救援会の間で、熊本の消息を追ってみようと意見が出たこともあった。が、裁判官は弁明せず、が原則。会えたところで、実《じつ》のある発言は得られないだろうとの見方が大半を占めた。

熊本捜しが積極的に行われるようになったのは、一九九四年八月に静岡地裁で再審請求が棄却されて数年経ってからのことだ。再審請求とは、「無罪を言い渡すべき、明らかな証拠を新たに発見したなどの誤判」を理由に、確定した裁判のやり直しを求める手続きのことだ。

袴田事件は、一九六六年の事件発生から十四年後の一九八〇年に最高裁で死刑判決が確定してしまうが、これを不服とした弁護団は翌年、静岡地裁に再審を請求する。ところが棄却されてしまったので、その数日後に東京高裁に「即時抗告」して裁判のやり直しを求めていた（81頁年表参照）。

東京高裁の抗告審で再審開始決定を勝ち取るためにも、ぜひ一審の元主任裁判官の証言が必要だった。

「とにかく一度会って話を聞いてみたい、というのが正直なところでした。裁判官を辞めた後、弁護士になったことはわかっていましたから、名簿を見たんですが、そこに名前がなかった。後でわかるんですが、この時期、すでに熊本さんは弁護士登録を抹消してたんですね。その後、五、六年いろいろ手を尽くしましたけど、結局、たどりつけませんでした」

山崎らが熊本捜しをあきらめて数年がたった二〇〇六年十一月末、「清水救援会」とも連絡を取り合う「袴田巖さんの再審を求める会」（以下、「再審を求める会」）宛てに、一通のメールが届く。

〈袴田事件を担当した元裁判官だという方がお話ししたいと言われている〉

送り主は匿名で、情報も乏しい。「再審を求める会」事務局長の鈴木《すずき》武秀《たけひで》は、山崎や弁護団と相談の上、自身の電話番号を記したメールを返信する。

が、一向に音沙汰は無い。やはり単なるガセネタか。そう思い始めた翌〇七年一月十四日、鈴木事務局長の電話が鳴る。出ると、年配の男性の声だった。

「手紙を送るので、それに目を通したころ、もう一度電話をかける」

名前を名乗らなかった男から手紙が届くのは、それから三日後のことだ。

〈「静岡地裁」の時、袴田君（略）の事件を第二回の公判（注・公判記録では第八回）から判決言渡まで主任裁判官として担当しました。

判決の日から今日まで心痛はつづいています。

一報した理由は、推察いただけるでしょう。

最終の合議の結果、二対一で私の意見は敗れ、その上、判決書の作成も命ぜられ、心ならずも信念に反する判決書に一カ月を要した次第です。

その間の様子は、判決書を熟読いただければ判ると思います。

ところが、予想に反して、東京高裁が「原判決を破棄しなかった」。

二審での弁護活動がどうであったかは知りませんでしたが、全く意外な結論でした。


一審で私が有罪に賛成し得なかったのは「合理的な疑いを越える疑い（beyond the reasonable doubt）が残る、証明がなされていない」という理由でした。（略）
①「自白」をとった手段・方法に？
②[redacted]両名（注・袴田を取り調べた静岡県警の二人の捜査員は同姓だった）がとった自白の信用性？
③物証と袴田君の結びつき？
の三点の「証明度」？です。

いずれにしても、私には有罪の結論の1／3と、他の二名の先輩を説得しえなかった責任は免れえず、そのまま今日に至ったことは残念でなりません。

私は69歳。そして彼の姉さんの秀子さんは70をこえ、彼は記憶が正しければ私より1歳上、できれば早く、二人に謝罪をしたい一心です。（略）平成19年1月15日　熊本典道〉

書類をめくる手が震え

手紙が届いて十一日後の一月二十八日、山崎は、鈴木、袴田弁護団の小川秀世《おがわひでよ》、そして袴田の姉の秀子と共に、福岡・亀の井ホテルのレストランで、手紙の主を待っていた。男は事前の電話で「体が貧相だからすぐにわかる」と言っていたが、山崎は、男が熊本典道本人であるとは、まだ確信していなかった。

「朝の九時半ごろに来られました。会うなり秀子さんの手を握り申し訳ない、と涙を流しながら謝ってらっしゃいましたね。でも、私たちには聞きたいことが山ほどあったんですよ」

公判のどこで無罪の印象を持ったのか？

事件から一年二カ月後に出てきた5点の衣類（69頁参照）についてはどう判断したのか？

二〇〇四年、東京高裁は不当にも「抗告審」を認めず、弁護団は数日後、最高裁に「特別抗告」して再審を請求した。再審請求中の最高裁にどんな戦略で臨めばいいか？

少しでも手がかりにつながる証言を得るべく、重要な質問を投げかける山崎らに対し、熊本は答える。警察の違法な取り調べがあったこと、弁護士が無力であったこと、5点の衣類についてはよく覚えていない等々。

「とにかく、不本意にも死刑判決を書いたことが長年の重荷になっていたことは間違い無いようで、感極まって泣いてらっしゃいました。ただ、この日、熊本さんの話の大半は、東京地裁や弁護士時代の交友関係や昔話でした。ビールを中ジョッキで三杯くらい飲んで、書類をめくる手も震えてい

熊本が事件後、初めて関係者に接触した2007年1月28日の様子。左から「再審を求める会」の鈴木武秀事務局長、熊本を挟んで、袴田の姉の秀子、袴田弁護団の小川秀世。場所は福岡市和白《わじろ》駅近くの亀の井ホテルのレストラン。
（撮影：「清水救援会」山崎俊樹）

る。話の内容もいまひとつまとまらない。正直、六十九歳にしては体力的な衰えを感じましたね」

　期待があった分、少し失望を覚えたのも確かだが、この日以降、山崎は熊本と毎日のように電話で話すようになる。

　現役のころはメガネをかけていた。自分の年齢を考えると、はっきりさせる時期だと思う。当時の新聞が読みたい。公判記録も欲しい。囲碁の達人・木谷實《きたにみのる》の次男である木谷明《あきら》とは司法修習時代に教室で机を並べていた。最高裁に同期のものが何人もいる云々。

「現在、生活に相当、困ってることもおっしゃってました。私たちとしては、熊本さんをマスコミに大々的に発表したいという気持ちがある。袴田事件と再審開始をアピールするにあたって、これほど大きな存在はありませんから。でも、熊本さん本人の状態を考えると、不安があったのも事実なんですよ」

最初の面会から約一カ月後の二月二十四日、山崎は鈴木事務局長と共に再び熊本に会う。熊本は、本人確認の要請に応じて、司法修習同期の木谷明から届いたハガキと、第十五期司法修習生名簿を持参していた。公的な身分証の類は過去に全て捨てたらしいが、これで熊本典道本人であることは間違いない。

そして、二十六日、静岡朝日テレビの取材。このときの映像が系列のテレビ朝日「報道ステーション」で流れて、熊本典道の名が初めて世間に知れ渡ることになる。ボクが涙したのも、この日の夜のことだ。

「それから、衆議院議員会館での記者会見、拘置所への面会、いろんな場で熊本さんとご一緒しました。でも、だんだん疎遠になりました。それは、恐らく私が本当のことを言うからだと思いますね。周りが熊本さんをおだてる一方で、私だけが触《さわ》られたくない部分に触る。熊本さんにとっては、気に食わない存在だったんでしょう」

カネ目当てに言い出したことではないか

熊本が触られたくない部分とは何か。ボクはそれが知りたい。

「これは、テレビで放送になる少し前に、私が個人的に出した手紙なんですが」

山崎が資料の中から、一枚の用紙を取り出しボクに示した。

〈前略　いきなり本題から入ります。ご無礼をお許し下さい。

先生の過去の華麗なる人生を考えると耐え難いことと思いますが、生きていくため、それともう一つは社会的な信用を付けるために、本来なら先生に出来る仕事をしなければならないと思います。それがなければ、いくら「袴田さんを救いたい」と訴えても、先生の本意とは別に、いわれもない批判……あいつは食うに困って今、こんなことを言い出したに違いない、とか、カネ目当てに言い出したことではないか等……が無いとも限りません（言い過ぎかもしれませんがあえて苦言を呈します）。

そこで、まず生活の基盤をしっかり作りましょう。今の先生の年齢・体調を考えると、働くことは正直言って辛いことだと思います。そうすると生活保護が選択肢の一つになりますので、以下具体的なことを提案させて頂きます。

まず、ご子息、あるいはご令嬢から、生活の援助は受けられないのですか？　先生ご自身が言い出すことは辛いことかも解りませんが、独立した世帯とはいえ、少なくとも何らかの扶養義務が生じるはずです。生活の援助をお願いしたらいかがでしょうか。

それから、公的年金、共済年金あるいは生命保険、共済保険など、過去に何らかの積立金があったのかどうか思い出して下さい。私は、短い期間であったにせよ裁判官時代、弁護士独立に向けて他の事務所にお世話になっていた時代、都立大学などの講師時代、自分で開業されていた時代など、何らかの積立金、掛け金などがあると思います。当時のことをよく思い出して、関係者に問い合わせてみて下さい。

また、先生名義の不動産、預金等は一切無いのですか？　ご両親からの不動産などの相続はどのような状態でしょうか。これらも冷静によく思い出して下さい。

最後に、先生の今の生活状況を考えると、親族からの援助が無いとなれば、生活保護の申請をす

ることは必要なことだと思います〈以下略〉〉

カネ目当て。生活保護。親族からの援助。厳しいことばが並んでいる。

「これだと、熊本さんは怒るでしょう？」

「でしょうね。でも私はあくまで熊本さんを思ってのことですから」

実際、山崎は自腹で熊本の自宅に電話を引き、生活保護の手続きの面倒までみている。支援活動の一環というより、個人的な気持ちが強かった。

「実は私も、熊本さんと同じ佐賀の出身で、親父がそっくりなんです。頑固で見栄っ張りで、正義心が強くて、人の上に立ってないと気が済まない。思いどおりにならないとすぐに怒る。本当に、熊本さんを見てると、親父そのものです。でも、わかるからこそ、放っておけない気持ちもあるんですよね。私としては、やれることはやったと思っています。まぁ熊本さんは、未だに私のことは嫌いでしょうけど」

そう言って、山崎は少し笑った。

熊本のイメージが少しずつ変わっていく。山崎の熊本評はともかく、熊本は、少なくともボクが当初思っていた〝美談の人〟ではなさそうだ。

いや、話はさほど単純ではない。生活保護を受けるまでに落ちたからこそ、リアルな生き様とも言えるではないか。生きていても仕方ないと思ったと熊本は何度も言った。それでも死ねなかったとも言った。そんな絶壁の淵に立たされた人間の哀しみや絶望が誰に想像できるのか。

「山崎さんは、熊本さんがそんな生活をするまでになったのは、事件の影響だとお考えになりますか」

「いやー、事件はあんまり関係ないと思いますね。あの人は酒ですよ」

「でも、酒に溺れたのも、過去のことがあったからじゃないんですかね」

「それは私にはわかりません」

確かに、ここで山崎と話しても仕方ない。改めて本人に聞くしかないのだ。


話を聞き終えた後、山崎の車に同乗し、事件現場に足を運んだ。静岡市清水区（旧・清水市）横砂《よこすな》。これまで書籍やサイトに掲載された写真で何度も見た、あの家が東海道線の線路を隔てた向こうに建っていた。

「まだ、長女が住んでますよ。つい最近も家の前で見かけました」

「え、家族で一人だけ生き残ったという？」

「彼女は事件当時、祖母の家に住んでましたからねぇ」

背筋が寒くなった。いくら自宅とはいえ、家族四人が殺された家に住み続けるとは（注・遺族の長女は、静岡地裁が再審開始の決定を下した翌日、二〇一四年三月二十八日に、自宅で死亡しているのが見つかった）。

「袴田さんが働いてたみそ工場も、もうとっくにありません」

事件発生から、すでに四十三年。周囲にも、当時を知る人は少なくなっているのだろう。

「ついでですから」と、山崎は現場を後にして、被害者家族が眠る墓地へ車を走らせる。静岡市営の清水大平山霊園《おおひらやま》。階段を五分ほど上った場所に墓はあった。

墓石に、殺された四人の戒名が刻まれていた。「焼念」「忘念」「失念」といった文字が読み取れる。メッタ刺しの上、焼き殺された被害者の怨念が伝わってくるようだ。

いったい、彼らはなぜここで眠ることになったのか。なぜ元ボクサーは逮捕されたのか。なぜ彼は無罪を主張し、なぜそれが通らなかったのか。

裁かれた袴田死刑囚、裁いた熊本をはじめ、多くの人生を狂わせた袴田事件の顚末《てんまつ》を追う。

III
悲劇

〝ボクサーくずれ〟ならやりかねない

一九六六年六月二十九日未明、日本公演のためビートルズが羽田空港でタラップを下りてから丸一日が過ぎた三十日深夜二時。東海道線の線路沿いに建つ静岡県清水市（現・静岡市清水区）横砂町の、みそ製造販売会社「こがね味噌橋本藤作商店《はしもとどうさく》」の専務宅から火災が発生した。

住民からの通報により消防車四台が出動、火は三十分弱で治まったが、焼け跡から四人の遺体が発見される。家主である橋本藤雄《ふじお》（当時四十二歳）、妻のちゑ子（当時三十九歳）、次女の扶示子《ふじこ》（当時十七歳、高校二年）、長男の雅一郎《まさいちろう》（当時十四歳、中学二年）。遺体はいずれもガソリン臭を漂わせており、刃物による約五十カ所の刺し傷が確認できた。

放火殺人と断定した静岡県警と清水警察署は直ちに合同捜査本部を設置。物取り、怨恨の両面から八十人態勢で捜査を開始する。

現場検証の結果、当夜、橋本家には現金約五十万円の他、預金通帳、有価証券、貴金属等があったにもかかわらず、無くなっていたのは約八万円が入った集金袋一個のみと判明した。また、室内から凶器と見られるクリ小刀の刃体、敷地内中庭からポケットにクリ小刀の鞘の入った雨ガッパ、専務宅の裏木戸の外で犯人が逃走過程で落としたと思われる集金袋二個が発見されている。

事件当日、専務宅に多額の現金があったのは、その日が、こがね味噌の給料日だったからだ。実際に奪われた金品は少ないものの、警察は、事件が給料の強奪を目的とした犯行と睨んだ。犯人は、給料日に専務宅に大金が置かれていることを知りうる者。すなわち内部犯行。中庭で発見された雨ガッパが同社の従業員用のものだったことも、警察が内部犯行説に傾いた大きな要因だった。

さっそく、従業員の身辺が調べられた。事件当夜、専務宅から線路を隔てて反対側に建つ、こがね味噌の工場兼社員寮に寝ていた従業員は四人。袴田巖（当時三十歳）もその一人だった。

当時の事件資料を読むと、警察は最初から袴田を犯人と決めつけていた節がある。

その最も大きな要因は袴田が元ボクサーだったことだ。

袴田は十代後半からボクシングに打ち込み、一九五七（昭和三十二）年十月、二十一歳のときに開かれた静岡国体においてバンタム級三位を獲得。翌々年十一月にプロデビューを飾り、全日本フェザー級六位まで昇りつめている。が、引退するまでの二年の間に、闘った試合は実に三十一。あまりに過酷な試合スケジュールが選手生命を縮め、プロ最後の半年間は勝ち試合が無かったという。

引退後、キャバレーのボーイとして働いていた六三（昭和三十八）年五月、二十七歳で結婚。その年の十月には、知り合いの酒店社長をスポンサーに、袴田が支配人、妻がマダムとなり、旧・清水市内にバーを開店。翌年には長男にも恵まれた。

が、店は経営不振となり閉店に追い込まれる。その後、同じ社長の紹介で、六五年一月からこがね味噌で働き始めるも、しだいに夫婦仲は悪くなり、半年後には妻が他に男を作り離婚。事件当時、子供は静岡県浜北市《はまきた》（現・浜松市浜北区）にある袴田の実家で、彼の母親が面倒をみている状態だっ

上の写真、中央の家屋が、放火から一夜明けた被害者宅。そこで現場検証が行われた。中央の写真、室内は見るも無惨に焼けこげている。下の写真の応接間のテーブルにはアイスクリームの容器類が8点置かれており、事件当夜、複数の来客があったことを匂わせている。（写真提供：袴田弁護団）

現場見取り図

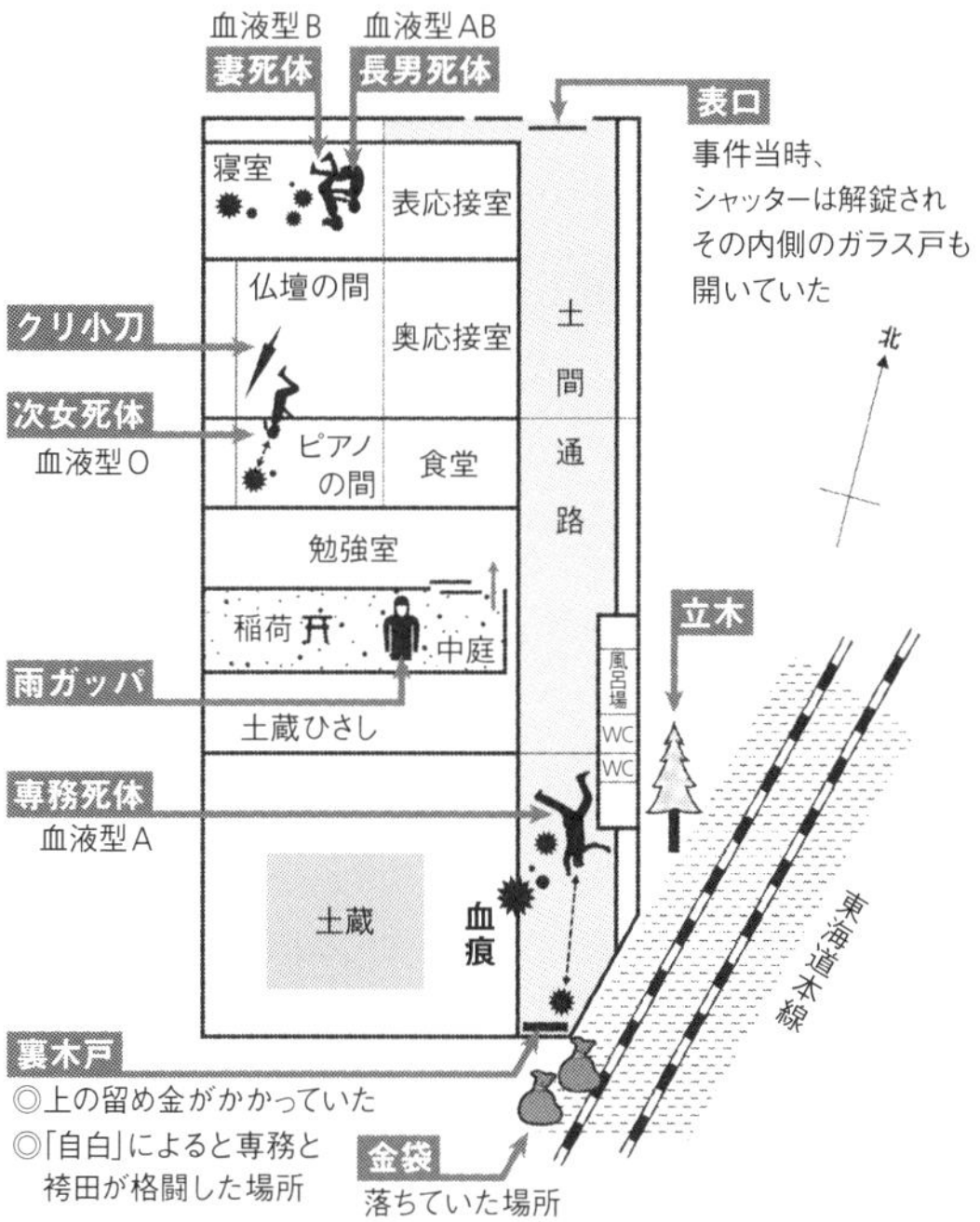

「はけないズボンで死刑判決」（現代人文社）を参考

現場と工場の位置関係図

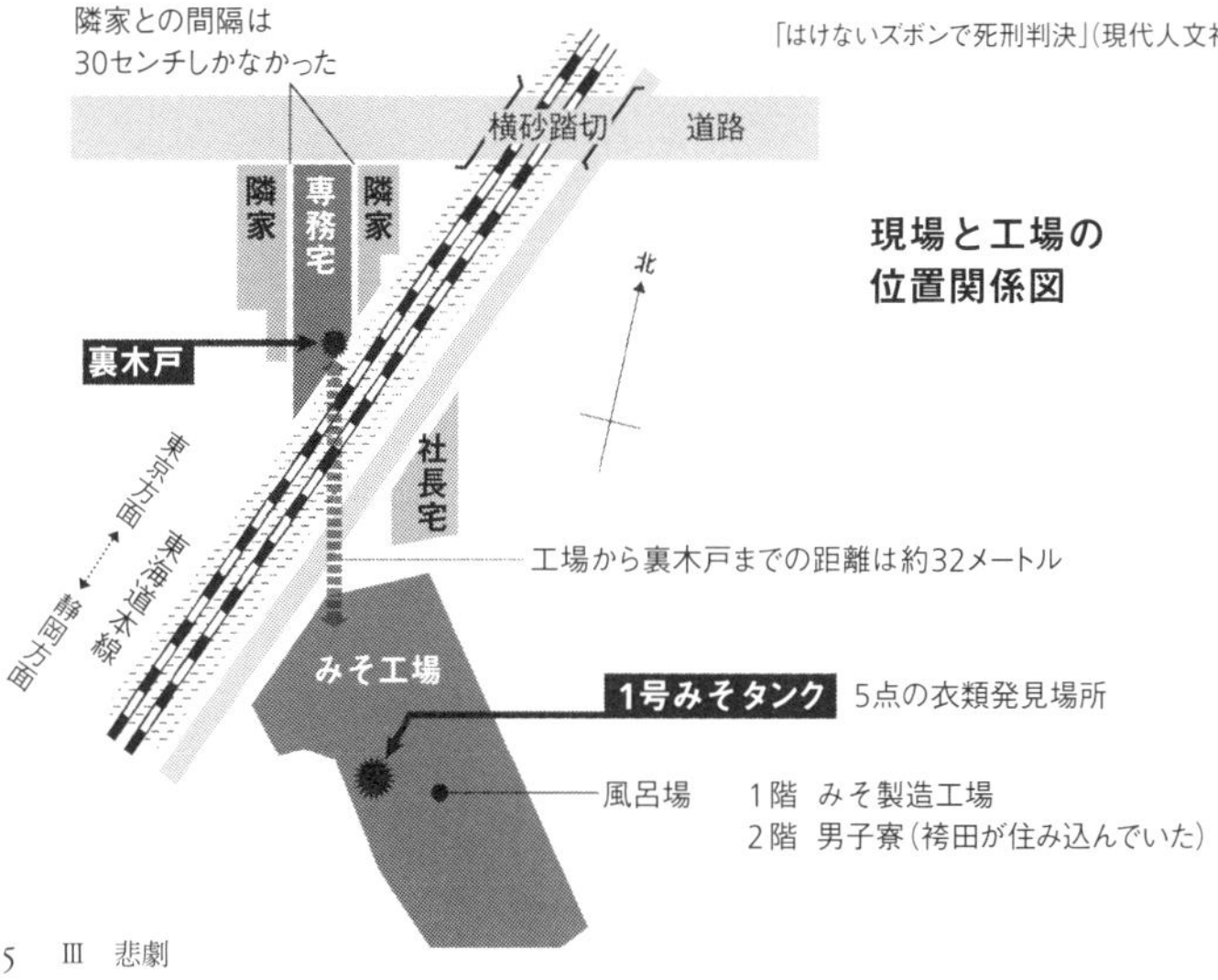

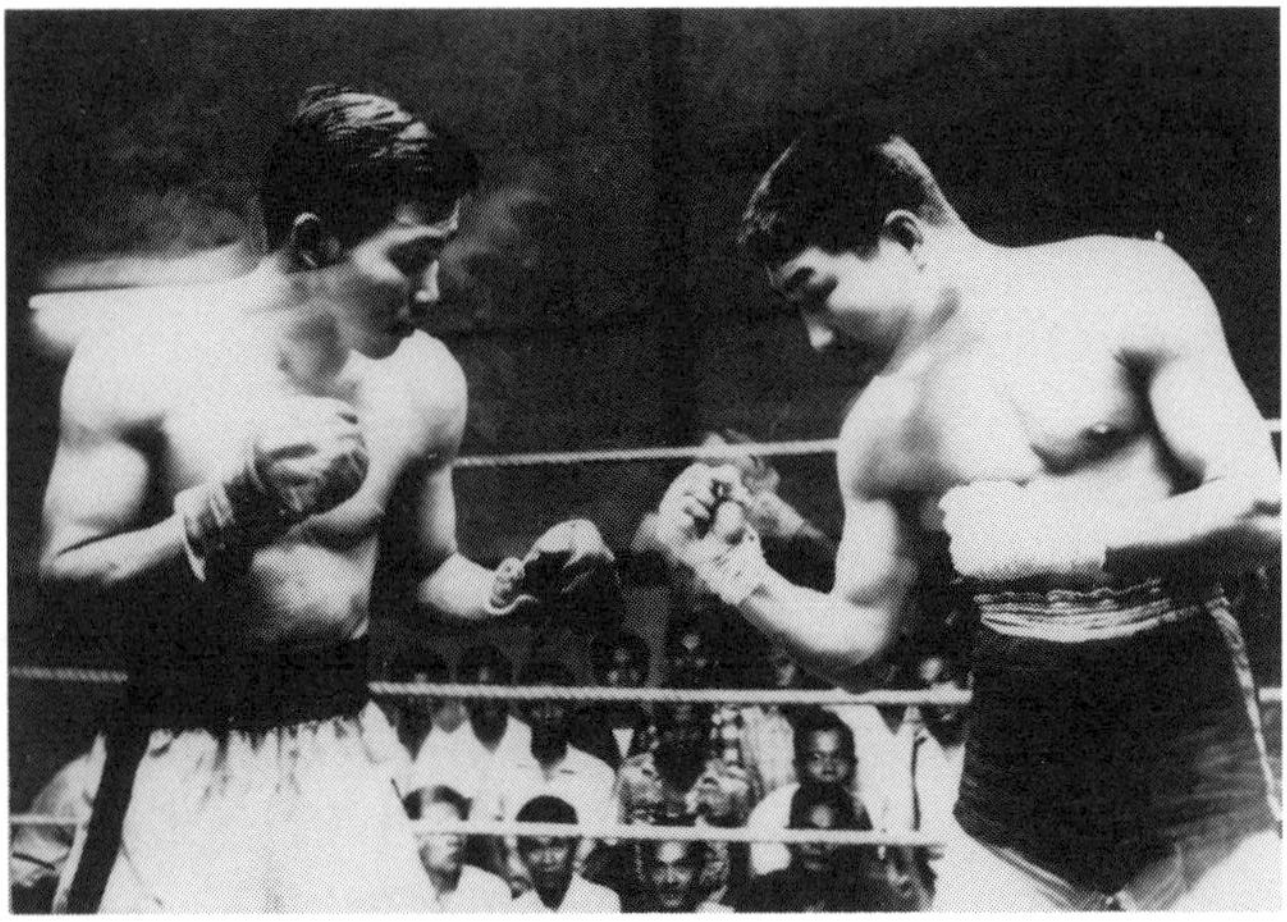

21歳、プロボクサーとしてデビュー。それから2年余りの間に日本ランキング6位に進出。チャンピオンベルトへの期待もかけられた。(写真提供:袴田弁護団)

た。

水商売を転々とし、女房にも逃げられた元ボクサー。そんな〝ボクサーくずれ〟なら、放火殺人もやりかねない。ボクシング＝野蛮、素行不良の者がやる格闘技という偏見があった時代、警察が袴田に予断を持っていたことは間違いない。

事件から四日後の七月四日、静岡県警は、こがね味噌の工場、及び従業員寮の家宅捜索を実施。袴田の部屋を調べていた捜査員の一人が、押し入れの中から白と水色の縞模様入りの上下パジャマを発見する。

手に取って見ると、ポケットの下辺りに小さなシミが付いていた。血痕か、サビか、醤油の痕かわからない。任意同行に応じた袴田も、清水署で捜査員に問われ、何の痕なのか答えられなかった。

パジャマを押収した警察は、鑑定に長い時間をかけた末、このパジャマから袴田の血液型であるB型とは別の、A型(専務)とAB型(長男)の血液を検出。さらに放火に使用されたガソリンとオイルの混合油の成分も発見する。ただし、血や油は、鑑定のやり直しがきかないほどの極微量だった。

一家四人をメッタ刺しにしたのなら、もっと返り血を浴びているのが道理だろう。警察内部にも異論はあった。しかし、最終的に静岡県警はこれを犯行着衣と認定、決定的な証拠として、袴田を強盗殺人、放火、窃盗の容疑で逮捕する。事件発生から四十九日が過ぎた八月十八日のことだった。

犯人は袴田以外にないと強く印象づける

身に覚えのない容疑で逮捕された袴田を待っていたのは、熾烈《しれつ》を極める取り調べだった。

前記のように、物的証拠はパジャマに付着した極微量の血痕のみ。鑑定の方法によっては、違う結果が出てもおかしくない（事実、後の警察庁科学警察研究所による再鑑定では、人血とは認められるが、血液型は不明、とされている）。警察としては、何としても袴田を自白させ、犯人しか知り得ない〝秘密の暴露〟を得る必要があった。

デッドラインは、勾留期限いっぱいの九月九日（二十日間）。それまでに自白を取れなければ袴田を釈放しなければならない。これほどの大事件で、逮捕した犯人を起訴に持ち込めなかったとあっては、警察の面子《メンツ》に関わる。静岡県警の取調官たちは、信念に燃えて袴田と対峙する。

当時の捜査本部の尋常ならざる意気込みは、後の裁判で検察が弁護側の要請に渋々応じて提出した県警の捜査記録を見ても明らかだ。

〈静岡市内の本県警察寮芙蓉荘において本部長、刑事部長、捜一、鑑識両課長をはじめ清水署長、

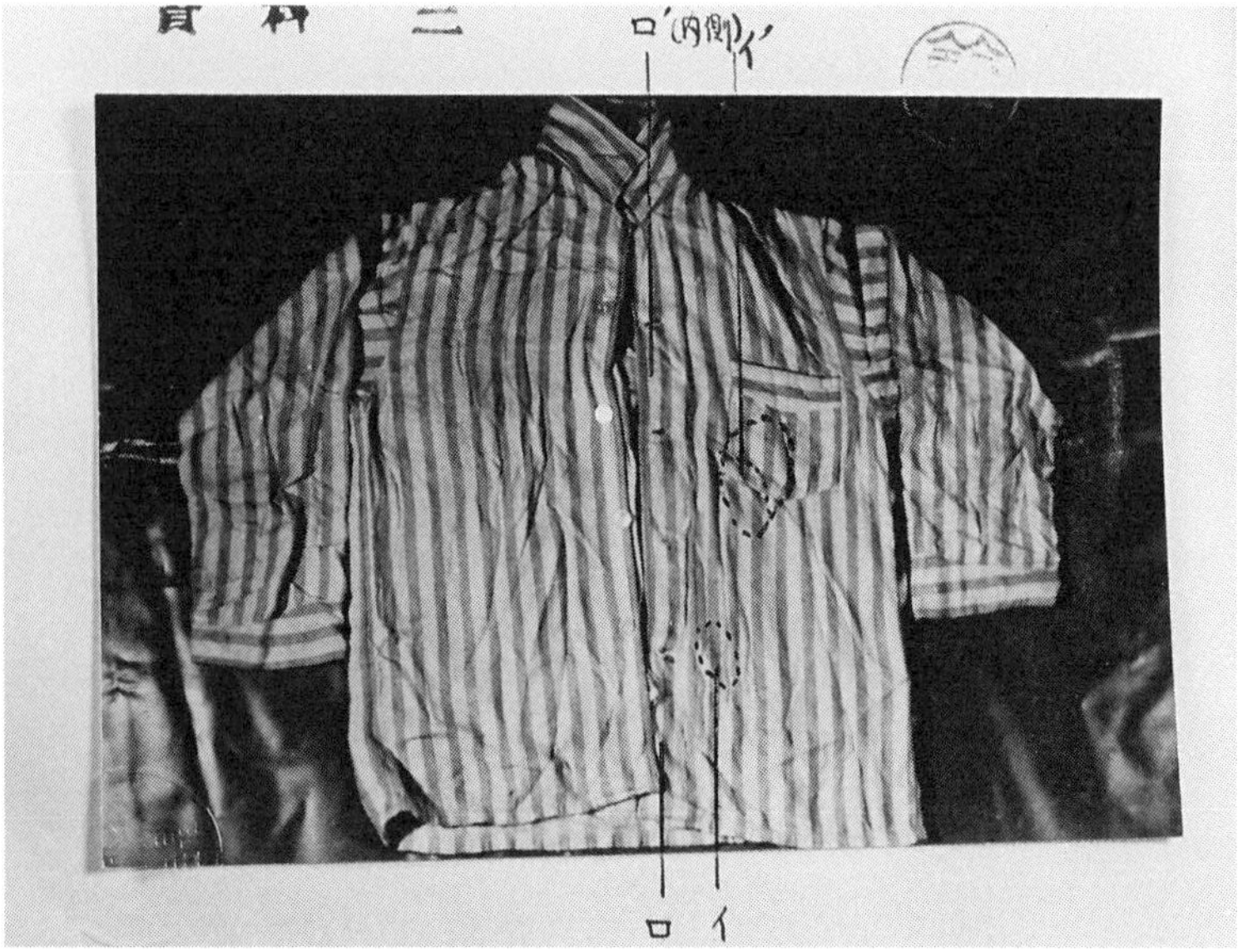

血染めのパジャマ

袴田の部屋の押し入れに“無造作に置いてあった”パジャマ。当初、警察はこれを犯行着衣と断定し、新聞は“血染め”と騒ぎ立てたが、見た目には何の痕か判別のつかない小さなシミに過ぎず、後に警察庁科学警察研究所も「人血とは認められるが血液型は不明」という鑑定結果を出している。（写真提供：袴田弁護団、同左頁）

残された大金

事件当夜、被害者宅には約50万円の現金の他、有価証券、銀行の預金通帳、宝石などがあったが、実際に盗まれたのは8万円が入った集金袋一つで、大半が手つかずのまま残されていた。強盗目的の犯行にしてはあまりに不自然。

凶器

被害者宅の中庭から発見された刃渡り12センチのクリ小刀。こんな工作に使うような刃物で、果たして4人を刺殺できるのだろうか。先端が少し欠けているものの、刃こぼれは全くない。

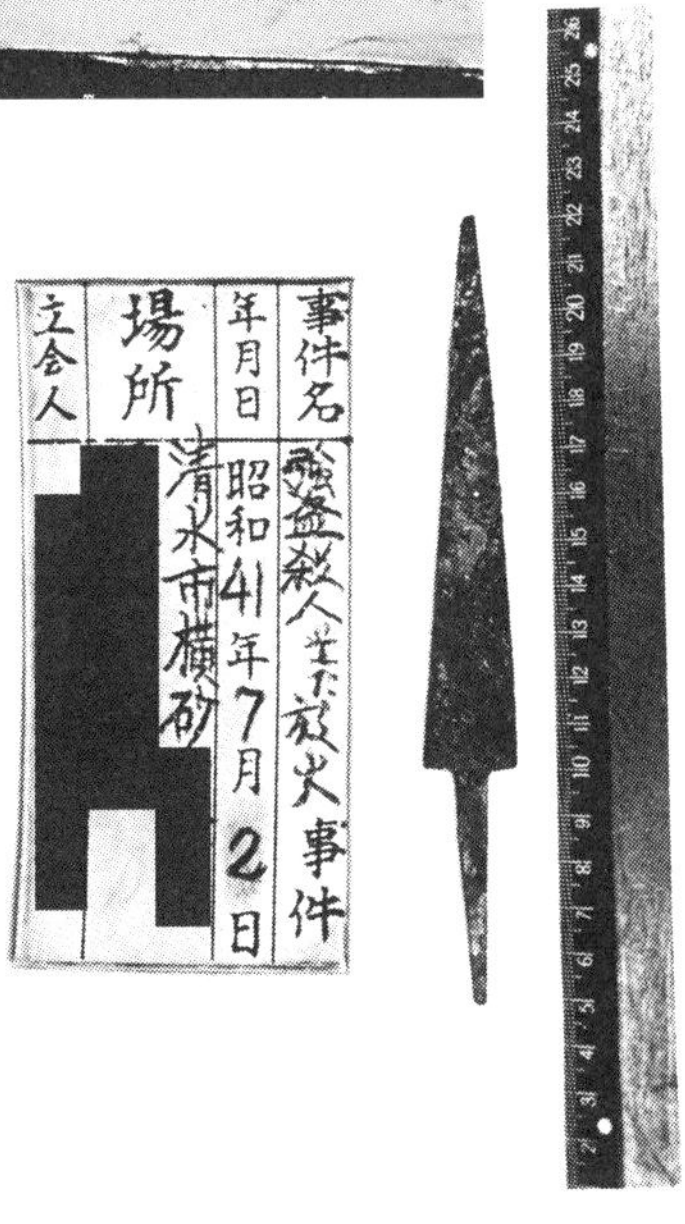

刑事課長、取調官による検討会を開催し、取調官から取調べの経過を報告させ、今後の対策を検討した結果、袴田の取調べは情理だけでは自供に追い込むことは困難であるから、取調官は確固たる信念を持って、犯人は袴田以外にはない、犯人は袴田に絶対間違いないということを強く袴田に印象づけることにつとめる〉

この記録にある検討会が開かれたのは、袴田逮捕十一日後の八月二十九日。すでに、その間、袴田は、一日平均十二時間という気が遠くなるような取り調べを受けており、それは自供まで延々と続くことになる。

後に獄中から出した手紙で、袴田は取り調べの様子を次のように書いている。

殺しても病気で死んだと報告すればそれまでだ、といっておどし罵声をあびせ棍棒で殴った。そして、連日二人一組になり三人一組のときもあった。午前、午後、晩から一一時、引続いて午前二時頃まで交替で蹴ったり殴った。それが取調べであった。目的は、殺人・放火等犯罪行為をなしていないのにかかわらず、なしたという自白調書をデッチ上げるためだ。

九月上旬であった、私は意識を失って卒倒し、意識をとりもどすと、留置場の汗臭い布団の上であった。おかしなことに足の指先と手の指先が鋭利なもので突き刺されたような感じだった。取調官がピンで突ついて意識を取り戻させようとしたものに違いない。

六六年、静岡の夏は連日三十度を超えた。そんな猛暑の中、水も与えず、小便は取調室に持ち込んだ便器で済まさせ、精神的肉体的に袴田を追い込む。まさに拷問である。

しかも、この間、袴田の家族が依頼した三人の弁護人は、それぞれ一度だけ、七分間、十五分間、十五分間の、わずか三十七分間しか袴田に接見していない。取り調べ時間の長さが異常なら、この接見時間の短さもまた異常。警察が意図的に、弁護人と被疑者を遮断したのだろうか。

いずれにしろ、弁護人が十分な時間、袴田と接見し事情を聞いていれば、事はまた違った方向に転がっていたかもしれない。事実、袴田は、このときの僅かな接見でも「元気を取り戻した」（静岡県警の捜査記録より）のだから。

冤罪王国、静岡

捜査本部が袴田シロの可能性を一パーセントも疑わず、拷問的な手口で自白を迫ったのは、戦後、静岡県警が持ち続けた悪しき体質に因《よ》る部分も大きい。

袴田事件以前、静岡県では四つの冤罪事件が起きている。発生順に紹介しておこう。

幸浦《さちうら》事件　一九四八（昭和二十三）年十一月、磐田《いわた》郡幸浦村（現・袋井《ふくろい》市）の自営業を営む主人を含む一家四人が殺害された事件。逮捕された四人の男性の供述により一家の絞殺遺体が発見されるも、公判で男性らは自供は全て拷問によって強要されたものだと無罪を主張する。静岡地裁の判決は三人に死刑、一人が懲役一年および罰金千円。東京高裁も控訴を棄却したが、五七年、最高裁は重大な事実誤認の疑いがあるとして高裁に差し戻し、二年後、全員に無罪判決が出る。

二俣《ふたまた》事件　五〇（昭和二十五）年一月、磐田郡二俣町（現・浜松市天竜《てんりゅう》区二俣町）で、夫婦と幼児二

人が殺害された事件。警察は近所に住む十八歳の少年を〝事件発生当時に所在がはっきりしない〟という理由だけで逮捕、拷問によって自供を得る。静岡地裁、東京高裁ともに死刑。無罪を主張して上告した被告人に対し、五三年、最高裁が原判決を破棄、後に無罪が確定する。

小島《おじま》事件　五〇（昭和二十五）年五月、庵原《いはら》郡小島村（現・静岡市清水《しみず》区）で三十二歳の主婦が斧で殺害され、現金二千五百円が奪われた事件。犯人として地元の二十五歳の農民が逮捕されたが、物的証拠は皆無で、警察の拷問と脅迫による自白調書のみが有罪の決め手となった。一審、二審とも無期懲役。しかし、最高裁は調書の任意性に疑いがあるとして高裁に差し戻し、後に無罪判決が下される。

島田《しまだ》事件　五四（昭和二十九）年三月、島田市の山林で六歳の幼稚園児の絞殺遺体が発見された事件。犯人として逮捕された当時二十五歳の青年が拷問による取り調べで犯行を自供、最高裁まで無罪を争ったが、六〇年に死刑が確定する。その後、被告人は三十年にわたって再審請求を訴え、八九年、ようやく無罪、釈放となる。その前の免田《めんだ》、財田川《さいたがわ》、松山《まつやま》事件に続く、確定死刑囚が再審で無罪になった事例。

まさに冤罪のオンパレード。なぜ、これほどまでに静岡県警は失態を繰り返してきたのか。そこには一人の警察官の存在がある。静岡県警元警部K。無罪が確定した先の四事件全ての主任取調官で、後に〝拷問王〟と評されることになる稀代の悪徳刑事だ。

袴田事件には、直接、Kの息はかかっていないが、捜査員が告白したとおり、拷問による自白の強要が、その後も静岡県警の悪しき傾向として残っていた可能性は高いのではなかろうか。

報道という名の暴力

そして、もう一つ。袴田が逮捕、勾留させられた背景には、マスコミによるセンセーショナルな報道合戦が影響をもたらしている。四人が惨殺された凶悪事件である。新聞・テレビが騒いで当然なのだが、その報道姿勢は、警察の情報を鵜呑みにした、一方的かつ暴力的なものだった。

中でも凄まじいのが毎日新聞と読売新聞だ。

毎日は、こがね味噌の従業員寮に家宅捜索が入った七月四日夕刊の紙面で、早くも「従業員H浮かぶ　血ぞめのシャツを発見」なる見出しを打ち、また八月十八日夕刊では「袴田を連行、本格取調べ」「夕刻までに逮捕」「不敵なうす笑い」等と、まだ逮捕前にもかかわらず実名を挙げ〝凶悪犯袴田〟を作りあげている。

袴田が連行される際の様子を、紙面から引用する。

〈フトンのなかでたたき起こされたのだろう。袴田は寝ぼけまなこをこすりながら、シャツにズボン下のままで階下へ降りてきた。（略）心もち青ざめゆがみそうな表情だった。（略）ふだんは「たばこをすわない」といっていた袴田が、そのときばかりはプカプカとせわしげにたばこを口にする。心の動揺を押えようとするあせりが強くにじんで見えた。だが本部の車に乗せられた袴田は、いつの間にかふだんの顔にかえり、時々ゼスチュアたっぷり笑ったり、本部の車を追跡する本社記者に向かって手を振るなどあいきょうをふりまいてみせた〉

記者の得意満面な顔が浮かんできそうな、悪意に満ちた書きぶりである。

一方読売は、逮捕翌日の十九日の紙面で「決め手つかんだ科学捜査」の大見出しのもと、犯行着衣とされたパジャマの血痕から、被害者の血液と混合油を検出した警察の鑑識技術を、勝ち誇ったように絶賛している。後の公判で、検察自らが犯行着衣を否定、変更したとき、この見出しを作った新聞社の人間はどう感じたのだろう。

勾留期限の三日前、警察がついに袴田の口を割らせた九月六日の翌朝の読売紙面は、さらに醜悪で「わたしがやりました」「隠しきれず観念」「すなおに小さな声で話す」「きょう中にも全面自供へ　喜びにわく本部」「続々、ねぎらいの電話」等々、まるで警察の広報紙のような様相を呈している。

〈袴田の態度は、ここ二、三日で神妙になり「あれだけの犯行をしたものが簡単にしゃべるわけがない」とか「十日になったら全部話す」などといいはじめ、自供とはいえないまでも、袴田は良心とのかっとうに悩んでいる様子がみられており、捜査当局は自信を深めていたという。清水署員は「迷宮入りにならなくてすみそうだ」とうれしさを隠し切れなかった〉

同じ紙面の片隅に〈無実信じていたが〉と、袴田の姉、秀子の談話が小さく扱われているのが、実に象徴的で悲しい。

迷走する自白調書

九月六日、最初の自白調書で、袴田は次のように供述している。

〈事件のことについて話をします。

・私はちゑ子さんとは肉体関係が前々からありました。それで、ちゑ子さんが家を新築したいので強盗が入ったように見せかけて、家を焼いてくれと頼まれました。それは事件前の六月二十六日の日曜日でした。それで私もそのことを引き受けました。

・家を焼くのは、六月二十九日の夜と決めました。それで六月三十日の午前一時半ころ、パジャマ姿のままで専務の家の裏木戸に行くと、裏木戸が開いてありました。その時六月二十六日奥さんからもらったさやに入ったナイフを持って行きました。

・裏木戸から中に入りました。その前に工場の三角部屋からミソのたるに油を入れて持って行きました。

・自分がトイレの近くまで行って油をすみの方におきました。表に一回出ました。すると奥さんが出てきて裏木戸をしめましたので、自分は屋根に登って、勝手場の屋根から土蔵の屋根に登り、鉄管のあるところから下（中庭）にとびおりました。

・そこから勉強部屋から家の中に入って、庭の土間通路の机の引出から蟇口《がまぐち》を一ヶ持ち出し、通路の方に投げておきました。それというのも強盗が入ったように見せるためです。

・すると専務が起きてきたので、裏木戸から逃げようとしたが逃げられず、そこで取っ組み合いとなり、自分が持っていた刃物を専務に取られそうになりました。そのもみ合いのとき左手の指が切れました。裏木戸まで追いつめられたとき右肩をけがしました。

・そこで専務ともみ合ったが、専務に自分の刃物を取られてしまったので、自分は右手で専務の耳を殴って専務をその場に倒して、刃物をとり返しました。そのあと夢中で専務を刺しました。

・そのとき後ろを見ると奥さんが自分の方を見ていたので、自分も見られたと思って、奥さんを追って行き夢中で奥さんを刺しました。それは裏切られたということもありました。
・その時は無我夢中で、自分にかえったときは、すでに奥さんが倒れておりました。扶示子さん、雅一郎君はどのように刺したか覚えていません。
・殺してから夢中で裏木戸の方に逃げましたが、裏木戸が締まっていて出れませんので、左側の裏木戸の戸をけとばして裏に出ました。
・そこで考えて見ると、どうにもしょうがなかったので、その時油が持ってきてあったので、四人の体に油をかけて専務の枕元にあった大きなマッチで火をつけて裏木戸から逃げてきました〉

要約すれば〈犯行は、不倫関係にあった専務夫人に頼まれたのがそもそもの動機で、夫人から渡されたナイフで四人を刺殺し、閉まっていた裏木戸を蹴破って脱出した後、持っていた油に火をつけて家を焼いた〉というストーリーである。

しかし、翌九月七日の調書では、動機は〈奥さんとの密通が専務にバレたことが発端〉となり、さらに翌八日には〈母と子供と三人でアパートを借りるための資金が欲しかった〉と二転三転している。これは、言うまでもなく警察が、事件の辻褄を合わせるため袴田を誘導し、ありもしない筋書きを作らせたためだ。

こうして九月九日、静岡地検に起訴されるまでに二十九通、起訴後の十月十三日までに十六通の、計四十五通の自白調書が作成され、同月十八日、袴田は静岡拘置所に身柄を送られる。動機や手口、侵入逃走経路など調書の内容は、捜査官、検察官に操られるまま激しく変わり、最終的に静岡地検が結論づけた犯行の流れは以下のとおりだ。

①六月三十日深夜一時二十分、寮で目覚め
②金銭を強奪する目的で
③パジャマの上に雨ガッパを着用、クリ小刀を持ち
④専務宅に侵入し
⑤四人をクリ小刀で突き刺して殺害
⑥その後、集金袋三個を強奪し
⑦裏木戸をくぐり、線路を渡って工場内に入り
⑧工場内の石油缶からガソリンを持ち出し、再び裏木戸を通って専務宅に侵入
⑨四人の死体にガソリンをふりかけ、マッチで火をつけ放火し
⑩その後、裏木戸から出て、一時四十五分には自分の部屋に戻った

つまり、袴田は部屋を出てから戻るまでの二十五分間で、これだけの犯行をしでかしたことになる。

それにしても、袴田はなぜ、虚偽の自白をしたのか。自分の犯行だと認めれば死刑は免れないのになぜ?

心理学者の研究によれば、極端に情報が制限された取調室という密室空間では、自己暗示にかかりやすいのだという。自分がいくら犯行を否認しても、刑事は一切認めない。それが何日も続く。

暴力も加わる。やがて被疑者は無力感、絶望感にとらわれ、刑事の言う「オマエがやったに違いない」という言葉にすがりたくなる。一種のマインドコントロールに陥った状態だ。

そして、被疑者は、事件と辻褄が合うような犯行ストーリーを警察と一緒に作り上げていく。供述に矛盾があれば、取調官がいくらでも助け船を出してくれる。

「最初に右胸を刺したというのは思い違いなんじゃないのか」

「新聞には裏の出口から脱出したように書いてあったぞ」

被疑者は素直に認める。なぜなら、認めないと前に進まないから。その先に死刑が待っているとは考えない。なぜなら、自分が犯人ではないがゆえに事の重大さをリアルに感じられないから。

袴田も、供述した段階で、自分に死刑が下るなどとは想像もできなかったに違いない。

私は天地に誓って真犯人ではない

一九六六年十一月十五日から静岡地裁で始まった公判で、袴田は一貫して無罪を主張した。捜査官や検察官の取り調べでは自白を強要され調書に捺印したが、裁判では自分の主張が通るものと信じて疑わなかった。裁判官は必ず、自分の身の潔白を理解してくれるだろうと確信していた。

異変が生じたのは、初公判から九カ月半が過ぎた六七年八月三十一日のことだ。こがね味噌の工場内一号タンクで搬出作業に就いていた一人の従業員が、タンク底からみそ漬けになった麻袋を見つけ、その中から、はっきりと血のついた5点の衣類（ズボン、ステテコ、緑色ブリーフ、スポーツシャツ、半袖シャツ）が発見されたのである（75頁参照）。

九月十二日、捜査当局は、袴田の実家を家宅捜索し、タンスの抽出《ひきだし》から血液の付着したズボンと生地・切断面が一致する共布《ともぬの》（裾を詰めた際に余った布切れ）を発見する。同日、裁判所は急遽、予定されていた公判日を変更し、翌十三日に指定。そして第十七回公判。検察官は冒頭陳述を訂正し、犯行時、袴田が着ていた衣類はパジャマではなく5点の衣類と、主張を変更したのだ。
この日の公判後、袴田は獄中から母親に宛てた手紙の中で次のように書いている。

去る一三日に、ご存じの通り急に公判が開かれました。検事より血染めの着衣が、被告の持っていたものではないかと問われました。僕のに少し似ていましたが、しかし着衣は、世の中に似たものはたくさんありますが、あの血染めの着衣が絶対に僕のものではないという証拠は、ネームがないことです。僕の着物はクリーニング屋に出すので「ハカマタ」と入っています。血染めの着衣にはネームが入っていません。型も大きく、僕のものとは異なっています。事件後一年二か月過ぎた今日、しかも再鑑定の申請をしたら、こういうものが出ましたが、これは真犯人が動き出した証拠です。これでますます有利になりました。

つまり、袴田は、この5点の衣類は何者かが自分を陥れるため捏造したものと理解したのだ。
約一年半後、計三十回の公判が終わった六八年五月九日、I検事は、グレーの背広に白いワイシャツ、ゴムぞうりばきで出廷した袴田に死刑を求刑する。動機は「女性関係が複雑で、遊び好きなのに金がなく、金欲しさの犯行」と決めつけ、さらに「ひん死の被害者に混合油をかけ、放火した行為は残虐無比で、冷酷無惨。日本の犯罪史上記録に残る行為で、同情の余地は全くない」と厳しく言い放った。毎日新聞によると、袴田は〈一瞬ほおをピクリとふるわせただけで、傍聴人の視線を浴びても頭も下げずに平然としていた〉らしい。

二週間後の五月二十三日、最終弁論。岡村鶴夫《おかむらつるお》主任弁護人は、最高裁で無罪が確定した二俣事件、幸浦事件を引用しながら「自白調書は全て取調官の圧迫によるもので、5点の衣類が発見されると、それまで自供していたパジャマ姿での犯行を変えるなど、被告の自供は任意性がなく、作られたもの」と主張。続いて立った斉藤準之助《さいとうじゅんのすけ》弁護人も「犯行現場と被告を結びつける証拠はない。後から発見されたスポーツシャツなどの衣類も被告の物と断定することはできない。証拠をつくり上げたことは明らかだ」と無罪を主張した。

この日、最後に裁判長に促され、証言台に立った袴田は毅然とした態度で述べた。

「警察は不当に事実を曲げ、いつわりに満ち、白を黒にいいくるめようとした。私は天地に誓って真犯人ではない」

それから約三カ月半が過ぎた九月十一日、静岡地裁が袴田に対し下した判決は、求刑どおりの死刑。袴田はその直後、長年自分を支えてくれ、当時病床にあった母に宛て、短い手紙を出している。

御母サン　私ノコトデ無用ナ心配ナドシナイヨウ　早ク　全快シテ下サイ

袴田の母、ともが死去したのはその二カ月後のことだった。袴田の心情を考えた家族は、すぐには母の死を知らせなかった。それでも毎週のように、袴田からは母宛ての手紙が届き続けた。これ

袴田家の人々。下段左から長兄、袴田、長姉、次姉。袴田の後ろで立っている女性が母親のとも。すぐ上の姉の秀子は写っていない。（写真提供：袴田弁護団）

以上は隠すのは良くないと思い、本当のことを伝えたという。

証拠捏造の疑い濃厚

ここで、改めて、弁護団や支援団体、ジャーナリストなどの検証資料、書籍などから袴田事件の主な疑問点、謎を整理してみよう。

●深夜にもかかわらず犯行音を聞いた者がいない

静岡地裁が採用した自白調書によると、袴田は犯行当日深夜一時半ごろ、被害者宅に侵入。専務に見つかり「この野郎！」と威嚇され、格闘の後、刺殺。続いて、異変に気づき「キャー」と奥に逃げていった専務夫人を追いかけ、殺害している。専務は体格が良く柔道二段の腕前だ。格闘の際には相当激しい物音がしただろうし、怒鳴り合う声も聞こえたはず。妻の悲鳴も絶叫に近かったと思われる。

ところが、このとき、隣家の住民は〝材木の倒れるような音〟を聞いただけで、もう片方の隣家の住民は物音一つ聞いていない。被害者宅と両隣の家の隙間はわずか三〇センチ。通常、夜になると、被害者宅で下駄で歩く様子もわかるほど、音は筒抜けだったにもかかわらずだ。

●動機がない

犯行理由は「母親と子供と暮らすアパート代を盗むため」とされているが、袴田が事前に金策に動いた様子もなければ、殺人・放火を犯しても金を手に入れなければならない差し迫った事情もなかった。

また、袴田は被害者の四人とは親しい関係で、特に専務には可愛がられていた。袴田の人柄についても、学友、ボクシング選手時代の知人、バーの開店資金を出資した酒店社長らは「柔和で温厚」と証言している。

●自白は強要された疑いが濃厚

前記のように、袴田は逮捕・勾留された一九六六年八月十八日から九月九日まで、一日も休みを入れることなく、平均十二時間以上の取り調べを受けている。

清水署の留置人出入簿によると、自供二日前の九月四日は午前八時四十分から深夜二時までの十六時間二十分、最初に自白した九月六日は午前八時半から深夜十二時までの十四時間四十分と、取り調べ時間は常識を遥かに超えていた。さらに、供述内容が二転三転する自白調書から判断しても、自供に強制があったことは明らかだと思われる。

●クリ小刀で犯行は可能か?

凶器は、犯行現場で見つかったクリ小刀とされている。

こんな、小学校の工作などで使う小さなナイフで四人を殺せるのか。遺体に五十カ所近い刺し傷を作ることは可能なのか。もし可能なら相当な力が必要なはずだが、なぜ犯行に使われたクリ小刀は、先端がわずかに欠けているだけで、曲がることもなければ、刃こぼれもないのか。なぜ袴田は左手のわずかな傷を負うだけで済んだのか。なぜ刃渡り一二センチしかないのに、胸から少なくとも一六センチ以上ある被害者次女の胸椎《きょうつい》に刺し傷があるのか。本当の凶器は、クリ小刀ではないのではなかろうか。

●5点の衣類は捜査機関による捏造の疑い濃厚

警察は、六六年七月四日の家宅捜索で、工場内を徹底的に調べている。当然ながらみそタンクの中も調査したはずだ。しかし、この時点でタンクの中から5点の衣類が入った麻袋は発見されなかった。それが事件から一年二カ月後の公判途中、突然出てくるのはあまりに不自然ではないだろうか。さらにその後、二人の刑事が袴田の実家を家宅捜索すると、タンスの中からズボンの共布《ともぬの》が出てくる。普段から使っているタンスである。そんなものが都合よく出てくるのもおかしな話だ。

もし、袴田が隠したとするなら、自ら深さ一・七メートルのタンクの中に入り、みその中に衣類を埋めなければならない。なぜ、犯行後にそんな面倒な作業をしたのか。そもそも、タンク内のみそは定期的に搬出される。いずれ従業員に見つかることは明らかなのに、なぜそんな場所に重要な証拠である犯行着衣を隠したのか。

こうして考えていくと、5点の衣類は警察の家宅捜索時には存在せず、発見される数日前に何者かが仕込み、それを従業員がさも発見したように工作が施されたと考えるのが自然ではなかろうか。そんな捏造を働いて、メリットがある立場は一つ。証拠が乏しいパジャマから、血染めの衣類に犯行着衣を替える必要があった警察・検察だけではなかろうか。

●裏木戸を通れるのか?

袴田は犯行時、立木を登って被害者宅に侵入し、一家を殺害後、裏木戸から脱出。いったん工場に戻り、混合油を入れたバケツを手に再び裏木戸から侵入、放火した後にまたも裏木戸から脱出したことになっている。袴田が裏木戸を通った回数は、計三回だ。

裏木戸には上下二カ所に留め金がある。事件後の状態は、下は外れ、上は閉まっていた。上が施錠してあれば、当然、扉はわずかしか開かない。

果たして、その状態で大人が通り抜けできるのだろうか。被害者一家と仲の良かった袴田なら、裏木戸の構造も熟知しており、当然、上の留め金を外したはずだ。彼はなぜ、わずかしか開かない扉から三回も出入りしたのか。あまりに不自然な行動ではないか。

警察は、それでも通り抜けは可能だったと、こっそりと実験写真を撮り、裁判所に提出した。が、写真には肝心の上の留め金が写っていない。

一方、後に弁護団が現場と同じ裏木戸を作り検証したところ、上の留め金をしたままでは出入りできず、無理矢理通り抜けようとすると、留め金のネジ釘が抜けてしまうことが判明。つまり、警察提出の写真は、上の留め金も外したまま撮影された可能性が高い(76頁参照)。

死刑が怖いのではなく、怖いと恐怖する心が恐ろしい

静岡地裁で死刑判決が下りた後、弁護側は即座に控訴し、一九六九年五月二十九日から東京高裁

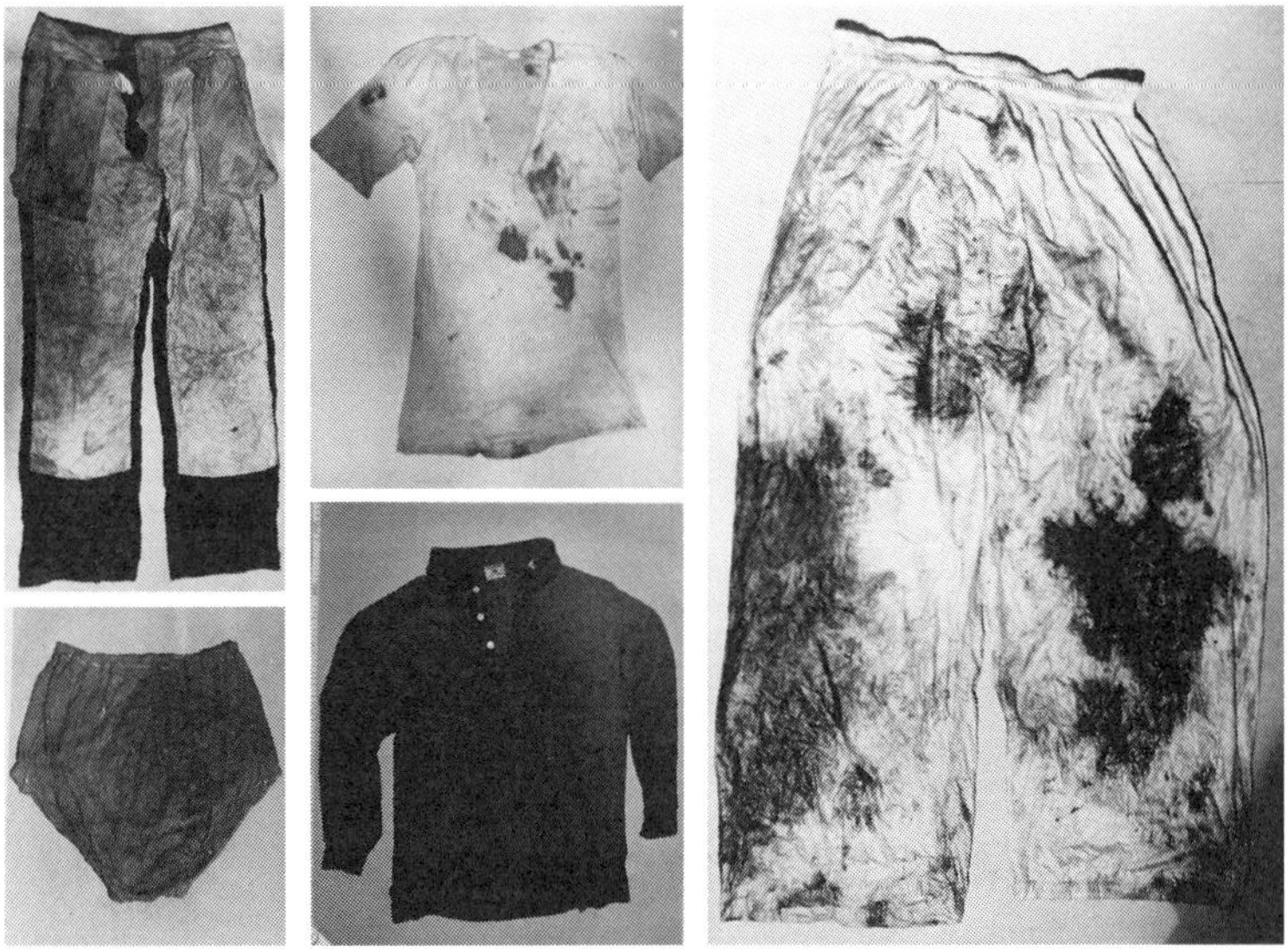

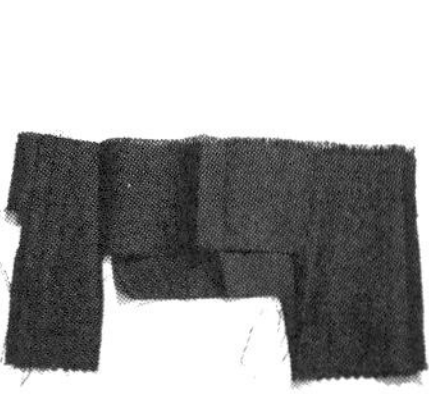

5点の衣類

事件発生から1年2カ月後の公判途中、みそ工場のタンク（下左）の一つから発見された、ズボン、ステテコ、緑色ブリーフ、スポーツシャツ、半袖シャツ。2週間後、警察は袴田の実家から、ズボンの切断面が合致する共布《ともぬの》（下右）を押収。その翌日、急遽開かれた公判で、検察は犯行着衣を、パジャマからこの5点の衣類に変更した。証拠が捏造された疑いは濃い。（写真提供：袴田弁護団、75〜77頁）

裏木戸の通り抜け再現写真

袴田は犯行時、被害者宅の裏出口を3回出入りしたとされている。

〈警察撮影〉

通り抜けは可能のように見えるが、閉まっていたはずの上の留め金が写っていない。

〈弁護団撮影〉

上の留め金をしたままでは最大32センチしか開かず、写真のような状態にはならない。
上の留め金を外せば通り抜けられる。警察の写真とよく似ているのがわかる。

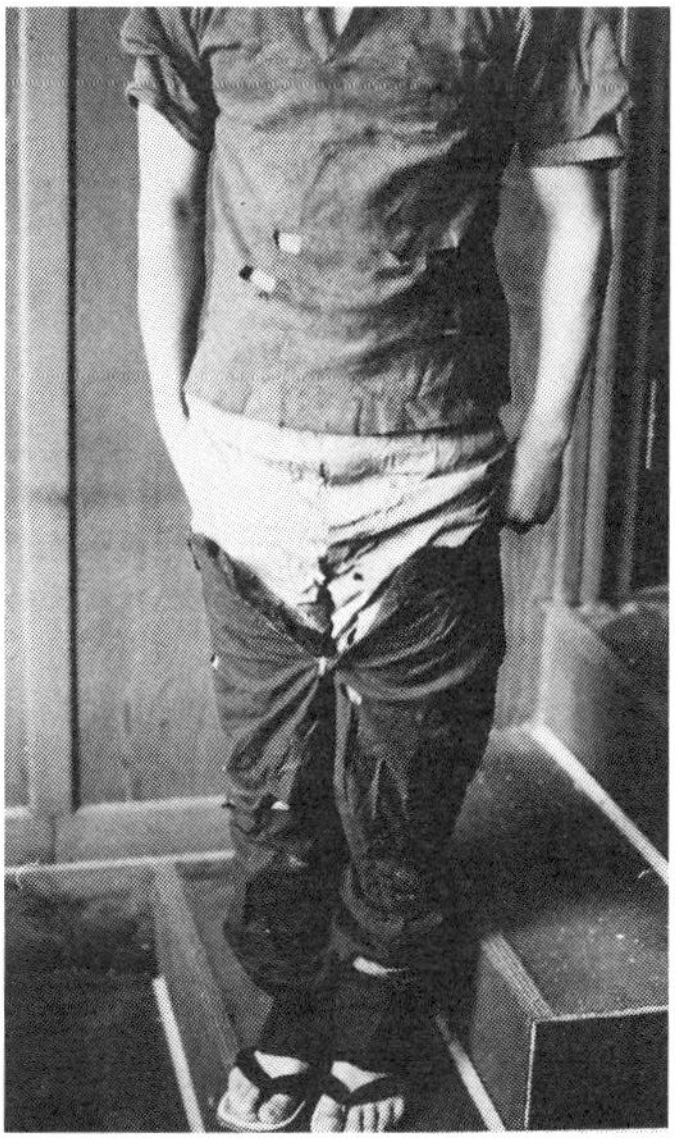

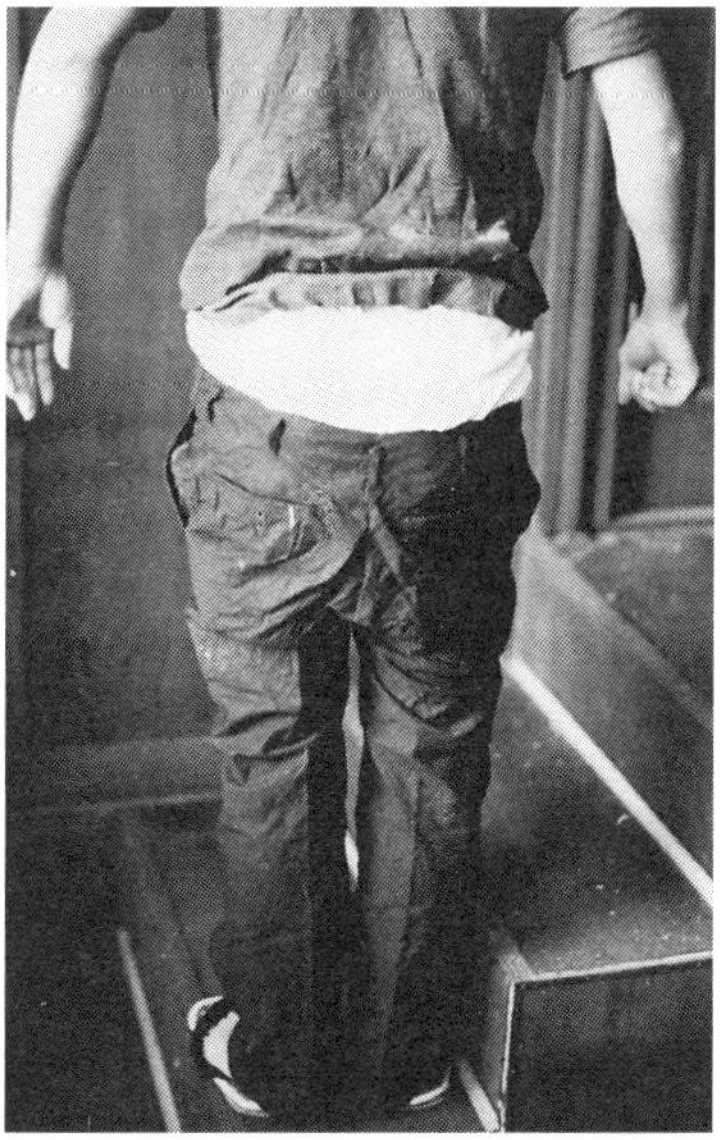

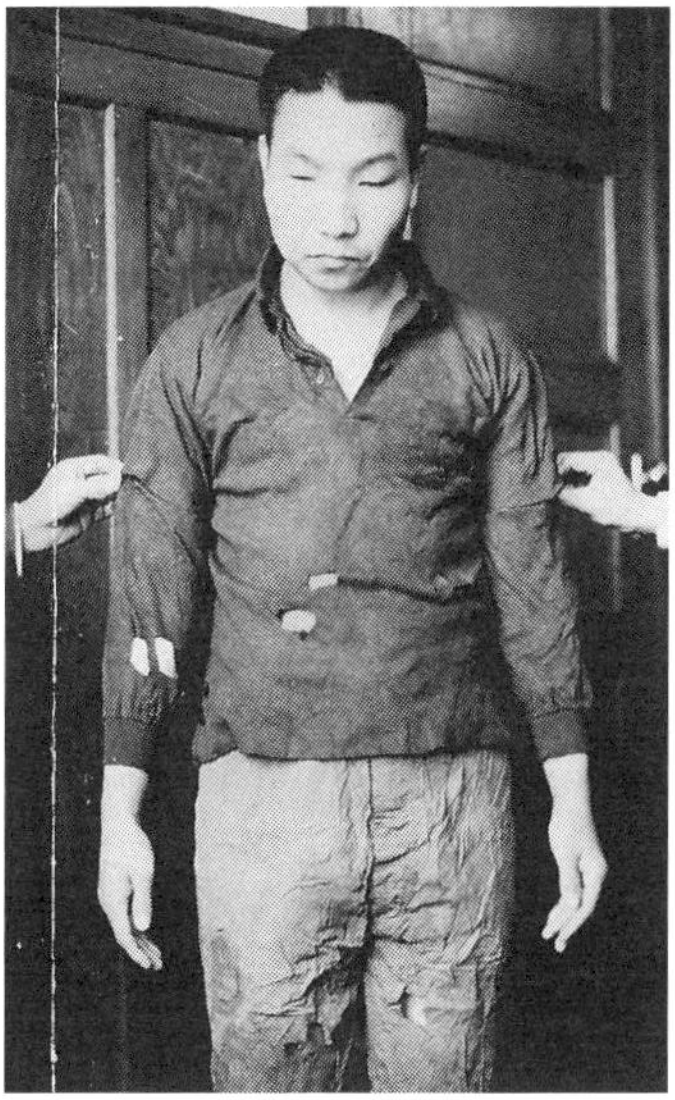

ズボンの装着実験

1971年11月20日、控訴審の東京高裁構内で、5点の衣類を袴田に装着させる実験が行われた。見てもわかるように、ズボンは太もものところでつかえて穿けなかった。袴田にはサイズが小さすぎることは明らか。ちなみに、装着実験は74年、75年にも実施されている。

で第二審が始まった。争点は、被害者の死因、油の成分、裏木戸は閉まっていたか否か、クリ小刀を購入した証拠など様々あったが、中でも注目されたのは5点の衣類、特にズボンである。

一審においても、弁護側はタンク内で発見されたみそ漬けのズボンは袴田にはサイズが小さすぎると主張しており、高裁では現物の装着実験が行われることになった。二審の弁護団は、これで袴田が穿《は》けなければ、ズボンが被告人の所有物ではないことの証明になると考えていた。

装着実験は、七一〜七五年にかけ東京高裁構内で都合三回にわたり実施された。結果は77頁の写真のとおり。何度試しても、ズボンは袴田の太もも部分でつかえ、穿くことができなかった。しかし、検察側はみそ漬けになっていたため縮んだ、袴田が太った等と主張。その他の争点についても、裁判所は全面的に検察の主張を採用し、七六年五月十八日、控訴を棄却する。

八〇年十一月十九日、最高裁も上告棄却。死刑が確定する七カ月前の八〇年五月、袴田は獄中から姉の秀子に宛て、こんな手紙を出している。文面からは、袴田の極めてシリアスな心境がうかがい知れる。

死刑囚にデッチ上げられてから間もなく、一三年目に入ろうとしている。

警察官の物的証拠偽造によって逮捕され、（略）悪辣な拷問を連日連夜うけた。そして知らぬ間に、いわゆる自白調書と当局がいうものが捻出された。この間、私はほとんど自己を喪失させられていたことが後で分かった。ただただ、密室内で死を強制され、またしばしば殺されるのではないかという疑念と確信みたいなものが迫って来たのをおぼろげながら覚えている。

死刑を宣告されてから、私は間もなく東京拘置所に移された。そこには確定囚が二〇人程と未決囚が二〇数人いた。彼らのほとんどは処刑を待つ苦しみの中で、己れを喪失した醜いヒステリックな発作が起こるまえにいさぎよく自殺したいという願望をもっていた。この願望は、最高裁で死刑が宣告されると益々強度になるようであった。（略）

死刑囚という言葉がまるで他人ごとであった昔は、それはたんに死ぬる人、という意味でしかなかった。そしてそれは、あたかも不断に巡りくる生と死の普通の法則そのものとしていて漠然と理解していたといえる。死刑を殺人と見ず、寿命の概念に無意識にあてはめていたのである。このことは私一人が感じていることではないはずだ。市民社会の大部分がこの観念の中にあるのだと思う。

殺人者に対する応報は絞首刑であるという考えは人間として間違っていないだろうか？　私はこの死刑囚という特殊な境遇にデッチ上げによりおかれ、初めて死刑の残虐のなんたるかを熟知した。確定囚は口をそろえて言う、死刑はとても怖いと。だが、実は死刑そのものが怖いのではなく、怖いと恐怖する心がたまらなく恐ろしいのだ。（略）私を支援、激励してくれる死刑の心配のない人の中にも、この違いが理解できていない人もいる。実際、死刑囚の気持ちをわかってやれというのは無理なのかも知れない。しかし、この文明社会で多くの死刑囚が分かってくれることを願っている。

それまでの手紙で、裁判闘争を勝ち抜く強い意思が溢れた文言が並んでいたのに比べ、まるで死刑を覚悟したような文章だ。そのことを裏付けるように、やがて袴田は東京拘置所内でキリスト教の洗礼を受け、敬虔《けいけん》なクリスチャンになる。自分の無実を証明してくれると信じて疑わなかった裁判所にことごとく裏切られ、最終的に神に救いを求めたということだろうか。

その後の事件、経緯については次頁に掲載した表のとおりだ。

弁護団の再審請求は、〇八年三月に最高裁が棄却し、四月、静岡地裁に第二次再審請求をした（注・その後の経緯は301頁参照）。

獄中の袴田死刑囚は、最高裁での死刑確定から数年後「この拘置所の中には電波を出す奴がいて、痛くてかなわない」「俺は〇〇の神だ」等、意味不明なことばを口にするようになり、一〇年ころからは弁護人、親族、支援者との面会でも、通常の会話が成立しにくい状態になった。四十四年の長きにわたる拘置所生活が引き起こした〝拘禁反応〟が袴田の心と体を蝕《むしば》んでしまったのだ。

弁護団や支援者らが、外部の病院へ身柄を移送することを求めた〝人身保護請求〟は棄却された。

袴田事件 年表

1966年(昭41)6月30日	静岡県清水市(当時)でみそ製造会社専務宅一家4人惨殺・放火
8月18日	静岡県警が袴田巌を強盗殺人・放火・窃盗容疑で逮捕
9月6日	**袴田**…自白
9月9日	静岡地検が住居侵入・強盗殺人・放火罪で起訴
11月15日	静岡地裁にて第1回公判
1967年(昭42)8月31日	工場内のみそタンクの中から血染めの「**5点の衣類**」が発見される
1968年(昭43)5月9日	**静岡地検**…死刑求刑
5月24日	**弁護団**…最終弁論
9月11日	**静岡地裁**…死刑判決
1969年(昭44)5月29日	東京高裁で第2審開始
1971年(昭46)11月20日	東京高裁の構内で犯行着衣とされたズボン他衣類の装着実験(1回目)
1976年(昭51)5月18日	**東京高裁**…控訴棄却
5月19日	**弁護団**…最高裁に上告
1980年(昭55)11月19日	**最高裁**…上告棄却
12月12日	**最高裁**…判決訂正申立棄却決定送達…死刑確定
1981年(昭56)4月20日	**弁護団**…静岡地裁に第1次再審請求
11月13日	日本弁護士連合会が袴田事件委員会を設置して再審支援を開始
1994年(平6)8月8日	**静岡地裁**…再審請求棄却
8月12日	**弁護団**…東京高裁に即時抗告
2004年(平16)8月26日	**東京高裁**…即時抗告棄却
9月1日	**弁護団**…最高裁に特別抗告
2008年(平20)3月24日	**最高裁**…特別抗告を棄却
4月25日	**弁護団**…静岡地裁に第2次再審請求

Ⅳ
背信

疑問が多すぎる人生

二〇〇九年十月十五日、三度目の福岡行きの飛行機の中で、ボクは考え込んでいた。

あれだけ無罪の材料が揃っているのに、なぜ一審の静岡地裁は死刑判決を下したのか。東京高裁、最高裁が控訴・上告を棄却したのも、未だ再審請求が認められないのも、元をたどれば一審にぶち当たる。

地裁が有罪・死刑と判断したものに異を唱えるには、覆すだけの証拠が必要となる。時間はどんどん経過していく。時が過ぎれば、当然、新たな証拠探しも困難になる。疑わしきは罰せずの原則に則り、一審が無罪判決を出していさえすれば、袴田が人生を棒に振ることもなかったはずだ。

仮定の話をしても虚しい。が、それでもなお、事件を聞きかじっただけのボクでさえ、忸怩《じくじ》たる思いがくすぶる。なぜ熊本は他の二人の裁判官を説得できなかったのか。無罪の確信があったのなら、なぜ袴田を自由の世界に導き出せなかったのか。

……違う。無念にも合議の場で敗れたからこそ、熊本はもがき苦しみ続けてきたのだ。一審判決の重みを知っていたからこそ、自分が犯した過ちの大きさに震えたのだ。

いったい、熊本はこれまでどんな人生を送ってきたのだろう。最初に取材した録音データをもう一度聞き直した。支援者にも話を聞いた。可能な限り熊本に関する資料も集めた。でも、まだまだわからない。

四十年近い時を経て告白する勇気、人権感覚はいかにして生まれたのか。なぜ、自殺を思い立つまでに至ったのか。どうしてホームレス寸前になるまで転落したのか。家族、友人の支えはなかったのか。事件がどこまで影響しているのか。ボクには聞きたいことが山のようにあった。


「やーやー、久しぶり。ご苦労さん」

部屋を取った福岡ドーム近くのホテルに、熊本は島内和子に付き添われやって来た。事前に島内に聞いていたとおり、体調はすこぶる良さそうだ。

「いや、あの、それがですね」

島内が困ったような顔で、ボクを呼び寄せる。

「なんでしょう？」

「さっきここに来るタクシーの中で、なんであんなヤツに話をせんといかんのやって怒り出しましてですね」

〝あんなヤツ〟とはボクのことか。何か気に障ることでも……。

「さー始めましょう」

大きな声を出す熊本を見て、呆れ顔で島内が笑う。

「これね。あー、そうか、君かぁ」

改めて持参した以前の掲載誌をめくり、熊本がにやにや。もしかして〝あんなヤツ〟とは、違う誰かのことを言っていたのだろうか。

「何でも聞いてくださいよ」

「ええ、何でも聞かせてもらいます。聞きにくいことも聞かせてもらいます」

「結構、それで結構」

熊本のプロフィールに目を落としながら、ＩＣレコーダーのスイッチをオン。四日間の長期取材が始まった。なお、参考までに、熊本が最初に袴田弁護団や支援団体に提出した、本人申し立てによる履歴書を掲載しておく（97頁参照）。

真実を見極める眼

熊本典道は一九三七（昭和十二）年十月三十日、両親ともに小学校の教員を務める熊本家四人きょうだいの長男として、佐賀県東松浦郡打上《うちあげ》村（現・唐津市）に生を受けた。終戦を迎えたのは七歳、伊岐佐《いきさ》国民小学校二年のとき。熊本は級長としてクラスのまとめ役を担っていた。

「アメリカ兵が学校にやってきて、先生に指示して、教科書に墨を塗らせました。今まで朝礼のとき〝鬼畜米英〟なんて叫んでたのに、これは子供心にもショックやったなぁ」

父親のしつけは厳しかった。嘘をついたら当然のように平手が飛んでくる。弟たちが悪さをしても全て長男が責任を取らされた。母親からは、人と話す際、必ず相手の目を見て話すよう教えられたことを、熊本はいまでも記憶している。

鎮西《ちんぜい》町立打上中学校を経て、佐賀県でも有数の進学校、唐津高校（現・唐津東高校）に入学。学業成績は、中高ともに常にトップクラスだった。

「高校では、クラス担任の田代《たしろ》先生（注・田代英二《えいじ》。後に西南女学院大学の学長を務め、一〇年冬に死去）が創部された『社会研究部』に入りました。当時、きな臭い事件がいっぱいあったんだよねぇ」

昭和二十年代、日本では、後に冤罪とわかる（ないしは冤罪の疑いが濃い）三つの事件が起きている。突然、無人列車が暴走し六人が死亡した三鷹事件、列車転覆の容疑で二十人の国鉄職員が逮捕され五人に死刑判決が下った松川事件、夫婦を殺害したとして捕まった五人のうち四人の無罪が明らかになった八海《やかい》事件。他にも、国鉄総裁が轢《れき》死体で見つかった下山《しもやま》事件、行員十二人が毒殺された帝銀《ていぎん》事件など、後々まで物議を呼ぶ数々の大事件に興味をもち、研究するにつれ、熊本はしだいに物事の真実を見極める眼を養っていく。


加えて、高校入学後まもなく家庭内に起きた事件も、熊本の心に大きな影響をもたらした。

「父親は最後、校長をやってたんだけど、詐欺に遭ってね。退職金をぜんぶ騙し取られた。同じように被害に遭った校長先生が五、六人おったんやないかな。父親が相当落ち込んで、毎日のように近所の池のそばにしゃがみこんでるもんだから、いつ飛び込んで自殺するかもしれんって、僕が見張っとったもんね。世の中には悪いもんがおる。許されんって気持ちが強かった」

当然、家計は逼迫《ひっぱく》した。母親も下の子供を身ごもってから教師を辞めている。自分が稼ぐしかない。熊本は高校を辞め働きに出るよう申し出るが、余計な心配はするなと父は止めた。というのも、親類縁者の中で抜群に出来のよかった熊本は、以前から将来は医学の道に進むよう、周囲から言い含められていたからだ。

「叔父が、佐賀で大きな病院をやっててね。そこの息子は医者になる気がなかったから、継ぐのは自分以外にないのかなぁと特に深く考えもせず、九州大学の医学部を目指してました。ところが、いよいよ願書を出す段階になって、俺は本当に医者になりたいのかいなって悩み始めたんだよね。社会研究部に入ったり父親が詐欺に遭ったりしたこともあって、自分の目指すべき道は、医学やなくて法律の世界やないかと」

叔父に詫びを入れ進学した九州大学の法学部で、熊本はもっぱら司法試験の勉強に勤《いそ》しむ。下宿代、生活費は引っ越しのバイトや家庭教師で稼いだ。そして、在学中の一九五九年十月、司法試験を受験。筆記には合格したが口述で落ち、翌六〇年、改めて口述試験に挑む。

質問者は弁護士の大竹武七郎《おおたけぶしちろう》と、当時、東大法学部の教授（後に総長）で、後々まで熊本がバイブルとする『刑事訴訟法』（有斐閣刊）を著した平野龍一《ひらのりゅういち》だった。

試験はとんとんと進み、最後に平野が国選弁護の問題に関して問うた。

「必要的弁護事件で、日本に一人も弁護人がいなくなったら、裁判所はどうしたらいいか？」

弁護人が一人もいなくなるなど有り得ない話だろうと思いつつも、熊本は答える。

「無罪にするしかないと思います」

対し、平野が数秒の沈黙の後、「結構です」とだけ答え、試験は終わった。

今度もまた落ちたと思った。全く手応えがなかった。試験翌日、当時の社会党委員長、浅沼稲次郎《あさぬまいねじろう》が日比谷公会堂の壇上で刺殺されたニュースは佐賀の実家で知った。

気落ちしていた熊本のもとに合格通知が届くのは、それから半月後のことだ。蓋を開けてみれば、合格者三百三十四人中トップの成績だった。新聞記者が訪ねてきて、戦後の九大でトップ合格は初の快挙と教えてくれた。

合格までに五、六回の受験は当たり前。合格者平均年齢も二十九歳前後と〝国家試験最大の難関〟と言われる司法試験を大学在学中に合格。しかも約一万人の受験者中の第一位である。いかに熊本が優秀だったかは推して知るべし。後に先輩裁判官が「君は、じっと余計なことをしないで坦々と仕事をしていたら、最高裁の判事になれる」と言ったのも、十分うなずける話だ。

少なくとも、この時点で熊本にはバラ色の将来が待っていたのだ。

ワダキューとの出会い

大学卒業後の一九六一年四月、熊本は第十五期の司法修習生として、東京・紀尾井町《きおいちょう》の司法研修所へ入所する。

当時の司法修習は、最初の四カ月間が「前期修習」で、民事裁判・刑事裁判・検察・民事弁護・刑事弁護の五科目からなる座学・起案作成を学び、その後、一年四カ月間、各地の地方裁判所・検察所・弁護士会に配属され、実際の裁判に立ち会ったり裁判手続きや書面作成のレクチャーなどの「実務修習」に従事。最後の四カ月間は、また研修所に戻り「後期修習」に就く。期間は計二年間だ。

ちなみに、現在、司法修習は一年四カ月に短縮されており、また二〇〇六年より旧司法試験と並行して始まった新司法試験の合格者は一年と定められている（新試験は法科大学院＝ロースクールの卒業者のみ受験資格がある。旧試験は一一年をもって終了し、一二年からは新試験に全面移行した）。

三百三十四人の第十五期修習生は、研修所で五十音順に七つのクラスに分けられた。一クラスが五十人弱。同じクラスには、後に熊本が本人確認の証明として提出したハガキの送り主、木谷明もいた。

「東京での住まいは、小石川の寮やった。給料も出たねぇ。額ははっきり覚えとらんけど、当時、フランク永井の〝13、800円〟という唄が流行《はや》っとったから、それくらいだと思うよ」

この後、実務修習で福岡に戻り、ここで熊本は後々まで兄弟のような親交を持つことになる一人の人物に出会う。和田久《わだひさし》。東大法学部在学中に司法試験に合格したものの、その後、漁師や麻雀で食い扶持をかせぎ、卒業して十二年後に初めて司法修習を受けていた変わり種である。当然ながら、年齢も熊本より一回り上だった。

「初めて会ったときのことはよく覚えてます。福岡の実務修習はA班とB班に分かれてて、僕はA班配属で、初日に教官が歓迎会を開いてくれるってことで、同期の連中十人ほどで飲んでた。酒を飲んだのも、そのときが生まれて初めてだったんやないかなぁ。そしたら、B班が襖《ふすま》一枚隔てた隣の部屋で飲んでまして、一人、ガラガラ声でやかましい男がいたんだよね」

熊本が仲居に「隣にうるさい人がいるんだけど、静かにしてくれるように言ってくれませんか」と頼んだところ、間もなく襖が開いた。

「マントヒヒみたいな男がさ、今、俺に静かにしろって言ったのは誰だ、いささか無礼じゃないかって怒ってる。で、素直に、はい僕ですと答えたら、なぜか意気投合しちゃってねぇ。そこからですよ、付き合いが始まったのは」

和田はめっぽう酒が強かった。週末ともなれば熊本を中洲に連れ出し、ネオン街を梯子《はしご》する。飲み代はいつも和田の奢りだった。

「その代わり〝ワダキュー〟は、僕に自分の宿題を押しつけてさ。朝までかかってやってやったこともあるよ。ただ、なんていうかなぁ。彼は非常に男気があって、気もきいて、僕は好きだったです。福岡の研修が終わった後、小石川の寮で隣の部屋になったんだけど、そこでもいろんなことを教わったねぇ。僕にとっては腹を割って話せる友であり、兄貴のような存在でした」


一九六三年四月、二年間の司法修習を終え、和田は地元、鹿児島へ帰り弁護士に。熊本は東京地方裁判所の判事補に任官する。

裁判官、検事、弁護士。どの道に進むかは、基本的に本人の意思が尊重される。この年、裁判官になった者は八十八人。赴任地もまた本人の希望が考慮されるが、人気が集まるのは花の東京地裁だ。全員が望みどおりとはいかない。そこで影響するのが司法試験の際の成績と、後期修習の最後にある卒業試験（通称、二回試験）である。トップ合格を果たし、卒業試験でも優秀な成績を残した熊本は、何の問題もなく希望どおりの採用となった。

司法修習十五期では、東京地裁に十人が配属された。内訳は刑事部に四人、民事部に三人、家庭裁判所に三人。熊本が所属したのは刑事第十四部。通称、令状部と呼ばれる部署だった。

逃げるか、逃げないか

令状部は、検察官から届く被疑者の勾留請求（及び保釈申請）を認めるか否か、審査するセクションだ。この年、同部には熊本、木谷を含む新人三人が配属になった。

「正直、面白くなかったね。本当は僕は民事の方に行きたかった。刑事部に配属された中で、一人だけ公判部に行った人間がいたけど、どうせならそっちの方がいい。だって、令状部は基本的に事務処理だから」

物足りなさを感じながらも、しかし熊本はここでいきなり異彩を放つ。検察から届く勾留請求の、なんと三割を却下したのだ。いま現在（注・二〇一〇年）の却下率が一パーセントにも満たないことを考えたら、驚異的な数字である。司法修習を終えたばかりのぺーぺーに、なぜそんな芸当ができたのか。

「なぜって、普通に審査したら、そうなっただけよ」

熊本は平然と言う。では、何を基準に審査したのか。先輩の教えがあったのか。

「ないない、そんなものは何もない。自分で判断するだけ。僕が考えたのは、被疑者が逃げるか逃げないかだけよ。だってさ、考えてみてくださいよ。例えば、捕まった人間に家族がいて、普通に生活してたとして逃げるかね？　証拠を隠滅しようと思うかなぁ」

「思うんじゃないんですか。ボクなら場合によっちゃ逃げるかもしれません」

「そうかねぇ。僕はそう思わなかった。だから、勾留の必要無しと思ったものは蹴った。逮捕することと、牢屋にぶち込むことは別。それだけのことです」

それは被疑者の人権に重きを置いた熊本ならではの仕事ぶりだったのかもしれない。が、二十五歳の若輩者に勾留請求を却下されて、検察が面白いわけがない。

「おまえの首を飛ばすくらい簡単だぞ、なんて電話がしょっちゅうかかってきました。当時、僕は下落合《しもおちあい》のアパートに住んでたんだけど、そこにも、夜道に気をつけろよ、とかいう脅しの電話があった。夜道を安心して歩けないくらい平気だけど、そのうち、裁判長にも、おまえ、ちょっと却下が多すぎるって文句を言われて、さすがに嫌になってきたよ」

〝生意気な新人〟に対する風当たりが強くなっていたある日、熊本は、日比谷公園で当時法務省の刑事局刑事課長だった伊藤栄樹《いとうしげき》（後の最高検察庁検事総長で『ミスター検察』と呼ばれた人物）にばったり出会う。

「おい、おまえ、熊本くんか。こんな所で何してるって言うから、驚いたよねぇ。そんな偉い人がなんで僕を知ってるんだってびっくりした。そしたら、伊藤さんは、僕の司法修習時代の教官だった菅野《かんの》さんという人と懇意で、僕の噂を聞いてたらしいんだよね。相当イジめられてるとでも言われたんじゃないかね。で、僕は、正直に今までの経緯を話した。そしたら、伊藤さんが、二、三日してから電話をかけるから自分のところに来い、と」

言われたとおり、数日後、伊藤のもとに出向いた。伊藤は少し恐縮したような口調で言った。

――君が却下した勾留請求の内、実際に被疑者、被告人が逃走した例は皆無に等しい――。

熊本は胸のすく思いだった。が、その後も有形無形の嫌がらせは治まらない。

毎日がストレスだった。

「で、僕が何をしたかというと、時間さえあれば最高裁の図書館に通ってた。どうせなら、この際、徹底的に刑事事件の勉強をしたろうじゃないかって。そこで、アール・ウォーレンって人を知ったんだよね」

アール・ウォーレン。〝二十世紀のアメリカの法律家の中で最大の功労者〟と称される、第十四代連邦最高裁判所長官で、ジョン・F・ケネディ大統領が暗殺された際の調査委員会を率いた人物としても有名である。

熊本は書物から、ウォーレンが一九五四年に下した〝ブラウン判決〟を知り、その人権感覚、リベラルな思想に大きな感銘を受ける。これは、黒人の溶接工だったブラウンが教育委員会を相手に起こした裁判（自分の娘を、家のすぐ近くの白人学校ではなく遠く離れた黒人学校に通わせるのは違憲であると主張）で、ウォーレンが最高裁で原告側の主張を認め、その後始まる、全米の学校における人種隔離廃止のきっかけを作った画期的な判決と言われている。

また、ウォーレンは、六三年に起きた「ミランダ対アリゾナ州事件」（メキシコ移民のアーネスト・ミランダが十八歳の少女を強姦した容疑で逮捕され、弁護人を同席させる権利があることを知らされないまま強要された自白内容を根拠にアリゾナ州裁判所で有罪を言い渡された事件）の上告審で裁判長を務め、訴訟手続きに大きな問題があったとして、有罪判決を破棄。同時に、被疑者に守られるべき権利として四つの原則を示す。

・あなたには黙秘権がある

・供述は、法廷であなたに不利な証拠として用いられることがある
・あなたは弁護士の立ち会いを求める権利がある
・もし自分で弁護士に依頼する経済力がなければ、公選弁護人を付けてもらう権利がある
ちなみに、後に〝ミランダ警告〟と呼ばれるこのルールが提示されたのは、袴田事件発生と同じ、六六年のことだ。

「ミランダ判決のことは後で知ったことだけれども、とにかく僕のやってたことに間違いはなかったと勇気づけられたよね。自分が最も嫌いな人の人権を守ってこそ、初めて権利を守るということになる。それが裁判官の使命。前から考えていたことだけど、ことさらにその思いを強くしました」

四人の死刑囚

半年間の令状処理の後、実際の公判を審理する刑事第二部（注・当時は一人の裁判長と二人の裁判官の、計三人で一つの部を構成していた）に転属となってまもなく、刑事部内で裁判官会議が開かれた。総勢約八十人が集まるその場で、熊本は大胆な発言を行う。

「年齢やキャリアによって、裁判官の給料に差があるのはおかしい。仕事で担う責任の重さが同じなら待遇も同じにすべきだ、と。いや、これ正確には、先輩の裁判官に言わされたんだけど、会議に出てた半数が、そうだそうだって賛同してくれました」

ある裁判長には、被告人の呼び方についてレクチャーを受けた。

「法廷で被告人を、名前じゃなくて〝被告人〟と呼ぶのはおかしいだろうって言うんだよね。昨日まで職場で山下くんとか田中くんとか呼ばれてたのが、いきなり〝被告人は前へ〟なんて呼ばれたら、相手はきょとんとする。私の場合は、男なら何々くん、女性なら何々さん、って名前で呼んでるよ、と。なるほどなぁと思ったね」

最初に取材した際、熊本が袴田死刑囚のことを〝袴田くん〟と呼ぶのに違和感を覚えたが、熊本に言わせると〝被告人〟と呼ぶ方に違和感があるらしい。ただ、ボクはこれまでの裁判傍聴で、被告人を名前で呼ぶ裁判官を見たことはない。それほど、当時の東京地裁はリベラルな雰囲気だったということだろうか。

熊本が裁判に臨むにあたり心がけていたのは、被告人や証人の話に真摯に耳を傾けることだったという。メモは取らず、相手の目を見る。

「見ると何かわかるんですか？」

「いや、わからん。でもメモを取るよりいいよね」

「それは、やっぱり先輩から助言を受けて」

「違います。母親に相手から目をそらすなって言われたのを守ってただけ。他の人は大半がメモを取ってたよ。僕に言わせたら暇だなーということです」

東京地裁の判事補時代、熊本が具体的にどんな事件に関わったのか、ボクは知りたかった。窃盗や傷害レベルの事件はどうでもいい。気になっていたのは、最初の取材で、東京拘置所へ面会にま

本人申し立てによる履歴書

学歴

昭和28年(1953)4月	佐賀県立唐津高校入学
昭和31年(1956)3月	佐賀県立唐津東高校卒業(校名変更)
4月	九州大学法学部入学
昭和34年(1959)10月	司法試験合格(筆記)
昭和35年(1960)10月	司法試験合格(口述)
昭和36年(1961)3月	九州大学法学部卒業

職歴

昭和36年(1961)4月	司法修習生(15期)に採用/司法研修所入所
昭和38年(1963)4月	司法修習修了 東京地方裁判所判事補に採用 刑事部に配属
昭和41年(1966)4月	福島地方・家裁両裁判所白河支部へ転任
11月	静岡地方・家庭裁判所へ転任
昭和44年(1969)4月末日	裁判官を退官
5月8日	弁護士登録(東京弁護士会) 谷村唯一郎・塚本重頼法律事務所勤務
昭和45年(1970)6月	藤井英男法律事務所の客員として独立弁護士の修業を始める
昭和47年(1972)4月	「舟橋諄一(民法)・熊本典道法律事務所」で弁護士開業
平成2年(1990)4月	鹿児島県弁護士会へ登録替え。健康を害したため、 仕事を少なくして、鹿児島市立病院等、県内全医療機関の事件、 相談に乗りつつ静養に努める
平成7年(1995)10月	弁護士登録抹消

兼務歴

昭和47年(1972)4月	→1年間　千葉大学法学部講師(刑事訴訟法)
昭和48年(1973)4月	→1年間　名城大学法学部講師(刑事訴訟法)
昭和49年(1974)4月	→11年間　東京都立大学法学部講師(刑事訴訟法)

既刊書

『刑事訴訟法論集』(信山社出版・1989)

『麻酔事故の法律問題』(信山社出版・1992)

他に、医療過誤に関する論文多数

で行ったと話してくれた四人の死刑囚についてだ。

死刑を下したのなら、それ相応の殺人事件に違いない。後に同じ死刑判決を言い渡した袴田事件を担当することになる裁判官が関わった死刑事件は、ぜひとも確認しておきたかった。

「んー、それは何だったかなぁ……誰かなぁ……」

事前に最高裁の図書館やインターネットのデータ等で調べたところ、熊本が判事補として刑事事件を担当していた一九六三年十月から六六年三月までの約二年半、東京地裁では少なくとも四件の死刑判決が出ている。が、事件の内容、死刑囚の名前を伝えたところ、それらの事件は全て別の部が担当したものだと熊本は言う。では、何の事件を？

「んー………」

半世紀近く前のことだ。記憶が薄れていてもおかしくはない。ボクの調査不足で、他にも該当する事件があるのかもしれない。が、自分が死刑判決に立ち会い、面会にまで行った人間のことを思い出せないものだろうか。

「記憶違いということはありませんか？」

「いや、それはない。確かに面会に行ったんだよねぇ。……あ、××新聞の○○君、彼女も同じようなことを聞いてて、自分で調べてたんじゃないかな。お母さん、○○君の名刺ある？」

「あー、ちょっと待ってください」

お母さんこと、島内和子がバッグの中から某新聞社・社会部記者の名刺を差し出す。

「彼女に聞いてみてよ。知ってるかもしれない」

初日の取材が終わり、熊本が帰った後、さっそく以前に熊本を取材したことのあるというその女性記者に電話をかけた。が、彼女はそこまで詳しく調査していないという。

これまで熊本が取材された記事や講演会の記録の中には、ボクが聞いた話と同じエピソードが掲載されているものもある。死刑判決に関わったのは間違いないのだろう。しかし、それが具体的にどんな事件で、面会の場で死刑囚とどのような会話を交わしたかは、結局わからず仕舞いだった。

妻が自殺を図り、静岡に異動

取材二日目。今日は肝心の事件について聞かねばならない。まずは、熊本が袴田裁判に関わるまでの経緯を、事前に知り得た範囲で記してみる。

判事補になって二年目の二十六歳、熊本は、司法修習時代の教官、菅野勘助《かんすけ》の紹介で、静岡県沼津市の弁護士の娘と結婚式を挙げる。仲人は義父の知り合いで、当時中央大学法学部の教授だった塚本重頼《つかもとしげより》だった。その後、一九六六年四月、異動で福島地裁白河《しらかわ》支部に。そして同じ年の十一月に静岡地裁へ移り、六七年三月二十日の第八回公判から事件の審理を担当することになる。

最初の取材で、熊本は袴田事件のことは、それまで一切知らなかったと言った。結果、予断を持たずに公判に臨めた、と。

しかし、考えてみれば何かおかしい。あれほど、新聞・テレビが騒いだ事件だ。いくら遠方の福島にいたとはいえ、自ずと耳に聞こえてくるはずではなかろうか。そもそも、熊本は刑事事件の裁判官なのだ。

加えて、福島に異動した半年後に静岡へ転任しているのも腑に落ちない。通常、裁判官の異動は三年周期と聞く。それがなぜたった半年で？

資料を読み返してみると、熊本が「福島時代は、個人的にいろいろあった」と発言しているインタビュー記事を見つけた。〝個人的にいろいろ〟とは何を指すのか？

「実は……家内がうつ病になって、自殺未遂をしました……。福島のときは、地獄のような思いだったです」

熊本の顔が下を向き、ゆっくりことばが押し出されてきた。

ある日の夕方、自宅に戻ると、妻がいない。以前から精神が不安定だったことを案じていた熊本は方々を捜し歩く。警察にも捜索を要請した。

熊本姓を名乗る女性が見つかったと警察から連絡があったのは、その日の深夜二時を回ったころだった。場所は、白河から五十キロ以上も離れた栃木県五十里《いかり》湖。発見された際は、意識のない状態で岸辺に打ち上げられていたという。

「それは私も知らなかったです。……入水《じゅすい》自殺ということですか？」

初めて詳しい話を聞いたらしい島内が驚いた顔で熊本に尋ねる。

「家内は、海の近くで育ったからねぇ。死ぬなら、水のあるところで死にたいと思ったんじゃないのかなぁ」

寒い夜だった。一命は取り留めたものの、足は凍傷に近い状態にまでなっていた。その後、熊本の妻は千葉大学病院で三カ月の入院生活を送ることになる。

「なんで、そこまでなったのか……妻に聞いたけど、ようわからん。でも、こんなことになったのなら、もう福島はおられんと思ってさ。それで辞職を願い出たんだよね。東京に出て、弁護士でもやろうかって。少なくとも、ここにいるより妻の体が良くなるだろうって」

しかし、その辞職届が受理されることはなかった。よほどの逸材と見込まれていたのだろう、事情を聞いた最高裁の係官が、奥さんを沼津の実家に戻し、熊本は静岡地裁に移るよう説得したのだ。

「そんなこんなで、静岡に行くことになりました」

なるほど、福島時代が地獄だったという話も頷《うなず》ける。事件のことを知らずとも当然だ。が、一方で、妻の一件がなければ、静岡で待ちかまえていた、さらなる地獄に熊本が遭遇することはなかったのもまた事実だろう。

僕らの方が裁かれている気がする

一九六六年十一月、妻の実家から静岡地裁に通う日々が始まった。

初日、鈴木信雄《すずきのぶお》なる、弁護士で県会議員を務めていた人物が熊本を訪問する。鈴木もまた、熊本が東京地裁の令状部にいたころ、勾留請求を三割却下した〝生意気な裁判官〟だった噂を耳にしていた。

「まだ所長にも挨拶してませんって言ったら、そんなもんは明日でいいって」

当時、鈴木は後に無罪が証明される島田事件の主任弁護人を務めており、これまで静岡でいかに多くの冤罪事件が起きてきたかを熱く語った（62頁参照）。

――また同じようなことが起きるかもしれないから、キミ、気合入れて頑張れよ――。

鈴木の激励が身に染みてわかるのは、まだ先のことだ。

一九六七年三月二十日、袴田事件の第八回公判。熊本は、一期上の吉川義春《よしかわよしはる》判事補に代わり、101号法廷の左陪席《ひだりばいせき》についた。左陪席とは、裁判長から見て左側に座る若手判事補のことだ。右陪席は中堅どころで、このとき務めていたのは高井吉夫《たかいよしお》判事補、三十九歳。裁判長の石見勝四《いしみかつし》は、三十歳の熊本より二回り半近くも上の五十九歳だった。

「所長から、つい一週間前に、やっかいな事件があるけど、おまえに合ってるからやってくれって言われて、何もわからず公判に臨んだというのが正直なところです。起訴状を読んだだけで、被告人が認めてるのか否認してるのかも知らなかった」

そこで熊本は、石見裁判長に頼み、罪状認否からやり直してもらった。どんな人間が、どんな顔で、どんな口調でしゃべるのか、自分の目と耳で確かめておきたかった。

証言台に立った袴田は、静かに一言だけ言った。

――ぜんぜんやっておりません――。

「なんか不気味な感じを受けたんだよね。それまでの経験で言うと、否認事件の被告はもっとしゃべる。私はそんなことしてない、実はこうだとかごちゃごちゃ言う。でも、袴田くんの場合は、そう言ったきり、下を向くでもないし、正面を向いて裁判長の顔をじっと見てる。これはちょっと変だぞって、最初に感じました」

その日の公判は罪状認否だけで終わった。

熊本は、裁判官室の裏の合議室に戻り、裁判長に素直な感想を述べた。

――石見さん、これはどうやら僕らの方が裁かれてる気がするんですが――。

石見も頷き、第一回（十一月十五日）でも袴田被告は全く同じ態度だったと教えてくれた。難しい裁判であることは裁判長自身も認識しているようだった。

「これは後で聞いたんだけど、僕の前に左陪席だった吉川さんが『実は俺は、袴田事件が怖かったんだよ』って言ってたらしいんだよね。なんだ、だから僕に放り投げたのかと頭にきたけど、みんな難しい事件だってことはわかってたんだよ」

公判は、二週間から二十日おきのペースに開かれた。が、回を重ねても袴田に直接つながる証拠がほとんど出てこない。

まず動機がない。柔道二段の被害者専務と格闘しているわりに、袴田には指の傷しかない。被害者四人に五十カ所近くの刺し傷があるのにクリ小刀一つというのは凶器としては不十分すぎる。盗まれた金も少ない。普通に考えたら怨恨ではなかろうか。

熊本が疑問に感じ始めた中、第十七回公判で検察が冒頭陳述で、犯行着衣をパジャマから5点の衣類に変更する。これで、熊本の心証は袴田シロに大きく傾いていく。

「ずーっと怪しいなって思ってたところに、殺したときに着てた服が違うときた。じゃあ今まで、証人の警察官が言ってたことは何なんだってことになるよねぇ。だから、このとき、僕は石見さんに、変なモノが出てきましたねぇと言った。高井さんは最初から有罪だったから、ようやく決定的な証拠が出たと考えたのかもしれんけど、僕は逆に無罪をうかがわせるもんだと思いましたね。恐らく警察の捏造だろうと」

左陪席は偏見を持っている

熊本が無罪を確信したのは、審理が後半にさしかかるころ、突如として検察官が四十五通の自白調書を提出したときだったという。

「ポーンッと出てきたって感じでした。なんで今ごろ、しかもこんなに多くの調書が出てくるんだって。それは証拠がないからに決まってる。これで間違いなく無罪だな、と。だから、僕は調書は一切、読んでない。読まなくてもわかるから」

取り調べが、連日十二時間以上に及んでいることも、熊本の確信を深めた。

「調べ官は、そのころ静岡県警の強力《ごうりき》班のエースって言われてたMって二人の刑事（注・二人は同姓）でね。それが代わる代わる調べてる。一人が調べるときは、もう一人が袴田くんの後ろに立って、その逆もある。これを二十日間ずーっとやってる。袴田くん一人にかかりっきりになってる。どう考えても無理矢理、自白を取りにいってるとしか思えんよね。だから、僕は彼らに直接、自白調書の作成過程について問いただしたんだよね」

そのときの様子が、裁判記録に残っている。一部を再現しよう。

——あなたね、黙秘権をどういう風に理解されているのか聞きたいんだけど、何のために黙秘権を告げるんですか。

「それは告げよと決められているからです」

――本当はべらべらと話してほしいんじゃないんですか。

「いいえ」

――黙秘権は捜査の邪魔になるんですか。

「それはなります」

――あなたは二十年近く、同じような取り調べをやってこられましたか。

「はい、そうです」

――それで自白しなかった被疑者はいますか。

「いえ、いません」

――黙秘権があることについて、どう思いますか。

「聞かれたら本当のことを言うべきです。真犯人だったら言うべきです」

――ああ真犯人だったらね。あなたは袴田くんを真犯人だと思ってたわけでしょう。

「はい」

――じゃあ、彼が自白してよかったですね。

「はい」

――でもね。人間を同じところに閉じこめて座らせておいて、一時間だって、あなた、自分でそういう立場になったときは大変でしょう。

「はい。でも真実を言うべきであることに変わりはありません」

――ああそうですか。じゃあ終わります。

「質問してたら、途中で検察官から異議が入ったこともあってね。左陪席は偏見を持っている、誘導尋問をしているって。だから僕は言ってやったんだよ。確かに偏見は持ってるけど、それは間違って人を処罰しないような偏見だって。そのときの検事はYって人だったんだけど、相当頭にきてたでしょうねぇ」

ちなみに、このときのやり取りは、黙って聞いていた袴田の記憶に後々まで残り、熊本なる裁判官の名前が脳裏に刻まれる。

あんた、それでも裁判官か!

一九六八年五月二十四日、弁護側の最終弁論が終わり、判決言い渡しはその二カ月後の七月十八日が予定されていた。ここで、三人の裁判官は最終的な合議に入る。判決文を書くのは、機械的な振り分けで左陪席の熊本が務めることになった（判決文を起草する裁判官を主任裁判官と呼ぶ）。

「六月の中旬くらいには、もう無罪判決文を書いてた。裁判官用の起案用紙ってのがあって、それに三百五十枚ほど書きました。そこから合議です。いや、それまでに何度も合議はしてるんだよ。で、高井さんは、最初から有罪だとわかってる。というかね、主任にならなかった高井さんはもう気が抜けちゃってる。知らん顔って感じ。だから石見さんを説得するしかないと思ってました」

繰り返すが、判決は多数決で決まる。熊本が無罪、高井が有罪なら、石見の意見が袴田の運命を握ることになる。

熊本は自信があったという。石見裁判長は、戦争体験があり、自由平和のありがたみを良く知っていた。話も実に合う。石見さんなら、自分の考えに必ず賛同してくれるはずだと、不安はなかった。しかし、事は熊本の思惑どおりには運ばない。

「石見さんがバカに自白調書にこだわるんよね。熊本さん、自白、あれ、ダメかなぁって。僕は即座に無理ですって答えたけれど、それから石見さんが深刻に悩み始めて、これは困ったことになったな、と」

議論は自白調書を巡り、白熱した。

あくまで「強制、脅迫、長時間の取り調べによる自白は証拠にならない」という憲法第三十八条に忠実であろうとする熊本に、高井は理屈にこだわるべきではない、やってないことを認めるわけがないと反論。石見は、ただ難しい顔で黙っていた。

熊本は、高井に食ってかかる。

――あんた、取り調べじゃなくても、二十日間ぶっ続けで俺に付き合えって言ったら嫌だろ。ましてや、袴田くんは一日十二、三時間、二十日間連続で調べられてる。そんな取り調べが続いたら、どうしますか、あんたは――。

「高井さん、さすがに、それはいやだねと言ってた。でも、右陪席は最初から相手にしてない。問題は石見さん。いくら説得しても首を縦に振らない。で、そのうち、熊本さん、やっぱり無理かなぁって言ったんだよね」

それでも一歩も引かない熊本に、判決言い渡しは当初予定の七月から八月、そして九月にまで先延ばしとなった。

「石見さんには、もう静岡から先に行くところはないんでしょうから最後に腹を決められたらどうですか、なんて失礼なことを言いました。高井さんには、あんたそれでも裁判官か！って怒鳴った。裁判官室の係の人がびっくりして覗きに来たのを覚えてるけど……それでも、説得できなかったんだよ。僕のね……僕の力不足……それだけです」

熊本によると、石見裁判長が最終的に無罪判決を下せなかったのは、やはり自白調書の存在が大きかったのだろうという。警察・検察が苦労して四十五通もの調書を取った。これを無駄にできるのかというプレッシャー。そしてもう一つが世論。石見と高井は、事件発生からずっとテレビや新聞の報道を見聞きしている。それにあおられ、世の中の大半が袴田＝有罪・死刑に傾いている。こうした空気の中、袴田を無罪放免にしたら静岡地裁の威信に関わる。そんな感覚がどこかにあったのだろう、と熊本は悔しがった。


当時の熊本を記憶している人物がいた。現在（注・二〇一〇年）、静岡県富士市で弁護士の職にある渡辺正臣《わたなべまさおみ》だ。

「あのころ、私は実務修習で静岡地裁にいて、熊本さんには、しょっちゅう飲みに連れて行ってもらってました。合議の場に同席したことはありませんが、右陪席がどうにもならんとか、実に居心地が悪いとか、こぼしてましたねぇ。で、判決には判子を押さない、押すなら逆さまに押してやるって。憤懣《ふんまん》やるかたないという風に見えましたよ」

いずれにしろ、有罪・死刑は確定した。が、それでも、石見裁判長は苦悩していたようだ。提出された自白調書四十五通のうち四十四通を証拠能力無しとして破棄、Y検事が取り調べた際の一通だけを採用とした。判決文によると、その一通は他と違い「警察官が立ち合っていない」「警察と検察は違うから、警察に述べたことにこだわらなくていいと告げた」から、証拠能力があるというらしい。

「屁理屈です。でたらめです。有罪なら、どれかの調書を採用しないといけない。だから無理矢理、それを選んだだけです。だって、袴田くんがそのときに警察と検察の違いがわかったとは思えんもんねぇ……」

もはや、それを愚痴ったところで、取り返しのつかない段階まで来ていた。

泣きながら書いた偽りの死刑判決文

「熊本さん、抵抗しなかったんですか？」

ボクは聞いた。いくら取り決めとはいえ、最後まで無罪を主張していた人間に、死刑判決文を書かせるとは、あまりに道理に外れる。何とか回避する道はなかったのか。

「抵抗したよ。高井さんに、あんたが書けよ！って用紙を投げつけたし、最高裁の刑事局にも電話をかけた。合議に負けた裁判官が心ならずも判決文を書くなどということを、法律は要求しとらんだろって。そしたら係官が、気持ちはわかるが、昔からそういう決まりだから、我慢してくれないか、と。もう逃げられんって観念するしかないよねぇ……」

一九六八年八月。蟬の声を聞きながら、熊本は断腸の思いで、死刑判決文を書き上げる。しかも、全くの〝作文〟である。自分がとんでもない過ちを犯していることに、震えながら怒りながら泣きながら、矛盾に満ち満ちた三百五十枚を〝創作〟した。職を辞する決意は、すでに固まっていた。

妻には近々辞めることになると伝えただけで、自分が今置かれている立場はもちろん、事件のことも一切口にしなかった。

「それで出来上がったのを二人に見せたら、これでいいと。いいも悪いもないよねぇ……」

「で、判子は？」

「押さなかった。なんか無性に腹が立ってねぇ、高井さんに、あんたが押しといてくれってテーブルに放り投げた。そしたら判子が床に落ちてさ。そんなもん知るかって部屋を出ていきました」

結局、熊本の印鑑は書記官が押した。熊本にできる、せめてもの抵抗だった。

六八年九月十一日。判決言い渡しの日のことは、ほとんど記憶にないと熊本は言う。

「頭が真っ白で……袴田くんの顔もよう見れなかった。ただただ、ずーっと下を向いてたと思います。その場から一刻も早く離れたかった……」

この日、石見裁判長は、判決を後回しにして「罪となるべき事実」に続き「自白調書の排除」について朗読した。その中に痛烈に捜査当局を批判する一文がある。

〈本件捜査は被告人に対して連日十時間から十四時間の長時間にわたって執ように自供を迫り、物的証拠に対する捜査をおろそかにした結果、一年以上もあとに重大な証拠が発見された。こうした捜査方法は法の精神にもとり憲法第三十八条違反の疑いもあり無法者同士の争いとして大いに批判

東京高等裁判所管内（静岡地裁）

静岡地裁兼家裁判事
石《いし》見《み》勝《かつ》四《し》
明治四〇年八月一六日生
島根県仁多郡横田町
昭和一〇年一一月司法科試験
同年一二月弁護士登録（東京）
同一四年一一月登録取消　同年同月大阪地裁予備判事　同一五年六月船木区裁判事　同一七年一〇月下関区裁兼山口地裁下関支部判事　同一八年九月陸軍司政官　同二一年三月鳥取地裁兼区裁判事　同二三年一二月松江地裁判事　同二四年一月松江家裁判事　同年八月鳥取地裁兼家裁判事　同二八年一月広島地裁判事　同三〇年四月広島高裁判事　同年一〇月広島地裁兼家裁呉支部判事　同三四年一月静岡家裁兼地裁判事　同三五年二月静岡地裁兼家裁判事

静岡地裁兼家裁判事補兼静岡簡裁判事
高《たか》井《い》吉《よし》夫《お》
昭和一年一二月二八日生
新潟県西蒲原郡吉田町大字米納津
昭和二九年一〇月司法試験　同三〇年四月司法修習生（東京）　同三二年四月仙台家裁兼地裁判事補　同三三年六月福島地裁兼家裁郡山支部判事補　同三四年四月東京家裁兼地裁判事補　同三五年七月兼東京簡裁判事　同三七年四月宮崎家裁兼地裁判事補兼宮崎簡裁判事　同三八年四月福岡高裁宮崎支部判事職務代行　同四〇年四月静岡地裁兼家裁判事補兼静岡簡裁判事

静岡地裁兼家裁判事補兼静岡簡裁判事
熊《くま》本《もと》典《のり》道《みち》
昭和一二年一〇月三〇日生
佐賀県東松浦郡鎮西町
昭和三五年一〇月司法試験
同三六年四月司法修習生（福岡）　同三八年四月東京地裁兼家裁判事補　同四一年四月福島地裁兼家裁白河支部判事補兼白河簡裁判事　同年一二月静岡地裁兼家裁判事補兼静岡簡裁判事

袴田事件を裁いた3人の男

熊本が左陪席として加わった第8回公判時点で、裁判長の石見勝四が59歳、右陪席の高井吉夫判事補は39歳、熊本は30歳だった。（『司法大観』より）

され反省されるべきである〉（注・裁判記録には残っていない）

さらには、石見は「有罪となる事実」を読み上げる前、異例の〝付言《ふげん》〟を述べる。

〈すでに述べたように、本件の捜査に当って、捜査官は、被告人を逮捕して以来、専ら被告人から自白を得ようと、極めて長時間に亘り被告人を取調べ、自白の獲得に汲々として、物的証拠に関する捜査を怠った（中略）このような本件捜査のあり方は、「実体真実の発見」という見地からはむろん、「適正手続の保障」という見地からも、厳しく批判され、反省されなければならない。本件のごとき事態が二度とくり返されないことを希念する余り敢えてここに付言する〉

よって被告人は無罪、と続いてもおかしくないような言い回しである。

この〝付言〟は熊本が石見に、判決文の中に一字一句変えずに入れてくれるよう頼んだものだ。一審で無罪心証を持っていた裁判官がいたことを、控訴審の判事のみならず、後々の世に気づかせるため、どうしても譲れなかった。


「当日は全く聞いてなかったけれど、後で判決文を読み返して、ちゃんと読んでくれたんだなぁって。〝無法者同士の争い〟の部分は、石見さんが自分の判断で入れたんやろうねぇ。あの裁判で一番悩んだのは石見さんかもしれないです」

裁いた者の苦悩が顕《あらわ》れた特異な判決文とも言えるのかもしれない。が、一方で判決文は〝殺人犯・袴田〟に容赦のないフレーズも浴びせている。

〈金欲しさの犯行で、いささかも同情すべき点はない〉

〈前科のないことを考えても極刑にするよりない〉

心にもない判決文を書いた熊本。思ってもいない死刑判決を言い渡された袴田。苦しみの程度は比較できないが、この日から二人の人生は、さらに大きくカーブしていく。

消そうとしても消せない事実

判決の後、熊本は金嬉老《きんきろう》事件（一九六八年二月、在日韓国人二世の金嬉老《キムヒロ》が起こした殺人・監禁事件）の公判証人の審査手続きなどに携わった後、六九年四月、裁判官を退く。今度は慰留する者はいなかった。

「静岡地裁の所長だった鈴木さんが、熊ちゃん、まだ高裁があるよって慰めてくれたけど、あんたにわかるもんかって何も返事しなかった。ただ、この鈴木所長は実にいい人でねぇ。静岡時代は、司法修習生を連れて一緒に飲みに行ったり、その後も時々会おうよって言ってくれて、それから毎年のように日本平《にほんだいら》の観光ホテルで一晩、飲み明かすようになりました」

送別会は、裁判所主催のものはなく、退官して二カ月ほど後に地元の弁護士十人ほどが開いてくれた。みな、熊本が無罪意見だったことは承知していた。中には「よく決断しましたね」と声をかけてくれる者もいた。

そう、よく決断したものだとボクも思うのだ。確かに、無実の人間を死刑に追いやった苦悩は果てしないものがあったのだろう。が、あえて言わせてもらうと、仮に判決に大きな不服があったとしても、職業裁判官はそれを胸にしまい込み、粛々と務めを果たすのが責務ではないのか。

現在（注・二〇一〇年）、日本の裁判官の数は判事と判事補を合計して三千五百人強。彼らが、もし熊本と同じ立場に立たされたとして、そこまでの良心の呵責を覚え、職を辞するだろうか。ボクにはそうは思えない。

熊本には、通常の裁判官が持ち合わせていない類い稀なる良心があった。ただ、だからこそ、裁判官には向いていなかったとも言える。良い悪いは別にして、クールでビジネスライクに職をこなすことが裁判官に求められているのなら、熊本はそのスキルを持ち合わせていなかった。代わりに、それを超えて余りある人権感覚があったということだ。そしてもう一つ。

「刑事事件は、加害者なり被害者なりの人生が見えるじゃないですか。生い立ちや生活環境や、残された家族とか。そういうドロドロが嫌になったという部分はありませんか。金嬉老事件だって、国籍差別が問題になったりしましたよね」

「言ってることはわかるよ。だけど、それは全くない。ただただ、袴田くんへの済まない気持ち。もちろん、辞めたところで、自分が裁判官をしていたこと、そこで変な判決を出したこと、これは消そうとしても消せないんだよなぁ……」

裁判所を去る少し前、一人の修習生が近寄ってきた。名を古田《ふるた》佑紀《ゆうき》といった。

「熊本さん、今までどうもありがとうございました。ところで、僕は検事と裁判官、どちらに進んだらいいと思われますか？」

「そうだな。おまえは権力志向が強いから、検事が向いてるんじゃないか」

熊本のことばどおり、古田は東京地検の検事となり、後に最高裁判事として、袴田事件の第一次再審請求を却下した最高裁第二小法廷の裁判官の一人に名を連ねている。

こうして、熊本は静岡を離れ、東京弁護士会に登録。結婚式の際、仲人を務めた塚本重頼の法律事務所で見習い弁護士を始める。住まいは杉並区荻窪《おぎくぼ》。妻と、二歳になる息子も一緒だった。

しかし、その生活はまもなく破綻する。離婚。何が原因だったのか。

「……もう忘れました」

熊本の口は重い。

「そのころの奥さんの状態はいかがでした？」

「……良かったり良くなかったりだねぇ……」

聞いてませんか？と島内の顔を見るも、彼女も気まずそうに首を振るだけだ。

「奥さんの体のことを思って裁判官を辞めようとまで思われたじゃないですか。それでも別れなきゃいけない理由があったということですか。事件が何か影響してるんでしょうか」

矢継ぎ早の問いかけに、熊本はただ下を向き、小さく笑う。ことばは出てこない。

「あの、これを今日持ってきたんですけど」

島内が写真を数枚、テーブルに広げた。松の木が生えた海岸線に、四、五歳の男の子が写っていた。

「あぁあぁこれね。これは沼津の千本松原《せんぼんまつばら》だ」

熊本が一枚を手に取る。息子さんですか？　問えば、そうそうと頬が緩む。だから余計に知りたくなる。なぜこんな可愛い愛息と別れることになったのか。

「最初の奥さんはもうお亡くなりになったと聞いています」

「はい。僕もそう……聞いてます……」

どうやら、熊本にとって家族の話は、もっとも触れてほしくない領域らしい。

V
天使

自分を控訴審の証人に呼べ

熊本が民事専門の弁護士としてのキャリアをスタートさせた一九六九年五月、東京高裁で袴田事件の控訴審が始まる。熊本は、その裁判官の中に、横川敏雄《よこかわとしお》の名を見つけ胸をなでおろしたという。

「東京地裁にいたころから、公平で優秀な裁判長として名が通ってたからね。横川さんなら、自分が判決文に込めた真意を汲み取ってくれるだろうと期待しました」

控訴審では、弁護側にも強力な人物が加わった。上田誠吉《うえだせいきち》。松川事件の無罪判決を導き出した切れ者である。裁判官、弁護人ともに、一審判決を覆すに十分な人材だったと熊本は言う。

しかし、どうしても考えてしまう。あれほど無罪の確信を持っていた熊本である。泣きながら偽りの判決文を書いた男である。ならばなぜ、本人自ら弁護を引き受けようと思わなかったのか。自分の手で、袴田死刑囚を獄中から取り戻そうとは考えなかったのか。

「……それは、なかった。自分とはぜんぜん関係のないところでやってほしかった。それに、仮に僕が加わったとしたら、一審で無罪心証を持っていた元裁判官に冷静な弁護はできない、と見られるだろうしねぇ」

決して逃げたわけではない、と言う。事実、熊本は判決直後に、袴田に一言詫び、ぜひ控訴するよう伝えるべく東京拘置所に足を運んでいる。が、面会は許可されなかった。

「実は控訴審の弁護団にも手紙を書きました。自分を証人として呼ぶつもりがあるなら、いつでも出廷する用意がある、と。でも、返事はなかった……」

七〇年四月。離婚とほぼ同時期に塚本の事務所を辞めた熊本は、九州大学の先輩である藤井英男《ふじいひでお》(後の日弁連会長)の法律事務所の客員として、独立弁護士の修業を始める。そして、その二年後に同じく九大の恩師、舟橋諄一《ふなばしじゅんいち》と共同事務所を開き弁護士開業。同じころ、知り合いに代わって、千葉大学法学部で刑事訴訟法の講師に就任する。

再婚したのは、七四年二月。相手は北里大学教授の娘で、二十五歳になる容姿端麗な女性だった。このとき、熊本三十六歳。目黒区の青葉台に新居を構え、翌年に長女の裕子《ゆうこ》、さらにその三年後の七八年に次女の直子《なおこ》を授かったころは、弁護士の傍ら、東京都立大学法学部で刑事訴訟法の講師も務めていた(八五年まで都合十一年間)。

経歴だけを追っていくと、第二の人生は公私ともに順風満帆に思える。が、内心は決して穏やかではなかったという。

「控訴審の途中で、裁判長の横川さんが糖尿病を患ってると聞きました。公判の最中に居眠りをするようなことがある、と。あぁこれで二審もダメになるんかなぁってねぇ……」

悪い予想は的中し、七六年五月、東京高裁の横川敏雄裁判長は控訴を棄却。ここから熊本の苦悩はますます深くなっていく。一審の判決文を書いた裁判官の責任。無実の男を獄中に放り込んでおきながら、自分は仕事にも家庭にも恵まれた日々を送っている。そんなことが許されるのか。おめおめと生きていていいのか。

「恥ずかしくて恥ずかしくて、誰にも話せんかった。話したところで、誰も僕の心境なんかわからんやろうし、わかってもらおうとも思ってなかった。で、酒に溺れた。とにかく飲むことくらいしかできんかったです」

熊本によると、このころ、単身、ドイツを訪れたことがあるという。ドイツの裁判は日本と同じ三審制。もしかしたら同じような過ちを犯した裁判官がいるかもしれない。自分にどんな責任の取り方があるのか。それを同業者の立場から聞きたかった。

「でも、おらんかった。というよりも、そもそも誰もそんな質問に真面目に取り合ってくれんよねぇ。おまえは何を言ってるんだって、まるで相手にしてもらえませんでした」

「だったら、自分で世間に発表しようとは思われなかったんですか？」

酷な質問だとわかりながらも、ボクは聞く。高裁で棄却されても、まだ最高裁がある。この時点で一審の主任裁判官が無罪心証を持っていたことを公にし、マスコミがそれを流せば、事はまた違った方向に進んでいたかもしれない。

「そう言われると……でもねぇ……」

言いよどむ熊本にさらに迫った。

「守秘義務がありますよね。熊本さんは当時、弁護士、それから大学講師としても活躍していた。やはり、それを犯すことによって、自分の立場が危なくなるというお考えもあったんじゃないんですか」

「ないよ。そんなものは何もない。自分の身を案じたことなど一度もありません」

でも、結果として行動は起こさなかった。むろん、それを責めることは誰にもできないのだが。

年収一億を稼ぐ売れっ子弁護士

一九八〇年十一月十九日、最高裁が上告を棄却。袴田が確定死刑囚になって二、三年後のある日、熊本のもとを一人の男が訪ねてくる。

ジャーナリスト、高杉晋吾《たかすぎしんご》。袴田事件を自らの足で調査、事件の謎と矛盾を徹底的に追及した『袴田事件・冤罪の構造　死刑囚に再審無罪へのゴングが鳴った』（合同出版刊）の著者で、最高裁が上告を棄却した当日に発足した「無実のプロボクサー　袴田巖を救う会」（後に「無実の死刑囚・元プロボクサー袴田巖さんを救う会」に改称）の代表も務めていた人物である。

電話取材に応じてくれた高杉は、熊本を訪ねた日のことを次のように語る。

「一審の判決で、熊本さんが無罪の心証を持っていたらしいと知り合いの弁護士から聞いて、ぜひ会いに行こうと思いました。弁護士名簿から連絡先を調べて、ダメ元で電話をかけたところ、一瞬沈黙があってから、会ってもいい、と」

当時、熊本は有楽町に一人で事務所を構えていた。高杉が訪ねたのは夕方近くだったという。

「反対だったんでしょうと、ストレートにぶつけました。熊本さんは認めなかったけれど、青ざめた顔で、曰《いわ》く言い難いものがある、とおっしゃってました」

もうそろそろいいんじゃないですか、本当のことをお話しになっても——。迫る高杉に、熊本はただただ苦しそうな表情を見せた。裁判官の職を辞しても守秘義務は付いて回る。さすがに、高杉はそれ以上は聞けなかった。確信を持てただけでも収穫だった。

「だから、熊本さんがテレビで告白されたのを見てびっくりしましたよ。私は裁判官にはろくな人間がいないと思ってるから、なんと良心的な方だと感動しました」

この日のことは熊本も覚えていた。

「評議がどんな内容だったか、具体的なことは話さなかった。でもね、その後、高杉さんが僕のことを広めてくれるだろうと勝手に考えてました。そうなったら、僕も正直に全てを話そうと。きっと、誰かに背中を押してほしかったんだろうなぁ」


八五年八月十二日、群馬県で未曽有《みぞう》の大惨事が起きた。日本航空123便・御巣鷹《おすたか》の尾根墜落。五百人以上の尊い命が奪われた。当時、有能な弁護士として活躍していた熊本が、安田火災海上保険（現・損保ジャパン）から顧問弁護士を依頼されるのは、事故が起きてまもなくのことだ。

「あの事故で坂本九《さかもときゅう》が死んだよね。家がすぐ近くでね、娘の幼稚園も一緒だった。そういうこともあって、日航機の墜落には特別な思いがあったのよね。で、ちょうど、そのころ安田火災から話がきて、医療過誤の案件を専門にやらせてもらえるなら、と引き受けました。もともと僕は叔父の後を継いで医者になる人間だったしね」

自分としては、何かしらの罪滅ぼしになればという気持ちもあった、と熊本は言う。が、その一方で、大企業の顧問弁護士に就いたことにより実入りは増え、年収が一億を超えたこともある。事務所への行き帰りは専用のハイヤー、背広は英國屋、夜は銀座や赤坂の高級クラブで豪遊。生活はどんどん派手になっていく。

「事件のことなんか忘れちゃってたんじゃないですか？」

わざと意地悪な質問をしてみる。

「いや、それは……ない。当時、赤坂に行きつけのクラブがあったのよね。毎晩のように行ってました。飲んでるときは楽しい。いろんな人と話もした。でもさ、そうした途中に、ふと袴田くんの顔がよぎるんだよね。彼は今ごろ、どうしてるだろうって考えてしまう。そんなときは、自分の部屋に戻って、じっとしてました」

ちなみに、熊本が言う「部屋」とは自宅ではなく、その店の中に借りていた自分専用のスペースである。赤坂の高級クラブの店内に自宅とは別に部屋を持つ。いかに、当時の熊本が潤っていたかは想像に難くない。

しょせん人間は独りだと思っている

しかし、栄光の時代は長くは続かない。いつのころからか指先が震えるようになった。歩く際、バランスを崩すようにもなった。熊本の体をパーキンソン病が襲っていた。

「酒の飲み過ぎ……でしょう。幻覚を見たり幻聴が聞こえたり……入院もしました」

当時の記憶を呼び戻す熊本の表情は苦悶に満ち、聞いている方も胸がざわつく。その錯乱の源に袴田事件があるのかどうか。それは本人もわからないと言う。

いずれにせよ、事態はここから怒濤《どとう》のような展開を見せる。安田火災の顧問弁護士を辞め、事務所を畳み、家族とも離散。そして都落ち――。

なぜだ。なぜ、そこまで猛スピードで落ちなければならないのか。心身ともに不安定だったことは事実なのだろう。しかし、生活はある。妻子の面倒もみなければならないはずだ。本当の理由は他にあるのではないか。

「安田火災とトラブルがあったんじゃないですか？」

「ないよ。契約が切れたから……それだけです」

「ボクには信じられません。体調が悪ければ、仕事を少なくするなりして、事務所を続ける方法はあったはずでしょう」

「どうでもよくなった……どうでも……ね」

どうでもいい？　そんなわけがない。

「奥さんも、二人の娘さんもいらっしゃるじゃないですか。なぜ、家族と別れられるんです？　体のこととは別に理由がないと、そこまでにはならないと思いますが」

「娘には……悪いことをしたと思ってます……」

嗚咽する熊本を見ても、ボクには理解できない。年に一億の稼ぎがあった仕事を辞め、妻子も捨てる。どうにも行動が唐突過ぎるのだ。

「あれやないですか。あのほら、事務所の人がお金を……」

やり取りを聞いていた島内が言いにくそうに口を開く。

「熊本さん、言っていいの？　××さんのことは」

「ん？　あー、彼女ね。そう、お金を持ち逃げされたんだよね」

知らない話が出てきた。聞けば、当時、熊本の事務所で働いていた女性職員が、数千万円もの大金を横領し、そのまま行方をくらましたことがあったらしい。しかし、熊本がそれを警察に届け出ることはなかったという。

「自分の恥をさらすことになるもんねぇ……」

「熊本さん、お金に無頓着だから、××さんはそれを知ってたんやないんですかね」

島内は言うが、そのことと事務所を閉じたこととは直接、関係ないと熊本は否定する。

「実はさ、安田火災で、僕は顧問弁護士のリーダーみたいな存在だったんだけど、若いのがヘマをやってね。まぁそれは直接、僕の責任でもないんだけど……まぁそういうこともあって、自分からもう辞めさせてもらうと…申し出ました。そしたら、だんだん仕事が減ってきて……」

ボクがしつこく聞いたからだろう。理由らしい理由を熊本は説明する。しかし、それでもやっぱりわからない。特に妻子と別れた理由が全く理解できない。

「無責任だと……自分でも思うよ」

「ええ、無責任ですね」

「でもさぁ、そんな大げさなことかなぁ。僕は、しょせん人間は独りだと思ってる

陽気な酒だったが、
心の中には常に闇が存在していた。

から」

最後まで話を聞いても、熊本から納得できるようなことばは出てこなかった。しかし、それが本音なのかもしれない。

ある時期から、いつ人生を棒に振ってもかまわないという思いが熊本の中に生じてきたのは間違いない。では、その端緒はどこにあったのか。

熊本は、事件がどれほど関与しているのか、自分でもわからないと言った。が、もし、あのとき自分が石見裁判長を説得できていたら、袴田死刑囚を生むことはなかったという後悔を繰り返し繰り返しすることで、本人も気づかぬうちに病んでいったのではなかろうか。人を殺した人間がおめおめと生きていていいのかという強烈な強迫観念が、知らず知らず、熊本の体に幻聴や幻覚を引き起こしたのではなかろうか。

死に場所を探して

一九九〇年三月、五十二歳で熊本は妻と離婚し、旧友、和田久を頼り鹿児島市に渡る。和田とは、修習で知り合って以来、ずっと交流が続いていた。

「鹿児島県弁護士会に登録替えして、ワダキューさんの事務所で働くようになりました。ただ、体調が良くなかったから、病院に通いつつ法律相談に乗ったり、麻酔事故の本を書いたりしていました」

和田には大きな恩があると熊本は言う。感謝してもしきれない、と。しかし、略歴によれば、その五年後には和田のもとを去り、さらには弁護士登録も抹消している。

「もう、こんな仕事は無しにしたい……。それで紙切れを一枚出しただけ……です。もうどうでもいい……どうでもいいと思うようになった。その後は……」

表情が、聞いてくれるな、とでも言いたげに暗く沈んでいる。どうでもいい。熊本のことばどおり、その後の十年間は、死んだも同然の時間だったようだ。

事前に集めた情報と本人の話を断片的につなぎ合わせると、和田の事務所を辞めた後、熊本は鹿児島県出水《いずみ》市に移り、改めて弁護士事務所を開く予定だったらしい。が、話は流れ、その後、五島列島で再び事務所を開こうとするも、これまた上手くいかなかったようだ。それぞれがどの時期だったか、正確なことはわからない。

ボクは悪い噂も聞いていた。五島列島で話があった際、地元の関係者に接待を受けたものの弁護士登録ができず、詐欺まがいとの悪評が立ったらしい。

「単に、再登録するに当たって、推薦人が集まらなかっただけです……」

弁護士登録の際に必要な推薦人は二人だけだ。その二人が集まらなかったというのか。

「僕にはわかりません……」

「そのころは収入もあまりなかったと思うんですよ。どうやって生活されてたんでしょう。誰か他に世話をしてくれる方がいらっしゃったんですか」

「周囲の知り合いに助けられて……どうにか……」

そして熊本は、この後、自殺を真剣に考え、日本中を彷徨《さまよ》うようになる。東尋坊《とうじんぼう》、阿蘇山、不知火海《しらぬいかい》。自殺の名所と呼ばれる場所にはほとんど足を運んだ。が、いざ身を投げようとすると、生への欲望がめらめらと湧いてくる。自殺は、熊本が考えるほど簡単なものではなかった。

このときの、熊本の心境は本人にしかわからない。ただ、今までの経緯を聞いていると「袴田裁判の過ちを死をもって償う」という美しい話ではないように思える。

「本当、往生際が悪くてねぇ。死にきれないで、夜、いきなり静岡地裁に行ったこともあるよ。ここで俺は昔、変な判決を出したんやなぁ。あの事件に出会わんかったら、俺の人生も違ってたんやろなぁとか考えてね」

死ぬ前に、訪ねておこうと、母校の九州大学にも足を運んだ。在学中は司法試験の勉強に忙しくて、ほとんど授業に出ていない。せめて正門でも見ておきたかった。その帰り、付近を流れる多々良《たたら》川の橋の上から、パスポート、預金通帳など、身分を証明するものを全て捨てた。熊本典道という存在を、この世から消し去りたかったのだという。

「日本じゃ死ねんと思って、外国にも行きました。ノルウェーのベルゲンの近くのフィヨルド。三千メートルくらいの深く切り刻んだ海のあたりで死に場所を探してフラフラした。ここに飛び込んだら遺体が見つかることもないだろうって。でも、結局、死ねなかったよなぁ……」

その日の帰り、自殺することばかり考えていた熊本の意識が変わる事件が起きる。

ストックホルムからコペンハーゲンに向けフェリーに乗った。デッキから飛び込むつもりだった。

旧友、和田久のもとを去った後。

2000年、鹿児島県出水市のホテルキングで撮影された1枚。現役のころに比べ頬がこけ、体調の悪さを窺わせる。

真夜中、突如汽笛が鳴り、英語で船内放送が流れた。

――家族で旅行中の十八歳の少年の行方がわからない。海に飛び込んだ可能性もあるので、今から三時間だけ沿岸警備隊が捜索するため船を停める――。

「実はその少年を、僕は何度もデッキで見てたんだよね。自分が死ぬ気だったから、さほど気にもかけてなかったんだけど、確かにそんな少年がいたような気がする。で、結局、彼は見つからなかったんだけど、港に着いたら、少年の一番近くにいた人間ってことで警察にいろいろ聞かれてね。お母さんは半狂乱になってました。その姿を見てると、あぁやっぱり死ぬなんてことはできんよなぁと思い直しました」

帰国した熊本が、島内和子に出会うのは、それからまもなくのことだ。

近所では見かけない男

取材三日目の夜。ボクは島内にホテル近くのファミレスまで来てもらい、一対一で話を聞くことにした。熊本に出会ったきっかけから告白に至るまでの経緯を知っておきたい。熊本がいれば、話しにくいこともあるだろう。

「私のことも本に書かれるんですか？」

ドリンクバーの煎茶《せんちゃ》を飲みながら、島内が戸惑いの表情でボクに聞く。

「もちろんですよ。重要な登場人物ですから」

「まぁ、それは困ったわぁ」

困ることはありません。島内さんがいなければ、今の熊本さんは存在しなかったんですから。

「最初に会ったのは熊本さんが発表する一年くらい前だから、二〇〇六年の春ぐらいやったんかなぁ」

そのころ、島内は福岡市新宮町立花口《しんぐうまちたちばなぐち》の、普段は日曜市に使われるスペースを平日だけ借り〝こだわり卵〟や果物、パンなどを売る店を出していた。二年前の六十三歳まで病院の産婦人科で調理の仕事に携わり、その後は失業手当で暮らしていたが、まだ体が動くうちにと始めた商売だった。子供は娘が二人に息子が一人。夫とは若いころに離婚していた。

「そこは、近くに霊園があって、お年寄りがよく通る場所なんです。やから、店の前に長椅子を置いて、お茶を出してあげたり焼き芋をあげたりしてました。私は、儲けより世話をするのが好きなんですよ」

ある日、背広にネクタイ姿の男性がパンと牛乳を買いに来た。右手に何やら分厚い本を抱えている。近所では見かけない身なりだ。島内は、誰にでもするように「ここでゆっくり食べられたらいいですよ」と男に長椅子に座るよう勧めた。

初めてことばを交わしたのは、最初に男を見かけて一週間ほど後のことだ。

――こっちの人ですか？――。

――そうだよ――。

その〝そうだよ〟のアクセントが地元のことばと微妙に違った。

――おたくはどちらから来られとるんですか――。

——東京だよ——。

——あら、私も東京にいたことがあります。新井薬師《あらいやくし》の哲学堂でよく遊んだんですよ——。

——僕もよく哲学堂には行ってました——。

島内は、男に親近感を覚えた。父親の関係で小学校六年から高校卒業まで、中野区野方《のがた》に住んでいた。当時の話をするなど何十年ぶりだろう。

カナダの話も彼女にはうれしかった。数年前、ワーキングホリデーの下見に行く娘に同行し、バンクーバー、カルガリー、トロントを回った。旅のスナップ写真を見せる島内に、男は「うん、ここには僕も行ったことがある」と言う。こんな田舎で、カナダの話ができる相手は他にいなかった。


「一週間に二回ほど来てはったですかねぇ。ただ、熊本さんは朝五時くらいに近所の神社に来て、境内で本を読んでおられて、九時の市営バスで帰られとりました。ちょうど私が車で店に来るぐらいの時間で、熊本さんの姿を見かけたら、ピッピッと車のクラクションを鳴らすのが習慣みたいになってねぇ」

熊本の素性は、出会って一カ月ほど後に知った。元弁護士で、また再登録を考えているという。島内が弁護士とことばを交わしたのは生まれて初めてだった。

それからまもなく、彼女は、熊本から食事に誘われ、福岡山の上ホテル（当時）の見晴らしのいいレストランで二人してランチを食べる。

「初デートってことですね」

「なんかね、やっぱり私も惹かれたんやろうね。あー恥ずかしい」

「どんな話をしたんです？」

「さーどうやったやろ。ただ、奥さんはもう死んだ、って言われとりました。会話はごく普通やったんやけど、また別の日にお酒に付き合ったときは、話があっち飛んだりこっち飛んだり。私は単に酔ってるんだと思ってました」

会計はいつも熊本が済ませたというが、今から思うと、そんな金がどこにあったのかと島内は不思議がる。

袴田事件を知っているか？

最初にことばを交わして二カ月ほどたったある日の深夜四時、当時、島内が一人で住んでいたアパートのドアを叩く者がいた。

「こんな時間になんやろかと思ったら、タクシーの運転手が、熊本さんってご存じですか。今、見えてはるんですけどって言うから、もうびっくりして」

風邪をひいたから熱い風呂に入らせてほしい。熊本はそう言って部屋に上がり込み、その日から島内のアパートに居座るようになる。

「最初は情け心やったんです。しばらくしたら出ていってもらおうと思ってました。けど、着替えも何も持ってないし、他に行くところもなさそうで、ずるずるそのまま……」

生活の面倒は全て島内がみた。が、店の売り上げと年金を合わせても、収入は月に二十万にも届かない。しだいに暮らしは苦しくなっていく。熊本は年金に加入しておらず全く実入りがなかった。

ある日、熊本が金を貸してほしいと頼み込んできた。弁護士の再登録手続きのために上京したいという。仕事のためならと、島内はなけなしの十万円を貸す。恥ずかしい格好はさせられないと、背広も新調してやった。

「二日後に、熊本さん、べろべろに酔って帰ってこられました。どうやった？　って聞いたら、ダメやったって。なんやろかこの人はって、がっくりしましたよ」

それでも、島内は熊本を追い出そうとしなかった。放っておけない何かがあった。私がおらんとこの人はダメ。情が愛に変わっていったのだろうか。

島内には、日頃の熊本の様子も気がかりだった。夕方、仕事から戻ると、深刻な顔で下を向いている。何を考えてるの？　と聞いても、返事はない。

「気になるもんやから、あんた何か悩みがあるんやないのって改めて聞いたんです。そしたら、袴田事件がどうのこうのって、そのときは、何を言っとられるのかさっぱりわかりませんでした」

熊本が二、三日いなくなることもあった。行く当てなどないはずだ。方々を捜し回るが、どこにも姿はない。不安になった島内は、もしかしたらと、事前に聞いていた熊本の実家に電話をかける。出たのは、熊本の実弟の妻らしき女性だった。

——あんなもんのことは知らん！　二度と電話してくれるな！——。

えらい剣幕で怒られた。熊本が実家に相当な迷惑をかけていることは、容易に想像がついた。

「血だらけで家に帰ってきたこともありましたよ。西鉄電車のホームから飛び降りた、死ぬ気やったって。あと、香椎《かしい》の海に飛び込もうと思ったこともあるって言われてましたけど、あそこは昼間は膝くらいしか水がないから、ろくろく泳げないんですよね。それを言ったら、熊本さん、へーって。おかしな人やわホント」

事が動き出すきっかけは、熊本と島内の子供三人で行った食事の場だった。この日のことを、島内の長男は次のように語る。

「母親が、いま一緒にいる人から結婚を申し込まれたって言うから、会いに行ったんです。そしたら、熊本さんが袴田事件を知っているか、と。自分はもともと裁判官で、事件を担当した。無実とわかりながら死刑の判決を出して、今まで苦しんできた。何とか袴田さんを救いたいんだって、涙を流しながらおっしゃられてたんですよね」

長男も最初に聞いたときは、意味をよく理解できないでいた。袴田事件のことも全く知らなかった。が、母親の夫になるかもしれない相手である。素性を調べる意味もあり、ダメで元々、ネットで調べてみた。

「〝熊本典道〟で検索したら、袴田事件の判決文が出てきました。その最後に、裁判官の名前が三人載っていて、そこに熊本さんがいたんです。ついでに事件のことも調べて、冤罪の疑いが強いってことがわかり、これは大変だと支援の会に連絡したというわけです。熊本さんは支援団体があること自体、ご存じなかったみたいですね」

このとき長男が出したメールが「再審を求める会」の事務局長、鈴木武秀のもとに届き、やがて熊本の存在が世に知られていくことになる経緯は前記（41頁参照）のとおりだ。

ちなみに、島内の長男は事件を詳しく知るうち、少しでも役に立てればと熊本にブログを始めるよう勧め、立ち上げまでの作業を全てこなした。ブログのタイトルは「裁判官の良心」という。

孫がいることを初めて知った

取材最終日。今日も熊本は島内に付き添われ、タクシーでホテルまでやって来た。わざわざ家からご足労を願い、辛い過去の話をほじくり出したことを申し訳なく思う。が、その一方で、杖をつきながら島内に寄り添うようにゆっくりと歩みを進める熊本の穏やかな表情を見ていると、この人にようやく訪れた救いを感じずにはいられない。良かったじゃないですか、熊本さん。神はあなたを見捨ててなかったんですよ。


「昨日、言い忘れたんですけど」

島内が、昼食用の弁当をテーブルに並べながら言う。

「熊本さん、教会にも行かれとるんですよ。まだテレビで発表する前です」

教会?

「ほら、袴田くんがクリスチャンでしょ。だから、僕も少しでも彼に近づきたいと思ってさ」

福岡市古賀《こが》にあるカトリック古賀教会。島内の知り合いの紹介で知ったこの教会で、熊本は過去の過ちを懺悔《ざんげ》した。

後の電話取材で、このとき熊本の話を聞いたスリランカ人のジュード神父は語る。

「無実の人間を死刑にしたことを、泣きながら話しておられました。相当、苦しんでこられたようですね。私も聞き入ってしまい、別の日に熊本さんに教会に来てもらって、皆さんの前で話していただきました」

その二週間前、熊本は、「清水救援会」の山崎や、小川弁護士、袴田の姉の秀子に対面している。○七年一月二十八日は朝から雨が降っていた。熊本は島内に「今日は帰れんかもしれん」と言い残し家を出た。ひどく緊張している様子だったと島内は言う。

「とにかくお姉さんに謝りたかった。罵倒されても殴られても蹴られてもいい。そう思って出かけました。ところが、秀子さんは、頭を上げてくださいと優しいことばをかけてくれて……」

こうして熊本は約四十年ぶりに袴田事件の関係者と接点を持ち、テレビ・新聞を通じて世の中に顔を出していく。

三月十二日には衆議院議員会館で行われた「死刑廃止を推進する議員連盟」の院内集会に参加。秀子や、袴田死刑囚を支援する輪島功一、大橋秀行、カシアス内藤《ないとう》らボクシング関係者と共に記者会見の席に並び、初めて公の場で謝罪した。

会見に先立ち秀子が読んだ、獄中からの袴田の手紙を、熊本は震えながら聞いた。

息子よ。（略）お前のチャンは決して人を殺していないし、一番それをよく知っているのが警察であって、一番申し訳なく思っているのが裁判官であることを。

「まさに僕のことを言われてるからねぇ……。その後の記者会見。ここでね、僕はもっと非難を浴びると思ってた。今ごろ、のこのこ出てきて何を言ってるんだと怒られると思ってました。ところが、みな静かに話をちゃんと聞いてくれた。意外だったねぇ」

そこで人生が変わった、袴田くんを救うためにも自分は生き続けなければならないと思った、と熊本は言う。それは長い間、自分を苦しめてきた胸のつかえが取れた瞬間でもあった、とも。


五月八日。熊本のもとに思わぬ手紙が届く。別れた長女の裕子からだった。

〈お父さんへ。お久しぶりです。福祉事務所から連絡があり、少し戸惑っています。

私は四年前に結婚し、子供を産みました。相手は自由業で、収入が安定していないため、援助はとてもできません。子供は男の子で三歳八カ月になります。

子供が産まれるとき、自然の中で育てたいと思い、山梨県の富士山の見えるところに引っ越しました。今は主人の仕事の手伝いと子育てをしています。

今回、連絡があったことで、とても悩みました。まだこちらの連絡先をお父さんに教えるというところまでは心の整理はついていません。なので一方通行で申し訳ないのですが、手紙と息子の写真を送ります。

心の整理がついたら、もう少し何かできることをしたいと思います。

まだお酒を飲んでいますか。飲んでいたら、すぐに止めてください。体、心、経済的にもいいことはありません。

先日、テレビ朝日の報道ステーションを見ていたら、お父さんが映っていたので、ビックリしました。我が家は報道ステーションくらいしかテレビを見ないので、本当にビックリです。元気そうでよかったです。

無罪の心証があったことを初めて公にした、衆議院議員会館での記者会見の様子（2007年3月12日）。熊本の左右に元世界チャンピオンの輪島功一、袴田の姉の秀子。後列の右から大橋秀行、新田渉世ら、袴田を支援するボクシング関係者の顔が並ぶ。（写真提供：「清水救援会」）

また書きます。くれぐれも体に気をつけて下さい〉

文面に出てくる福祉事務所のくだりは、「清水救援会」の山崎の勧めで手続きした生活保護に関連した事柄なのだろう。複雑な娘の気持ちが読み取れる手紙だ。

「そのとき一緒に入ってたのが、これです」

熊本が手紙に同封されていた写真を見せてくれた。目の大きな美麗の女性と、愛くるしい男の子が写っている。

「娘が結婚したこと、孫がいることを……初めて知りました」

熊本の目から大粒の涙がこぼれる。さぞや、うれしかったのだろう。

「で、その後、裕子さんに会われたんですか？」

「会ってません。会わない方がいいと思ってる……」

「会いたいでしょう。お孫さんにも」

「そりゃ……会いたいに決まってるよ！　……でもさぁ……」

でも、過去の経緯から会えないということか。

「あのですね、実はこの後、また手紙が来て」

島内によると、二度目の手紙には住所が書かれており、その返信の際、島内が孫に向けて絵本を同封したという。

「それで、女性と一緒に暮らしてることを、なんとなく気づかれたんやないんですかねぇ。それからさっぱり手紙がこなくなって。たぶん、気を悪くされてるんじゃないでしょうか……」

島内の顔が少し歪んでいる。どうやら、熊本と家族の問題は、島内にとっても気がかりの種になっているようだ。

自由の女神に祈る

二〇〇七年六月二十五日、熊本の再審を求める陳述書が「救う会」（36頁参照）の上申書に添えられ、最高裁に提出された。その七日後の七月二日に、袴田死刑囚と面会するため、姉の秀子、「清水救援会」の山崎らと共に東京拘置所へ足を運ぶ。

一審判決の直後に出向いた際、面会は叶っていない。そして、三十九年ぶりの今回も拘置所側は熊本に面会許可を出さなかった。

「でもね、袴田くんは僕を覚えていてくれたんだよ。熊本が面会に来てるって伝えたら、あの人はいい人だったって……彼がそう言ったってお姉さんから聞いて。本当に僕はうれしくて……」

長年の拘禁状態で、通常の会話もままならない袴田が熊本を記憶していたとは驚くべきことだ。やはり、袴田の心には、一審の公判で自白調書を巡り静岡県警の刑事を問い詰めた裁判官の姿と、その名前がしっかりと刻まれていたのだろう。

なお、熊本はこの後も三回にわたり拘置所を訪れたが、面会は実現しなかった。

袴田巖弁護団会議への出席。日本外国特派員協会での記者会見。再審開始に向けたチャリティボクシングへの参加等々、その後も熊本は袴田支援に協力し、新聞は元裁判官の行動を逐一、取り上げた。それは、事件が起きた際、世間に袴田＝凶悪犯のイメージを植え付けた過熱報道とは比較にもならないが、少なくとも熊本の登場により、袴田事件と、未だ囚われの身にある死刑囚（注・二〇一〇年）の存在を世にアピールできたことは事実だろう。

しかし、〇八年三月二十四日、最高裁は袴田の再審請求を棄却する。熊本の思い、訴えは国に届かなかった。

「残念無念という思いと、法律家として考えたらやはり難しかったのかなぁという思いと……」

難しいとは、有罪・死刑を覆すだけの理由がないということなのか。最高裁棄却の一年三カ月後の〇九年六月には、同じく再審開始を求めていた足利《あしかが》事件の菅家《すがや》利和《としかず》無期懲役囚がＤＮＡの再鑑定の結果、冤罪とわかり、東京高裁は再審前に釈放の決定を下している。袴田事件も、それ相応の新証拠なり新証言が必要なのか。

「無罪の証拠はすでに出てるよ。出尽くしてるでしょう。あとは裁判官の考えしだい。僕はそう思います」

〇八年十月、熊本はアメリカに飛ぶ。世界規模の人権団体、アムネスティの要請に応じ、「死刑に関する判事および検事の証言」なるパネルディスカッションに参加するためだ。ニューヨークの国連本部で開かれた、そのシンポジウムには島内も同行した。

——私は毎日、袴田氏が無罪となり釈放されることを祈っています——。

熊本に続いて、島内も発言を求められた。

——四十年間、夫は誰にも、家族にさえ、この話をしませんでした。この苦しみから逃れるため、夫は何度も自殺を図りました。大酒を飲むようになりましたし、電車の前に飛び出したり、海に飛び込もうとしたこともありました。おそらく人生最後となるこれからの十年間を、静かに暮らしたいのです——。

場所が異国の大舞台であることを考えれば、立派なコメントである。

「なんか急にあんたもしゃべってくれって言われて、もうわけがわからんかった」

「いやいや、僕より拍手が多かったですよ」

「この後、ほら、自由の女神を見に行ったでしょ」

「そうそう、あそこに袴田くんと一緒に来られたら良かったのになぁって今でも思うよ」

「じーっと拝んどんさったもんねぇ、あんた」

「夕陽がきれいやったな」

二人のやり取りは、まるで長年寄り添った夫婦のようだ。実際、ニューヨークでの発言で、島内は熊本のことを〝夫〟と呼んでいる。

「籍を入れるつもりはないんですか?」

ストレートなボクの質問に、二人は恥ずかしそうに笑った。

おちぶれて　袖に涙のかかる頃

ニューヨークから帰って一カ月もたたないある日、熊本の前立腺ガンが見つかった。

「尿が茶色っぽかったから、私が病院に連れて行ったんです。そしたら四ステージあるうちの三ステージだとお医者さんから言われまして……」

熊本は手術を拒んだ。治療は、ホルモン剤の投与のみ。結果、奇跡的に数値が下がり、一年たった現在も進行は見られないという。

その代わり、ホルモン剤の副作用で認知症が始まっているらしいことは、熊本には言わなかった。この取材中も、おかしな発言、行動は少なからずあった。名前が思い出せなかったり、話の途中で、突然席を立ったりしたこともある。が、事前の調べと、島内のフォローのおかげで、どうにかここまでたどりついた。質問はできるだけ具体的なキーワードをちりばめ、焦らず待てば、熊本は必ず何かしらの答えをくれた。

「病気は治まってます。でも、それで弁護士の再登録はあきらめました」

熊本は、発表直後から改めて弁護士になるべく活動していた。推薦人も集まったという。しかし、ボクはやめて正解だと思う。熊本の話を聞いていると、たとえガンが見つからなくても、東京の事務所を畳んだ時点で、その後、仕事に就くのは難しかったのではなかろうか。

ここに一冊のノートがある。『再審歩みへの道』と題された、熊本が〇七年二月から付けていた記録である。

・二月十一日　ジュード神父に会う
・二月十八日　教会
・二月二十六日　テレビ朝日　報道ステーション　十～十二分ころから
・三月一日　いつか裕子、直子と
・三月九日　第一議員会館
・三月十一日　教会

そこから空白が続き、最後の頁に、こんな歌が記されていた。

〈おちぶれて　袖《そで》に涙のかかる頃　人の心の奥ぞ知れたり〉

母がこの歌を教えてくれたという話を熊本から聞き、島内が書き留めたものだそうだ。

「今の熊本さんをよく表していると思うんですよ」

「まだ東京に出る前、母親が、典道、人間なんて、こんなもんだよって教えてくれました。今の僕には……染みます」

落ちぶれたとき、初めて人間の心がわかる。この心境に至るまで熊本は、どれほどの年月を費やしたのだろう。

司法試験をトップで合格し、エリート街道を進むはずだった自分が、家族も家も金も失い自殺を試みるまでに転落する。そして、人生をあきらめかけたそのとき、天使に出会い、再び希望に向かって歩き出す。

熊本は、最初に話を聞いた際、袴田事件のことを告白する気になったのは、自分の年齢が最高裁判事の定年である七十歳に近くなってきたからだと、ボクに言った。裁判官を無事に務めていたら、自分もその職にあったかもしれない。それを考えると、今こそ全てを明らかにすべきだろうと考えた、と。

熊本の二度の結婚が破綻した本当の理由はわからない。しかし、話を聞いている限り、互いに心を許し支え合う間柄ではなかったように思える。相手は二人とも、いわゆる〝ええとこのお嬢さん〟だ。当時の熊本は、愛情より、家柄やステータスを優先したのではないか。

対し、島内と熊本の間には確実に〝気持ち〟が流れている。そこには愛がある。幸せじゃないですか、熊本さん。老いて、こんな素敵な女性と巡り会えるなんて、ね。

「という風に結論づけてよろしいでしょうか？」

「フフフ、君が好きに考えればいいよ」

本当はここで話を終わらせても良かった。紆余曲折を経た末、最後の最後に天使と出会った男の一生として「完」でも何も問題はない。

しかし、どこか美しすぎる――。そう考えてしまうのは、行き過ぎだろうか。

熊本が島内によって救われたのは間違いない。が、これまでに出会った友や授かった子供。彼ら彼女らもまた、熊本にとってかけがえのないものではなかったのか。東京ドームホテルのロビーで熊本がボクに見せた目。あの暗く沈んだ目の奥に感じた闇には、袴田事件のことばかりではなく、置き去りにしたままの過去が漂っているのではなかろうか。

まだ取材すべき相手、聞くべき話があるような気がしてならない。着地点が全く見えないまま、ボクはまた動き出した。

Ⅵ
子供

慰謝料も養育費もいらないから縁を切る

留守電を入れて、五分もしないうちに折り返しの電話があった。

「よく僕の連絡先がわかりましたね」

携帯の向こうの声が、驚いている。

「熊本さんが番号をメモされてて、ダメ元でかけてみたんですよ」

「なるほど。ずいぶん前に父に電話をかけたことがあったんで、それを残してたのかなぁ」

熊本を父と呼ぶその男性は、最初の妻との間に生まれた長男、可能《かのう》である。

袴田事件に関わっていた時代、熊本がどんな様子だったのか、ボクはもう少し詳しく知りたかった。妻はすでに他界していると聞いているが、子供に何か話しているかもしれない。

「母は生きてますよ」

「え？」

「死んだって言ってるんですか？　まいったなぁ。ただ、母はいま入院中で、話をするのは難しいと思います」

最初の妻は存命だった。勝手に殺しちゃダメだよ、熊本さん。

「とりあえず会って話を聞かせてもらえませんか？」

「いいすよ。僕も、いつかこんな取材を受ける日が来るんだろうなって思ってたし、何なら自分で父の本を書こうかと考えてたくらいですから」

その明るい口ぶりが意外だった。どんな事情があったにせよ、自分と母を捨てた人間である。わだかまりはあって当然。取材も拒否されるだろうと覚悟していた。

「そんなのは全然ないすね。なんせ僕は、両親が離婚してから、一度も父に会ったことがありませんから。で、いつにしましょうか。いま大阪勤務なんですけど、来週、東京に出張があるんで、そのときで良ければ」


二〇〇九年十一月末、夜八時半、東京・品川のホテルパシフィック東京。スタジャンにジーパンのラフな上下で、可能は待ち合わせのラウンジに現れた。

「遅れちゃってすいません。仕事が押しちゃって」

差し出された名刺に、大手広告代理店の名と〝クリエイティブディレクター〟の肩書があった。今日はスタジオでCMの撮影に立ち会っていたらしい。

「で、今、父の世話は誰がしてるんです？」

「ある女性の方が」

「なるほどねぇ」

可能が含みのあるような笑い顔を見せる。彼は、自分の父親のことをどこまで知っているのだろう。

可能は、袴田事件の公判が終盤にさしかかる一九六七年十二月十二日、静岡県沼津市に生まれた。二歳で両親と共に上京、二年弱を練馬区中村橋で過ごし、再び沼津の母の実家に戻ったのが四歳になる少し前。当時の記憶は今も僅かに残っているという。

その後、地元の中学・高校を出て、東京大学文学部に進学。優秀なDNAは子供にも引き継がれていたようだ。

父のことは、幼いころから母や祖父によく聞かされていた。そしてそれは、決して耳に心地いいものではなかったようだ。

「祖父はもともと裁判官で、その後、弁護士になったんですが、地元では結構顔のきく存在だったみたいですね。その祖父が、あんな詐欺師は見たことがないと言ってましたから」

詐欺師とは穏やかではない。

「詳しい事情は知りません。ただ、父が裁判官を辞めた後に入った弁護士事務所は、祖父の紹介だったんですが、そこで何かトラブルがあったようで、そのことを言ってるんじゃないんですかねぇ。恥をかかされた、といったようなことも聞いたことがあります」

確かに、熊本は結婚式で仲人を務めた塚本重頼の事務所を辞めたころ、時を同じくして妻子と別れている。離婚の原因は仕事にあったということか。

「どんなトラブルがあったのかわかりませんけど、最終的に祖父が父と母を引き離したんですよ。慰謝料も養育費もいらないから縁を切る。そこまで祖父は怒ってたみたいですね」

わからない。義理の息子に対し敵意とも思える感情を持つとは、熊本にどんな問題があったのだろう。

「沼津にいたころ、父は婿養子みたいな存在だったようで、最初から祖父と折り合いが悪かったんだと思いますね。例えば僕の名前。可能って珍しいじゃないですか。これも祖父が付けたんです。父は他に違う名前を考えていたようです」

妻の実家で義理の親と同居する、熊本の居心地の悪さが想像できそうな話だ。しかも、妻は自殺を図るほど心を病んでいる。自分が先輩裁判官二人と対立し、最終的に死刑判決文を書かされた仕事の苦悩など、家庭ではとても口にできなかったに違いない。

しかし、最終的に縁を切られるとは、これまた尋常ではない。

「母親は、酒と女だって言ってましたね。飲んだら帰ってこない、浮気をする、養育費も払わない。あんなヒドい男はいないって、ずーっと愚痴ってましたから。でも、僕に言わせると、どっちもどっちだと思います。とにかく母は浮き沈みが激しいし、性格もエキセントリックで、一のことを十にして言う。そんな人が子供を産んだんだから、相当ナーバスになっていたはずです」

夫としての熊本に問題があったのは否定できない。が、一方で妻に振り回されていたのもまた事実。実際、可能は両親の離婚後、長い間、母に悩まされ続けてきたという。

「今まで夫に向いてたものが、ぜんぶ子供にきたって感じですかね。別れた後も母は入退院を繰り返して、状態は全く安定してませんでした。そんな母の関心事は一人息子の僕だけですから。もう嫌で嫌で、早く家を出たくて仕方なかったですねぇ」

東京で一人暮らしを始め、仕事に就いた後も母の呪縛から逃れられなかった。日に二十回近く電話がかかってきたり、夜中の三時にいきなり沼津から訪ねてきたり。それはまるでストーカーのようだったと可能は語る。

「二年前に、くも膜下出血で母は入院したんですけど、意識が朦朧《もうろう》としてる中で僕に言うんですよ。子供なんか産まなきゃ良かったって、それを一分おきに言う。もういいかげんにしてくれって感じでしたね」

ちなみに、可能は、父が公に姿を現したことを一切、母には話していない。伝えたときの母がどんな状態になるか、容易に想像できたからだ。

テレビを見た人は絶対、心が動く

熊本が裁判官を辞め、弁護士として頭角を現していく中、別れた妻子の暮らしには大きな嵐が吹き荒れていた。しかし、可能は、父に何の恨みもないという。

「直接迷惑を被《こうむ》った記憶もないし、幸い家が裕福だったんで、何不自由なく育ちましたから。それに母は悪態をつく一方で、実は、離婚後も父とずっとつながってたんですよ。再婚したことも、鹿児島に行ったことも、いまどんな女性と一緒なのかも、ぜんぶ知ってましたから」

「どういうことでしょう?」

「未練ですよ、母の未練。もともと親に引き離された格好じゃないですか。ヒドい男だと思いながらも、引きずってたんじゃないんですかね。一方で父も母のことを憎からず思ってた。だから、離婚した後も二人だけのホットラインがあって、連絡を取り合ってたんでしょうね。なんせ、母は父があれだけ転々としてるのに、全部その居所をわかってて、逐一、僕に教えてくれましたから」

そういえばと、ボクは熊本から預かっていた写真を取り出し、可能に見せた。熊本が「沼津の千本松原だ」と言っていた一枚だ。

「僕ですね、これ」

「まだお父さんと沼津の家にいたころですか？」

「いや、離婚して東京から戻ってきた後ですよ。母が送ったんでしょうね。へー、これを父はずっと持ってたんですか」

可能は写真を手に取り、しばし懐かしそうに眺めた。


一九九七年、二十九歳で可能が結婚するとき、父にも披露宴に出席してもらったらどうかと、連絡先を書いたメモを母から渡された。戸惑いながらも、可能は教えられた番号に電話をかける。こんな機会でもなければ、父に会うこともないだろう。が、父は電話に出ず、留守電に番号を残した可能の携帯に折り返しかかってくることもなかった。

「僕にどう思われてるのか不安で、連絡してこなかったんじゃないんですかね」

熊本にとっては、旧友の和田久のもとを離れ弁護士登録も抹消していた時期である。離婚以来会っていない息子の晴れの日とはいえ、とても祝福できる状態にはなかったのかもしれない。

それから十年の時が過ぎた二〇〇七年、可能は生まれて初めて、テレビの中に、動く自分の父親の姿を見る。

「らしいな、と思いましたね。会ったことはないんですが、母から聞いてた話で、正義心が強くて見栄っ張りで風呂敷を広げる父のイメージができてたんで、それとあんまり違和感がなかった。父なら、これくらいのことをやってもおかしくないな、と」

同時に、売名行為ではないかとも思ったと可能は言う。結婚後、二度ほど、福祉事務所から生活保護の扶養照会ハガキが届いたことがあり、かなり生活が苦しいことはわかっている。ために、邪推が入った。ちなみに、妻の実家には、自分の父は行方不明とだけ伝え、詳しいことは知らせてなかったという。

「袴田事件については、ほとんど知りませんでしたね。父がそれに関わっていたことも、母からはもちろん、祖父からも聞いたことがなかった。祖父は裁判官を辞めた後、自分が担当した事件について、時々家族に話すこともあったんですが、父は言える雰囲気じゃなかったんでしょうね」

その後、事件についてネットで詳しく調べるうち、父が遭遇した立場もだんだん理解するようになってきた。身内が事件に関わっていたのも何かの縁。自分にできることがあれば、喜んで協力したい、裁判員裁判が行われているいま、袴田事件はもっと議論されるべきだと可能は言う。

その一方で、仕事柄もあるのか、父に対する目線は実に客観的でユニークだ。

「テレビで見たとき、上手いなぁと思ったんですよね。『袴田くんのことを思うと』で一回止めて、ちょっと遠くを見て、それから泣き出して『僕は別れた妻子のことを忘れても、袴田さんのことは忘れたことはない』って言うでしょ。タメの作り方が抜群に上手い。説得力がある。あれを見た人は絶対、心が動きますよね」

ただ、だからといって全て父が演じているとは思わない。六割は本当、残り四割がキャラクターのなせる業《わざ》だろうと言う。

「父の姿を見たのは、僕が四十歳になる少し手前だったんですけど、そのタイミングで良かったと思います。もっと違う年代だったら、自分を捨てた人間だと感じたかもしれない。でも、今は、この人の子供に生まれて良かったと思う。というか、こんなすごい人生送ってきた人を父に持つなんてラッキーくらいの勢いですよ。七十歳過ぎて自分の父親がプチブレイクするなんて、なかなかないことですから」

気楽な立場だから言えるのかもしれないと可能は言う。事件に関わった多くの人は大変な苦労があることもわかっている。ただ、長い間、母親につきまとわれてきた自分には、父の生命力の強さが逆にうれしい。尊敬の念も覚えるし、機会があれば、直接会って何かを学びたいと語る。

「目元がお父さんに似てますね」

会った瞬間から、ボクは可能の顔に熊本を見ていた。

「引き継いでるDNAはあると思います。例えば、父の、ねじ曲がっていることに対して何かモノ申す感じ。その辺りも似てる。僕も、間違ってることには正面から言うタイプですね」

あ、それから、と付け加えるように可能が言った。

「最近、僕も離婚したんですよ」

娘の写真を撮って送ってくれませんか

関わり合いが少なかったぶん、可能には父に対する特別な感情はなかったようだ。ただ、事件を担当していたその時代、熊本が私生活においても相当なストレスを抱えていたことは十分窺える。その捌《は》け口が、可能が母から聞いていた「酒」、そして「女」だったのか。具体的なことはわからないが、ボクは、また熊本の知らない一面を見たような気がする。

再婚後に生まれた子供からは、さらに別の熊本が語られるのだろうか。長男に話を聞いて二週間後、今度は長女の裕子に会いに行った。

裕子への取材は「救う会」の門間《もんま》幸枝《さちえ》に仲介してもらった。

二〇〇七年十一月、門間のもとに袴田死刑囚の再審を求める百八通の署名が届いた。差し出し人に女性の名前が書かれていたが、覚えがない。誰だろう。

同封されていた手紙を開いて門間は驚く。

〈私はテレビのニュースで袴田さんの事を知りました。その事で長年途絶えていた親子の縁が再び結ばれました。袴田さんに一日も早く、元の生活に戻っていただきたく、微力ながら署名を集めさせて頂きました。応援しておりますので、頑張って下さい〉

最後に女性の名前が書かれていた。長年途絶えていた親子の縁。門間は気づいた。熊本から、娘が二人いることは話で聞いている。もしかしたら……。熊本に電話をかけ、その女性が長女の裕子であることを知った。

「熊本さんが告白なさったことがきっかけで、親子の絆が元に戻り、署名まで送ってくださった。素晴らしいですよ、裕子さんは」

取材の間を取り持ってほしい旨、電話をかけたボクに、門間は感激の口調で言った。

裕子から最初に届いた手紙と、娘と孫が写った写真を大事に持っていた熊本の姿が浮かんできた。未だ再会は果たしていない、会わない方がいいと熊本は言っていたが、文面からは、父を想う娘の心情が伝わってくる。その後、雪解けがあったということだろうか。

「裕子さんに会ってきます。何か伝えることはありますか」

取材前日、熊本に電話をかけた。

「いや、元気でいるならそれで僕はいい。……あのね、娘の写真を撮って、後で送ってくれませんか」

そんなのお安いご用です。でも、裕子さんが嫌がるんじゃないですかね。

「この前ね……映画のロケにお邪魔してね……そこに裕子に似た……裕子に……」

嗚咽でことばにならない熊本。映画がどうしたんです？

「すいません、熊本さん、泣いとられて」

代わって電話口に出てきた島内が事情を話してくれた。

「この前、映画のロケを見に福島まで行ってきましてですね。そしたら、中村優子《なかむらゆうこ》さんという女優さんがおられて、裕子さんに顔がよく似てるって。ユウコで名前も同じやし、熊本さん、そこでも泣いとられたんですよ」

以前、島内が秘かに教えてくれた、熊本を主役にした映画も着々と製作が進んでいた。何でも、萩原聖人《はぎわらまさと》が熊本役を、袴田巌は新井浩文《あらいひろふみ》が務めるという。二人とも芝居の上手い存在感のある役者である。他にも、大杉漣《おおすぎれん》、岸部一徳《きしべいっとく》、國村隼《くにむらじゅん》、石橋凌《いしばしりょう》といった個性派が揃う中、その中村優子という女優は、袴田の姉、秀子を演じるらしい。

電話を終えた後、ネットで写真を探した。中村優子はスレンダーな美人だった。

あれは父の作り話ですね

二〇〇九年十二月。新宿駅からの高速バスを降りたボクは、富士山が見えるバスステーションで裕子を待っていた。ほどなく一台の軽自動車が近づいてきて、ボクの前で止まった。運転席の窓が開き、女性が顔を覗かせる。

「尾形さん、ですか？」

「はい。すいません、わざわざ」

「いえいえ、狭いんですけど、どうぞ。すぐ近くにジョナサンがあるんで」

助手席にボクを乗せて、車は動き出す。ハンドルを握る手の甲が赤いのは、寒さのせいか、それとも家事で作ったヒビ割れなのか。

「なんか、父は勘違いしてるんじゃないですかねぇ」

喫煙スペースのボックス席に腰を下ろすと、裕子は少し冷めたように笑いながら話し始めた。タバコはもうずいぶん前に止めたらしい。

「門間さんからコピーを送ってもらって読んだんですよ」

最初に熊本を取材し、記事に載せた裁判特集本のことだ。

「私が父とヨーロッパ旅行に行って、おまえは人殺しの娘なんだと言われたとか書いてあったじゃないですか。あれ、たぶん、父の作り話ですね」

は？

「確かに高校一年の夏休みに、二人でフランス、イギリス、イタリアと旅をしました。でも、私は単にベルサイユ宮殿が見たかっただけで、就職の相談なんか一切してません。高校一年で将来のことなど全く考えてなかったし、もし進路について聞かれても適当にしか答えてないはずです」

では、熊本が語った話は何だったのか。

「それまで父と出かけることなんか、ほとんどなかったから、よほどうれしかったんでしょうね。だから今でも記憶に残ってる。で、いつのまにか美しい話にすり替わってるんだと思います」

その美しい話を、ボクは聞きにきたつもりだった。長年の時間を経て今また結ばれようとしている父と娘の絆を確かめ、ホッコリした気分で帰るつもりでいた。

しかし、裕子の話を聞くにつれ、その願いは単なる幻想でしかなかったことがわかっていく。彼女が父と過ごした過去。それは、いまでも決してわだかまりが消えることのない、重く複雑な時間だったようだ。

幼いころから、熊本家にはある種独特の緊張感が流れていたと裕子は言う。

「よく言えば亭主関白ってことになるんだろうけど、とにかく、家の中では父が絶対でした。どこかに行くも行かないも、全て父の言うがまま。お父さんっていうより、家の偉い人って感じですかね。私はそのピリピリした感じがすごく嫌でした」

威張る父に、口答え一つせず従う母。どうして母は我慢しているんだろう。どうしてこんなに綺麗でオシャレで垢抜けた母が、ずんぐりむっくりな父と結婚したんだろう。裕子は子供心に不思議で仕方なかった。

「間違っても温かい家庭とは言えませんでした。でも、憧れはあったんだと思う。小学校のとき、友達がお父さんと手をつないで歩いてるって言ってたのが信じられなくて、一度真似してみたんですよ。けど、やっぱりなんか違ったなぁ」

少女のころの裕子には、酒を飲んでは暴れる父の姿しか残っていないという。

深夜、酔って帰ってきては母に怒鳴る。機嫌が悪ければ、テーブルをひっくり返し食器を破壊する。数少ない家族揃った夕食の場で、銀座のホステスの名前が出ることも珍しくなかった。

「イメージとしては父が一方的に吠えて、母が耐えてる感じですね。父はぜんぶ母に文句を言ってましたから。私や妹のことでも直接言わないで、ぜんぶ母。なんで普段ほとんど家にいない人から、そんなに怒られなきゃいけないんだって頭にきたけど、そこで私が怒ったら、逆に母が叱られる。その光景を見るのは絶対に嫌だから、父の前では常にいい子にしようと思ってました」

小学校五年くらいから、裕子は、母が早く父と離婚してくれないか、真剣に考えていたという。いや、遠い記憶をたどれば、浮かぶシーンはある。生まれて半年もたたない妹と自分を抱え、スーツケース一つで家を出ていこうとした母。でも、結局、みんなで家に戻った。あなたたちが高校を出るまでは何があっても我慢する。それから何年もたってから母は言ったけれど、あのとき別れていてくれたら……。裕子は母が気の毒で仕方なかった。

「とにかく、父はワケのわからないことでスイッチが入るんですよね。誰それはバカだとか、言っても仕方ないことですぐ怒る。今でも強烈に覚えてるのは、私が小学校六年か中一のころに大韓航空機が爆破される事件があって、そのとき父が、今すぐ防衛庁に電話しろって怒鳴りまくってたことですね。もう家中がパニックで、何が起きたのか全くわからなかった」

人を殺したから逮捕してくれ

裕子から聞く熊本の振る舞いには、精神の異常を窺わせる何かがある。

「父は、そうやって何でも袴田事件のせいにしたがるでしょ。自分の人生は、あの事件でめちゃくちゃになったと思ってる。でも、それは私からしたら都合が良すぎる。そんなドラマチックなもんじゃないですよ。母が別れた後に言ってましたけど、あの人はコンプレックスの塊だって。佐賀から出てきた田舎者の劣等感の裏返しなのか、銀座で俺は一晩に何十万使ったとか、どうだ俺はこんなに稼いでるからすごいだろとか、そんなことを自慢に思ってる。本当は単なる見栄っ張りで、弱くて、融通もきかない人間なのに」

己の弱さを認める勇気がなかったのか、虚勢を張って生きるしかなかったのか。いずれにせよ、酒に溺れ、妻に当たる家庭人失格の暮らしを送っていく中、熊本の心と体は確実に壊れていく。

「一度、警察から電話がかかってきたことがあって」

それは裕子が中学から高校に上がる春休み、熊本の事務所で伝票整理のアルバイトをしていたある日のこと。夕方、丸の内警察署から電話があった。熊本典道なる男性が、人を殺したから逮捕してくれと出頭している。本人から連絡先を聞いたが、心当たりはあるか？

「電話には事務所の人が出たんですけど、何のことかさっぱりわかんなかった。その後、父が普通に事務所に帰ってきて、何事もなかったように、妹の直子は何をしてるって、支離滅裂なことを言ってたのを覚えてます」

熊本が出頭した理由は一つしかない。恐らく警察では相手にされず、追い返されたのだろう。確かこの時期、熊本はパーキンソン病にかかっていたはず。その異常行動も病気によるものなのだろうか。

「私はうつ病だと聞きました。それまでも肝硬変で入院したことがあったし、よくわかりません。いずれにせよ、父はもう完全にキャパオーバーだったんだと思いますね」

キャパオーバーは、家族も同様だった。相変わらず、熊本は酒を飲んでは一方的に怒鳴り散らしていた。なだめると、さらに怒りが増す。押し黙る妻。怯える娘たち。もはや、家庭は崩壊したも同然だった。

こうして、妻はようやく離婚を決意する。実家に戻り、娘二人は自分で面倒をみよう。我慢すると心に決めていたが、結局は裕子の高校卒業より二年早かった。

家を出る前、裕子が父と最後に会ったのは入院先の病室だった。うつ病なのか肝硬変なのか。医者は分裂病（統合失調症）も疑っていた。

「とにかく、壊れかけていたのは間違いないでしょうね。でも、これが最後だからって、母と妹と一緒に挨拶に行きました。父は、すまないすまないって泣いてましたね。私は何の感情もわかず、ただホッとしました。これで、父から解放される。それが正直な感想です」

離婚にあたり、養育費や慰謝料は発生しなかった。四年前に購入した横浜の戸建てを売った金を折半することで話がついた。まだバブルの余波が残っていた時代。裕子が後に母に聞いたところによると、約一億円で買い手が見つかったらしい。

「本当は慰謝料を要求できたのかもしれない。母は父に暴力を振るわれたこともあったらしくて、それを日記に残してたんです。で、一度、弁護士に相談に行ったら、十分慰謝料の対象になるってアドバイスを受けたようなんですが、別れた後は関わりたくないから、一切金はいらないって。母はとにかく籍を抜きたかった。気持ちはよくわかります」

ちなみに、父が以前にも結婚しており、男の子がいることを裕子が初めて知ったのは、両親の離婚寸前のころだったという。

この後、熊本は鹿児島で弁護士事務所を開いていた旧友、和田久のもとに身を寄せる。和田のことは、裕子も幼いころ何度か父に連れられて行ったことがあり、よく知っていた。

「そこで、またやり直せばいいと思ってました。家を売ったお金が五千万はあったはずだし、当分それで暮らせますよね。でも、父はその後も現金書留で、私と妹に宛てて五万、十万と、母の実家に送ってきてた。大丈夫なの、無理しない方がいいんじゃない、って感じですよね」

書留には手紙も入っていた。上京することがあったら裕子と直子と会いたい――。母は、「どんなことがあっても、あの人があなたたちのお父さんだから、会いたいと言われたら会いなさい」とだけ言った。

「で、高校を卒業して、短大、社会人になってすぐのころまで、妹と一緒に何度か食事しました。父が言ってるから仕方なくって感じですね」

帝国ホテルの寿司屋など、会う場所はいつも分不相応な高級店だった。お父さんは何も変わっていない。思いながらも、裕子は気を使って話しかけるが、会話が盛り上がるはずもない。妹はただ黙々と食べていた。

「熊本裕子」では嫁ぎたくなかった

「父が上京したとき、たまに会う。そういう関係のままなら、それはそれで良かったのかもしれない。でも、やっぱり私は父が許せなかったんですよね」

短大を卒業後、就職して間もないある日、鹿児島の和田久から電話があった。熊本くんが倒れて入院している。自宅のアパートでもボヤ騒ぎを起こした。とにかくすぐに来てくれないか——。

裕子は母に断り、朝一番の飛行機で鹿児島に飛んだ。和田に案内され、父が住むアパートに足を運んだ。部屋はゴミ屋敷と化していた。

「それから病院に行って、父に会う前に、お医者さんから、肝硬変が悪化してて、あと二、三日の命かもしれないって言われました。さすがに気の毒になって病室を覗いたら、父はベッドの上でお酒を飲んでたんですよね。痩せてオムツまでしてる状態なのに、まだ飲んでた」

その傍らに、女性が付き添い、裕子に懇願するように言った。長女のあなたからもお酒を止めるように言ってください。見たことも聞いたこともない相手だった。

「主治医の先生からも、なんであなたじゃなくて長男の方が来ないんだって文句を言われるし。私は単に別れた母の娘というだけで、善意で来ているのに、だったら呼ばなきゃいいじゃない、あぁもう冗談じゃない、二度と関わりたくないって、そのとき心の底から思ったなぁ」

実際、その後、裕子は父に二度と会っていない。顔も見たくなかった。しかし、関係はなかなか断ち切れない。

ある日、父が電話をかけてきた。

——裕子、一緒に住まないか？——。

——母もいるのに何を言ってるの？——。

——あんなバカのことはいいんだよ——。

——自分が何を言ってるかわかってるの？　自分が今まで私たちに何をしてきたかわかってるの！　もう二度と電話もしてこないで！　お父さんがどうなろうと、私はどうでもいいから——。

電話を切った後、少し言い過ぎたと反省した。父が弱い人間だということはよく知っている。もし自殺でもしたらどうしよう。でも、本当のことだから仕方ない。その後、裕子は父に向け、手厳しい内容の手紙を書いたこともあったという。

裕子は、結婚する半年前、母と妹と一緒に熊本姓を捨てた。熊本姓ではどうしても嫁ぎたくなかった。

が、籍を抜いても、父は追ってくる。福岡の福祉事務所から届いた生活保護の扶養照会の封書。娘のあなたはお父さんの面倒を本当にみられないのか？　文面から、自分が熊本典道の娘であることを否が応でも知らされた。

「ちょうど妊娠してたところですね。父も行くところまで行ったなって思ったけど、自業自得だし、何の感情も持たずに、支援できませんって返しました」

扶養照会は、当時、青森にいた妹、直子のもとにも届いた。妹は高校卒業後、海外に留学したため、父とは連絡を取らなくなっていた。そんな自分の現在の居所が調べられたこと自体に戸惑いを覚えた直子は、返信すらしなかったという。

「鹿児島の病院で父に付き添っていた女の人から電話がかかってきたこともありました。父が、スナックの若い女の子に入れあげてる。同居している私の家にも火をつけた。もうどうしたらいいかわからない。とにかく酒を止めさせるのが一番だから、一緒に頑張りましょう、とかなんとか……。もう呆れてものも言えなかったなぁ」

嫌なことが起きなければいい。嫌なことに巻き込まれたくない。ずっと心の片隅で悩み悩まされていた裕子の前に、父、熊本典道が姿を現すのは、それから五年以上も後のことだ。

本気で死ぬ気なら人知れず死ねばいい

二〇〇七年二月二十六日、「報道ステーション」で父の名前がテロップで流れた。胸がざわついた。ついに、何かやらかしたんだろうか。食い入るように見るテレビ画面の中で、父は今まで裕子が聞いたこともない話をカメラの前で語っていた。

「そこで父が昔、裁判官だったってことを初めて知りました。もちろん、袴田事件のことも全く知らなかった。でも、最初は金目当てかなぁと思ったかな。実は、その直前にまた生活保護の扶養照会が届いてたし、そんな人がテレビに出て何を言ってるのかって。父は一を百にして言うような人だから、話半分に聞いとかないと。そういう癖が昔から付いちゃってるんですよね」

ただ、ほぼ十年ぶりに父の姿を見たこのとき、裕子の心はかなり揺れた。車を走らせ、ハンドルを握りながら涙がこぼれるのを堪《こら》えきれなかった。

「なんだろう……。父が、想像以上にみすぼらしかったからかなぁ。この十年で私が結婚したことも、子供を産んだことも知らない。このまま、父は老いて死んでいくのかな……とか、いろんな思いが込み上げてきちゃって」

二カ月後、息子を抱いた自分の写真を添えて、父に手紙を書いた。返事が届き、電話でも話をした。父は、ことばにならず、ただ泣いていた。

その嗚咽を聞いていると、また昔の記憶が蘇ってきた。父と過ごした、あの家、あの時間。それを思うと、裕子は泣けなかった。テレビがきっかけで、父とまた結びつきができたのは良かったのだろう。でも、私は感情には流されない。無意識のうちに心がバリアを張っていた。

一方、裕子には、殺人犯という汚名を着せられた袴田死刑囚が未だ獄中にいることを知ったこと

生まれて数カ月のころの裕子と父のツーショット。東京都目黒区青葉台の自宅にて。

も大きな衝撃だった（注・二〇一〇年）。父のこととは別に、この事件を知ってしまった以上、何もしないでいることはできなかった。裕子にもまた、許されざるものが何かを嗅ぎ分ける本能が培われていたようだ。

「それで、再審開始請求の署名を集めて門間さんの会に送りました。私が住んでいる地域は、わりと意識の高い人が多いんですよね」

その後、裕子はネットや雑誌で自分の父について語られている多くの記事を読む。が、そのたびに違和感を覚えた。ボクが書いた記事も例外ではなかった。

「問題提起としては、しっかりしたことを言ったんだろうとは思うけど、自分の人生を飾ってますよ、父は。何度も自殺を試みたって言ってるでしょ。でも、私からしたら、でも結局、死ねなかったじゃないって思っちゃう」

だったら最初から言うな、ということか。

「本気で死ぬ気なら、ノルウェーなんか行かなくて、人知れず手首を切って死ねばいい。でも、そんなことは、あの人に

七五三で訪れた明治神宮にて。裕子7歳、直子3歳。

は絶対できない。そもそも、なんでノルウェーに行く金があったんだって。いろいろ追い詰められて、死のうと思ったのは間違いないんだろうけど、父は自分の死さえも、人生の美しい一ページにしよう、ドラマチックにしようって考えてる。それが私にはどうしても見えちゃうんですよね」

裕子の言うことはよくわかる。父と十六歳まで一緒に暮らし、その後も様々な迷惑をかけられてきた娘だからこその思いだろう。

しかし、自分の父親が、自分の生まれる前から大きな問題を抱え、それを長年にわたって心の中に仕舞い込んできたことを知ってしまった娘から、そのことばを聞くと少々ドライにも感じる。

「かもしれないですね。子供を持つ母親じゃなかったら、また別の感情を持ってたかもしれないし、ここまで冷静になっていなかったかもしれません」

でも、自分には、本当に父のことがわからないと、裕子は言う。どこまで信用していいのか。どこまで本気なのか。父のプライドが高いぶん、余計にややこしいとこぼす。

「父も辛かったんだろうなと思いますよ。父にとっては事件が全てだったのかもしれない。でも私たち家族には違った。飲んで母に当たり散らして、それが事件のせいだって言われたら、私はとても納得できない。私も三十歳過ぎまで袴田さんのことを知らなかったけれど、だからと言って、いままでのことは無かったことに、なんてできないんですよ。当たり前だけど、こうやって家族が離ればなれになってしまったのは悲しいことだし……」

母は今年一月、ガンで死にました

裕子の父へのクールな語り口は、母のことも大きく影響しているようだ。

離婚後、まもなく母に悪性リンパ腫が見つかった。医者からは、再発したら一年もつか、はっきりしたことは言えないと非情な告知を受けた。

「私と妹からしたら、父との心労で母がガンになったと考えちゃう。だから、父が肝硬変になったと言われても普通に同情はできない。単なる酒の飲み過ぎじゃん、って。ただ、幸い母は長生きできて……」

別れた夫への恨み辛みは相当聞かされたに違いない。

「いや、意外にそうでもなかった。父がテレビに出てるときも知らせたんですけど、元気で良かったじゃないって言ってましたから。何があっても私たちの父親は熊本だって、しっかり思ってる人だったから。ただ、普段はこちらが聞かない限り、父のことは口にしませんでしたね」

「もしかしたら、お母さんは熊本さんが事件に関わってたことを知ってたんじゃないんですか」

「どうなんだろう。でも全然驚いた様子はなかったかなぁ」

「で、いま、お母さんは東京に一人で、いらっしゃるんですか」

「死にました……。今年の一月です。まだ父には知らせてません」

享年六十。死ぬにはまだ若すぎる年だった。

裕子は、最近になってようやく、母の死を冷静に受け止められるようになったという。

「それで、来年は父と向き合う年になるのかなと思ってますね」

わだかまりはある。生活の援助をする気もない。でも、袴田事件によって結びつきができたのも、また運命だと彼女は言う。

「今、女性の方とお暮らしになってることは？」

「門間さんから聞いて知ってます。父と一緒にいたい人がいれば、それでいいと思ってます。突き放してるように聞こえるかもしれないけど、十六年間しか一緒に過ごしていないのに、娘だからという理由で、面倒みなきゃいけないというのは、気持ち的に無理がある。私たちに代わって、その人が面倒をみてくださるなら、それに越したことはありません」

裕子には、母と別れた父が他の女性と暮らすことに特別な感情はない。あくまで本人の自由だと割り切っている。

「でも、その方への挨拶も含め、近々、父に会いに行こうと思ってるんです。あんなに父と距離を置いてた妹も、私が手紙を書いたって言ったら自分も書こうかなって。直子はいま、アメリカ人の男性と結婚して海外に住んでるんですけど、ひさしぶりに父に会いたいんじゃないかな」

会った方がいい。ぜひ会うべきだ。感動の再会とはならなくとも、そこからゆっくり氷を溶かしていけばいい。母が言ったように、何があっても、父と娘であることに変わりはないのだから。

「書いちゃいけないことありますか？」

自分なりに理解してるつもりだった〝熊本典道〟を、さらに破壊してくれた裕子の話に少なからず戸惑いを受けたボクは、念のため聞いた。

「そうだなぁ、特にないかなぁ……。ただ、父を美しく書くことだけは決してしないでください。これは美談じゃありませんから」

熊本を最初に取材した際、最後に聞かされたことばと同じフレーズが、いまのボクには全く違う意味をもって聞こえる。

「最後に外で写真を撮らせてもらっていいでしょうか。熊本さんから、裕子さんの写真を送ってくれるよう頼まれてまして」

「えー、なんかヤダなぁ。前に送ったのじゃダメなのかなぁ」

恥ずかしがりながらもデジカメの前に立ってくれた長女の写真は、それから数日後、はがきプリントにして熊本へ送り届けた。

VII
旧友

優秀で回転の速い男

二〇一〇年二月。東京都千代田区富士見。受験シーズンも終わりとあってか、法政大学の市ケ谷《いちがや》キャンパスは閑散としていた。

母校を訪れるのは、卒業以来だ。学生当時入り浸っていた〝学館〟はすでに無く、代わりに三十階はあろうかという高層タワーの校舎がそびえ立っていた。

ブラスバンドの練習中らしき女子学生の間を抜け、旧い建物に足を踏み入れる。事前に教えられた部屋番号は……。今一度メモを確認してから、ドアを叩いた。

「熊本くんは元気なの？」

法律関係の書物や資料で埋め尽くされたその部屋の主は、開口一番言った。

法政大学法科大学院教授、木谷明、七十二歳。熊本の司法修習同期同クラスで、東京地裁の刑事第十四部（令状専門部）でも机を並べた人物だ。

熊本は、支援者、弁護団ら袴田事件の関係者に初めて接触した際、本人確認の書類として、木谷から届いた私信はがきを提出している。取材中も木谷明の名前は、熊本の口から何度も出た。同期のクラスメートであり元同僚。木谷なら、また新たな熊本典道を語ってくれるかもしれない。

「確かに何度かはがきを出したけど、彼はなかなか居所がわからなくてねぇ」

「ここ十年はずっと福岡にいらっしゃいます」

新たに判明した事実を加えた、熊本の人生年表を木谷に見せる。

「……そうそう、結婚式は二度とも出席した。最初は、判事補になって二年目でしょ。裁判官には二年目研修というのがあって、そこでも熊本くんと一緒の班になってね。彼が夜、宿泊先の旅館の公衆電話からフィアンセに長電話してたのを覚えてますよ。司法研修所の弁護教官だった菅野勘助先生の紹介で結婚したんだよね」

木谷は修習時代、熊本が多くの教官と難しい議論を交わしていたのをよく記憶している。

「とにかく熊本くんは優秀で頭の回転も速かった。僕程度の頭では、彼の議論はなかなか理解できなかったね」

これまで聞いた話から想像するに、東京地裁時代の熊本は、型破りな裁判官だった印象を受ける。裁判官会議で仕事の責任の重さが同じなのに給料に差があることの不公平さを訴えたり、勾留請求を三割却下し検察に睨まれたり。木谷の目にも、熊本は大胆な男に映っていたのだろうか。

「裁判官会議のことは記憶にないけれど、勾留請求の却下に関しては、彼は今で言うとイチロー並みの打率を誇ってたね。僕は、やっと一割から二割の間くらいかな」

修習を終えたばかりの〝少年兵〟が、検察からの勾留請求を判断する。かなり乱暴な話だが、熊本が言っていたように、それは誰に教えられるわけでもなく、全て自分の判断しだい、すなわち「オン・ザ・ジョブ・トレーニング」だったと木谷も口を揃える。

「熊本くんは、あくまで法律に忠実にやったまで。証拠隠滅や逃亡の恐れを厳格に解釈していた。僕もそこは基本的には同じだけど、打率にかなり開きがあるよね。なにせ、判断に迷って彼に相談に行くと、だいたい却下の意見だったから」

ちなみに、木谷は後に東京高裁の裁判長として担当した東電ＯＬ殺人事件（九七年、東京・渋谷のアパートで東京電力の女性社員が殺害された事件）の控訴審で、一審で無罪となり釈放されて入国管理局に身柄を移されていた（出入国管理法違反の罪で有罪判決が確定していた）ネパール国籍の被告人を勾留するのは不当として、検察から職権による勾留を求められたのに対して「職権を発動せず」、被告人を勾留しない判断をした。木谷が判断を求められた段階では、検察官から控訴の申し立てがあっただけで、事件記録はまだ地裁から高裁へ送付されていなかった。木谷は、こういう段階で高裁に勾留状発付の権限がないことは、刑訴規則に照らし明らかだと判断したのだ。その翌月、木谷は健康上の理由で依願退官する。検察官は、その後地裁からの記録送付を待って再度職権発動を求め、高裁の他の裁判長が勾留状を発付することになったのだが、このとき木谷が下した決定は、まさに〝法律に忠実〟な判断だったと言っていいだろう。

俺に話をさせてくれ、五分で済むから

半年間の令状専門部勤務の後、熊本と木谷はともに公判部へ。それぞれ刑事第二部と刑事第六部に配属となった。同じ東京地裁とはいえ、部が違えば話す機会も減る。当時、木谷は神奈川県の平《ひら》塚《つか》から通っていたこともあり、交流はほとんどなかったという。

「その後、彼が白河から静岡に移ったことは知ってましたよ。同期の人間がどこに異動になったかは気にかけてるもんでね。ただ、熊本くんが袴田事件の担当だったのを聞いたのは、ずっと後です。なぜ、裁判官を辞めたのかも聞いてなかったね」

時々開かれる同窓会などを除き、初めて個人的に熊本と飲んだのは、木谷が大阪高裁にいた八四年。弁護士になっていた熊本が出張で関西に出向いた際、後に最高裁判事となる同じくクラスメートの滝井《たきい》繁男《しげお》も交え、何度か同期の酒を酌みかわしたという。

「当時、熊本くんは医療過誤事件の代理人をやってて、とにかく羽振りが良かった。その後、僕が東京のクラス会に出たときには、裁判官の給料ではとても行けないような赤坂の高級クラブに連れてってくれたりね。確か、帰りは車で自宅まで送り届けてくれたんじゃなかったかな」

弁護士として成功した熊本が、その一方で、重い過去を引きずっていたことなど、木谷は知るよしもなかった。

二〇〇二年、やはり同期で同じクラスだった上田《うえだ》豊三《とよぞう》の最高裁判事就任を祝う会が東京で開かれた。懐かしい旧友の顔が数多く揃う中、熊本の姿もそこにあった。

「体調を悪くして東京を引き払った後、鹿児島に行ったという噂は聞いてたんだけど、その後、同期の連中にも熊本くんの所在がわからなくなってね。このときは、どうにか調べて案内を出したんじゃないかな」

十八年ぶりに再会した熊本は、体が痩せ、木谷の目に、いかにも調子が悪そうに映った。宴の後半、熊本が唐突に口を開いた。

――俺に話をさせてくれ、五分で済むから――。

場にそぐわない空気が流れるのを無視して、熊本は語り出す。

――袴田事件は無罪と確信していた。自分は非常に辛い。長い間、胸に突き刺さって今日まできている――。


「要約すると、そういうことなんだけど、二十分近く話してたね。聞いてた人間の大半は、発言の意味を取りかねたと思いますよ。話があっちこっち飛ぶし、そもそも彼が袴田事件を担当したことも、一部の人間しか知らないわけだから」

もっとも、木谷にはわかっていた。最高裁の調査官を務めていたころ、以前、静岡地裁に赴任していた先輩の裁判官から、熊本が袴田事件の主任裁判官だったことを聞かされていた。

自白調書を一通だけ採用して死刑判決。袴田事件は、木谷にとっても明らかに不自然だった。もしかしたら、熊本一人が反対で、他二人に押し切られたのかもしれない。ぼんやり想像はしていたが、本人の口から聞くのは、このときが初めてだった。


「その後、熊本さんが公に発表されたのを知って、どんな印象を持たれました?」

「思い切ったことをやった。そんな感じかな。普通は言わないよね」

いくら評議で敗れたからといって、その内容を、裁判官が世間に発表することはまずない。が、しかし、熊本の気持ちはわかりすぎるほどわかると、木谷は言う。

「裁判官は三人いるんだから、いつも一緒の意見なんてありえないし。同じだったら意味がない。時には意にそぐわない判決を書かなきゃいけないこともある。ただ、これは相当なストレスです。

しかも熊本くんの場合は、死刑判決だよね。当時三十歳で、先輩に囲まれてる中、一人だけ反対してたわけだから、生やさしい状況じゃない。彼が長年思い悩んでいたことは十分理解できるね」

実は木谷も同じころに、熊本と同じような経験をしていた。

札幌高裁の判事補だった一九七〇年、三十二歳のとき、一つの事件に遭遇した。

白鳥《しらとり》事件。五二（昭和二十七）年、札幌市警本部の白鳥一雄《かずお》警部の射殺を指示したとして、共産党の地区委員長だった男性が逮捕された事件で、六三年に最高裁で懲役二十年が確定する。しかし男性はその後も無罪を主張し再審請求をしていた。六九年、札幌高裁の決定は請求棄却。男性は直ちに同高裁に異議を申し立て、木谷がいた他の部に再審開始か否かの判断が委ねられた。

木谷は五十冊を超す記録を読み、警察の捜査に疑いを持つ。唯一の物証とされたピストルの試射弾丸（犯行に使ったという拳銃と同じ拳銃で試射訓練をしたという弾丸）は、十九カ月後に一発、二十七カ月後にさらに一発、合計二発が郊外の山中から発見されたとされていた。それなのに、二発とも腐食がほとんどない。警察の捏造ではないか。新たな鑑定書もそれを物語っていた。

木谷は、先輩二人に審理のやり直しを必死に訴える。が、聞き入れてもらえなかった。当時、再審は、真犯人が現れるなど、完全に確定判決を覆すだけの証拠・証言が出た場合でないと開始できないと考えられていた。男性はその後、最高裁に特別抗告する。

最高裁が特別抗告を棄却したのはその五年後、七五年のことだ。一方で、〝疑わしきは被告人の利益に〟という刑事裁判の原則を再審にも適用とするとの画期的な判断も下した。

この、いわゆる「白鳥決定」と呼ばれる新たな基準を根拠に、免田事件、財田川事件、松山事件、島田事件（62頁参照）も再審が始まり、無罪となった。ならば、疑わしきことだらけの袴田事件も裁判のやり直しがあってしかるべきなのだが。

何が二人の人生を変えたのか？

先輩裁判官二人を敵に回して一人で反対意見を主張する。人の命、尊厳に関わる重要問題である。しかし、決定は多数決。札幌高裁での審理が「自分の実力不足だった」と悔いる木谷は、袴田事件で敗れた熊本そのものである。

ただ、熊本は後にその過ちを世間に公にし、多くの報道陣の前で謝罪した。足利事件の再審開始が決定した際、テレビリポーターの突撃取材に「当時としては、最善を尽くした。あの事件で一番いけないのは被告人が公判で認めたからだ」と答えた最高裁の裁判長に比較したら、その行動は極めて良心的と言っていい。

「その時点で全力を尽くしたとしても、間違った判断をしてもいいことにはならないよね。その時点でも、必ず有罪の証拠があり、無罪の証拠がある。そこで、シロの証拠を軽く見て、クロの方を重視した結果、誤った判断をしたのなら、裁判官は反省すべきだし謝るべきだと、僕は思いますよ」

木谷の言うとおり、熊本は嗚咽しながら己で書いた判決を詫びた。木谷にも未だに後悔はある。が、二人の決定的な違いは、その後の人生だ。

木谷は、白鳥事件をきっかけに、証拠を厳しく吟味した上、以後三十件もの無罪判決を出している。周防正行《すおまさゆき》監督が痴漢冤罪をテーマにした映画「それでもボクはやってない」を製作する際には、木谷の著書『刑事裁判の心』（法律文化社刊）にヒントを得たとも言われている。

片や、熊本は袴田事件をきっかけに、酒に溺れ、精神と肉体を病み、家族を捨てた。地位も名誉も無くし、自殺まで思い立った。島内和子に助けられるまではホームレス同然にまで落ちている。たとえ事件が人の生き死にに関わる問題だったにせよ、同じ良心を持った人間として、二人の元裁判官が辿った道はあまりに差が大きい。


長女の裕子は、父はもともと裁判官に向いてなかったと言った。同じ屋根の下で暮らした娘は、父の弱さをわかっていた。では、木谷が強かったかと言えばそうとも思えない。

「裁判官をやっているとね、おもしろくないことがいっぱいあるんですよ。あって当然です。でも、それを裁判官はため込むしかない。因果な仕事です」

「娘さんは、父がそこまで転落したのは事件のせいばかりじゃないとおっしゃってますが」

「熊本くんにも問題があったんでしょう。でも、無実だと思いながら死刑判決文を書くというのは並大抵のことではない。これは、彼じゃなくても深刻に悩むだろうね」

「木谷さんは、仕事の愚痴をご家族におっしゃったりとか？」

「僕は女房に聞いてもらってたね。女房くらいしか愚痴をこぼせる人間はいないから」

熊本は、その女房にすら、自分の苦しみを打ち明けることができなかった。家庭にその環境を作ったのは己の責任なのかもしれないのに、ひたすら酒に逃げ、溺れた。

木谷は、なぜ熊本が自分の名を度々出したのか不思議だと言う。

「同期ではあったけど、個人的に特別親しいという間柄ではなかったからね。プライベートなこともほとんど話さなかったし。ただ、刑事裁判のあり方に関する基本的な見方、考え方は完全に一致していたと思う。そういう点で、僕に特別の親近感を抱いてくれたのかもしれないな」

ボクには想像がつく。熊本は木谷に、自分の理想を見ていたのだ。

その後の人生や、現在の立場の違いは関係ない。

「自分が最も嫌いな人の人権を守ってこそ、初めて権利を守るということになる」という、若き日にアール・ウォーレンに教えられた〝裁判官の使命〟を実践する数少ない判事として、熊本は長年、木谷に敬意を持っていたに違いない。

〈お～い、熊本、おまえ生きてるかぁ?〉

木谷から届いた何でもないハガキを大事に持ち、それを本人証明の代わりとして提出した熊本。裁判官としてスタートラインに立ったころ、二人の志には何の違いもなかったのだ。

大正十四年生まれの現役弁護士

もう一人、話を聞いておくべき人物がいる。熊本が感謝してもしきれないという、修習同期生の和田久だ。

和田は、東京で何もかも捨てた熊本を自分のもとに引き取り、五年にわたり面倒をみてやっている。その間のことは熊本はなかなか語りたがらないが、和田だけには、自分の苦しみを吐露していたのではなかろうか。事務所を去った後も、和田とはずっと親交が続いていたのではないのだろうか。

都落ちした後の熊本の生活もさることながら、それを支えた和田久という人間にボクは会ってみたい。熊本が今も心の兄貴と慕うワダキューとは、どんな男なのだろう。


二〇一〇年二月十八日、生まれて初めて訪れた鹿児島は、冬の終わりにしてはうららかな陽気だった。人も車も、街の空気も、ゆっくり流れている気がする。

鹿児島市山下町。かごしま県民交流センターの前で、穏やかな南国の風景を眺めていたボクのもとに、坊主頭の中年男性が近づいてきた。事前の電話で、和田が「迎えに行かせる」と言っていた、事務所の方だろう。

「船元《ふなもと》と言います」

「尾形です。わざわざありがとうございます」

「今日は、東京からいらしたんですか?」

船元に案内され、交流センターの敷地を歩く。

「ええ、熊本さんの件で、ぜひ和田さんに話を聞きたいと」

「熊本先生はもう十年ほど見えておられんですかねぇ」

「船元さんも、その時期、事務所にいらしてたんですか」

「ええ、私は長いですから」

司法書士の船元一《はじめ》は、和田と同じ阿久根市出身で、大学を卒業した八五年から和田のもとで働いているらしい。彼もまた、熊本を知る男の一人ということになるのだろう。

和田法律事務所は、交流センターから歩いて三分足らずの路地の一角に建っていた。船元の話では、和田は六四年から独立弁護士となり、以前の事務所もすぐ近所にあったという。

「先生は二階の奥におられますから」

言われたとおり階段を上り、廊下を突き当たった部屋のドアを叩く。ほどなく、中から、よく聞き取れない、くぐもったような声がした。

和田久は、背広姿でソファに座っていた。大正十四年生まれの現役弁護士。想像していた厳《いか》つい外見にはあらず、柔和な表情で、佇まいもいたって柔らかだ。

「まぁ、そこに」

和田が、対面のソファに座るよう勧めてくれる。その声がこもり、しわがれている。取材依頼の電話をかけた際にも感じたが、本人と直《じか》に話しても聞きづらいことに変わりはないようだ。

「熊本くんは元気かね？」

木谷と同じ質問が、和田の口からも出た。ということは、もう久しく顔を合わせていないのか。

「彼がここを出てからは会ってない。時々電話で話したくらいで」

「事件のことはおっしゃってました？」

「いやいや、そんな話は……。彼が袴田事件を担当してたなんて、一度も聞いたことはないよ」

熊本は、この唯一無二の親友とも言うべき和田にも打ち明けていなかった。

「それで、熊本くんは元気なのか？」

「ええ、今、福岡で女性の方と一緒にいらっしゃいます」

「二番目の奥さんはどうしたね？」

「娘さんの話だと、去年の初めにお亡くなりになったそうです」

「そう……か……」

ボクの顔を見て熊本の近況を尋ねていた和田の視線が、少し横に逸れた。

できるだけのことはしてやろう

一九六一年、和田は、福岡の実務修習で熊本と知り合った。熊本が語った、修習生歓迎会でのエピソードはもう和田の記憶にはないが、ウマが合い、週に二、三回は酒に付き合わせたという。熊本は真面目で勉強熱心だった。志を持った熱い男だった。ために、熊本が裁判官を辞めると知ったとき、和田は少し意外な印象を覚えた。

しかし、退官の理由は深く聞いていない。裁判所の、とらわれた生活より、自由な弁護士の方が良いと考えたのだろう。その程度の理解だった。

和田は、仕事で上京するたび、熊本と酒を飲んだ。二度目の結婚式にも出席した。一時期、東京の大学を出て司法試験合格を目指していた息子を、熊本に面倒みてもらっていたこともある。

個人的な付き合いばかりでなく、仕事でも関わった。八〇年ごろ、和田が顧問を務めていた鹿児島ドックなる造船会社が倒産した。和田は、その破産管財人の代理として、熊本を鹿児島に呼んだ。信頼できる友であり、優秀な弁護士だと思ったからだ。果たして、熊本は見事に会社を立ち直らせ、和田の期待に応えた。

変な噂を聞くようになったのは、元号が平成に変わって一、二年が過ぎたころだ。

「彼が弁護士として担当していた事案で、裁判所に行かなきゃいかん日に、本人が来ないらしいんだよ。同期の連中から電話がかかってきて、僕も心配で連絡したんだけど、本人は、いやー行きましたよ、大丈夫です、なんて言ってる。何かおかしいなという感じはあったな」

すでに、熊本には幻覚が見え、幻聴が聞こえていた。和田が熊本の深刻な状態を知るのは、その後まもなく上京して本人に会ったときだ。このとき、熊本家では離婚話が持ち上がっていた。

「どんな様子でした?」

「心身ともに弱ってた。見るからにおかしいし、仕事も家庭も続けられる状態じゃなかったね」

「理由はお聞きになりました?」

「そんなの聞いても仕方ないよ。本人もわかってないんだから」

熊本に頼まれ、離婚届の保証人になった。しばらく俺のところでのんびりしたらどうだ、と声をかけた。

「それが平成二年、一九九〇年の四月だと熊本さんはおっしゃってます」

「いや、どうだったかな。平成三年だったんじゃなかったかな。ちょっと待って」

和田がゆっくり立ち上がり、おぼつかない足どりでデスクの電話を取る。その隣では、三十代前半の弁護士が流暢《りゅうちょう》に、依頼者からの相談と思しき電話に受け答えしている。

受話器を置いた和田がボクの前に戻ってくる前に、船元が部屋に現れた。

「ほら、熊本くんはいつここに来た?」

ゆっくりソファに腰を下ろした和田が、立ったままの船元に聞く。

「平成三年ですね。それから五年おらしたですよ」

「間違いない？」

「ええ、そこははっきりしてます」

どうやら、熊本は鹿児島に渡ってから和田の事務所を去るまでの時期を一年、勘違いしていたようだ。

「病院に通いながら法律相談をなさってたと聞いてますが」

「いや、熊本くんはほとんど何もしとらんよ。事務所で本を読んだり、ぷらっと出ていったり」

それでも和田は、熊本に給料を払い、アパートを借りてやった。

「なぜ、そこまで？　ろくに仕事もされなかったんですよね」

「いや、そんなことはあんまり考えんですよ。本人がまた元気になってくれりゃあいい。それだけだよ」

昔、熊本が自分に優しくしてくれたという思いがあるからだと和田は言う。恩返しということなのだろうか。にしても、和田の心遣いは、並大抵の気持ちでできることではない。

「そんな大げさな話じゃないけど、できるだけのことはしてやろうと思った。彼は体調が良くなかったからな。確か、大腸ガンもやっとるだろ？」

話を聞いていた船元に、和田が尋ねる。

「ですね。なんか薬の量を間違えて飲まれて、それで病院に行って検査したらわかったんじゃなかったんですかね」

船元の話によると、手術で腫瘍は取ったものの、その後また肝硬変を患い、ひどい黄疸《おうだん》が出ていたらしい。

「普通なら、とっくに死んどるよ」

和田がこもった声で呟いた。


「長女の裕子さんが、一度、和田さんからの電話で、鹿児島を訪ねたことがあるとおっしゃってます。何かアパートでボヤ騒ぎがあったとか」

「そんなことは、しょっちゅうやった。とにかく熊本くんの生活は荒れに荒れとったから」

当時住んでいた部屋は足の踏み場もない状態だった。タバコや蚊取り線香で火を出すこともしばしば。さらには、飲み食いしてお金を払わず、トラブルになったこともあったという。

「生活を改善するように何度も言ったんだよ。でも、変わらなかったな……」

なぜ、熊本が自分のもとを去ったのかは、和田にもわからないという。面倒がみきれなくなったわけじゃない。事務所でトラブルがあったわけでもない。

「何だろうな……イヤになったのかなぁ」

首をひねる和田に、船元は「独りでやってみようと思われたんじゃないですかね」と言う。事実、この後、熊本は出水市《いずみ》で弁護士事務所を開こうとしている。が、それも結局のところ、話は立ち消えになったと聞いた。

「熊本さんによると、和田さんのところをお辞めになった時点で、弁護士登録を抹消したことになってるんですが」

「いやー出水に行ったころは、まだ登録しとったはずだろ。抹消したのはその後じゃないかね」

いずれにしろ、仕事ができる状態じゃなかったと和田は言う。俺のところで、もうしばらく甘えてれば良かった、出ていく必要はなかったとも言う。

それでも、熊本は和田から去っていった。旧友に頼り切った自分が許せなかったのか。それがプライドというやつか。


熊本が何度も口にした「どうでもいい」ということばが頭をよぎる。その捨て鉢なフレーズの奥底にボクは袴田事件が見える。いや、必死になって見ようとしている。根源に事件があったと考えなければ、人格破綻とでも言うべきこの状態はとても理解できない。

「それは、僕にもわからんよ。自分にはわからない苦しみがあったのかもしれん。でも、そこまでの重荷を背負っていたのなら、なんで言ってくれんかったかなぁ……」

もう十年以上会っていない旧友のことを思い、和田はゆっくり下を向いた。

僕が彼に酒を教えなければよかった

「行こう」

話を聞き終え、御礼を述べてから席を立つボクに、和田が声をかけた。

行こう？

「先生は、食事に行こうと言っとられるんですよ」

船元が、和田のことばに、情報を付け足し説明してくれる。

「やる方かね？」

酒が飲めるってことか。飲めますよ、大いに飲めます。

「そうか。それならいい」

和田は柔和な顔をさらに柔らかくして、ゆっくり立ち上がった。

タクシーが向かった先は、鹿児島産の黒牛・黒豚のしゃぶしゃぶ、ステーキを食わせる「華蓮《かれん》」という店だった。従業員が「先生、いらっしゃいませ」と挨拶している様子からして、和田はかなりの常連のようだ。

すでに個室が用意されていた。どうやら、和田はボクをもてなしてくれるらしい。御礼をすべきはこちらの方なのに、気を使わせ申し訳ない気分だ。

「熊本くんは、今でも飲んでるのかね？」

「前立腺ガンがわかってから控えてらっしゃるようなんですが……」

「酒はほどほどに飲むのが難しいよな。時に、今一緒にいるのはどんな女性なんだ？」

和田は、熊本のことばかり聞いた。よほど気になっているのだろう。

初めて耳にする話も多いに違いない。特に長男や長女が語った話は、熊本のことを気にかけてきた和田にとって胸が痛いはずだ。が、和田は表情を変えるでもなく、黙ってボクの話を聞いている。

三十分ほどして、船元が、恰幅《かっぷく》のいい背広姿の男性と一緒に現れた。歳は六十代後半だろうか。男性が名刺を差し出す。

『鹿児島ドック鉄工株式会社　代表取締役社長　伊地知満雄《いじちみつお》』

和田の話に出てきた、熊本が破産管財人代理を務めた会社の社長さんである。

「昭和五十四年にウチは一度倒産したんです。そんとき熊本先生に助けてもらいましてね。今まで、僕らが生きてこられたのも先生のおかげですよ」

そうか。和田は、ボクのために、熊本の過去を知る人間をわざわざ、場に呼んでくれたのか。

「なんか、熊本さんの本を書かれるちゅう話を聞きまして。どんな本になるんですか」

伊地知のストレートな問いに答える代わりに、ボクはこれまでの経緯を正直に話した。

最初は、過去の過ちを公の前で謝罪した熊本に感動を覚えたこと。それが周囲を取材するうち、印象が変わってきたこと。今では逆に熊本のだらしなさや無責任さばかりが自分の中でクローズアップされていること。結末はまだわからないが、洗いざらい書くつもりでいること――。最後に、間違っても美談にするつもりはないとも付け加えた。


「熊本くんが可哀相だよ」

和田がしんみり口を開いた。

「僕が若いとき、酒を教えたんがいかんかった。酒を飲んだこともない人間に飲ませることはなかったなぁ」

「それは和田先生のせいやないですよ」

「仕方ないですよ」

伊地知も船元も言うように、和田には何の責任もないだろう。全ては熊本の自業自得。その根源に袴田事件があるにせよ、酒に溺れ転落したのは本人の問題なのだ。

「先生がテレビに出られたときは、うちの社員もびっくりしとったもんなぁ。袴田事件のことも知らんかったし、熊本先生がそれに関係しとられたなんて、一言も、なぁ？」

「ですよ。和田先生にもおっしゃってなかったんですから」

「しゃべりたくなかったのか、しゃべれんかったのか。尾形さん、どっちなんです？」

伊地知に聞かれてもボクにはわからない。ただ、もう少し早くその機会があれば、事件は違う展開になっていたかもしれない。

「いや、彼はどうしようもなかったんだよ」

和田が、ボクを諫《いさ》めるように言う。

「熊本くんを責めてやるな。無罪と思っていたと心証を語ったんだから、それで十分だろう。期待する方がおかしい。そーっとしておいてやれよ」


ボクは今まで、熊本典道という人間を知るため、多くの関係者に話を聞いてきた。良い話もあった。が、一方で、誰もが熊本に冷ややかな印象を持っていたことも否めない。勇気ある告白をしたことは評価するが、人としてはいかがなものか。程度の差こそあれ、みな似たようなニュアンスをことばに含んだ。

しかし、和田だけは違う。熊本の褒められない一面をわかった上で、この人は全部受け止めている。事件があろうがなかろうが、和田にとっては関係ない。友人だから守ってやる。周りがどんなにあいつのことを悪く言おうが、俺だけは味方になってやる。その思いに全くブレがない。それを説明することばは「友情」以外にない。

〝てげてげ〟に頼む

肉がじゅーじゅー音を立てて焼けている。焼酎がよく進む。ダメだ。酔ってきた。こんなに美味《うま》い酒を飲まされたら、ひとたまりもない。

いや、酒のせいじゃない。和田の俠気《おとこぎ》にひとたまりもなくやられているのだ。熊本も、ここにいる船元も伊地知も、全てを包み込むような和田の器の大きさ、その人柄に魅了されてきたのだ。

「こうして熊本さんを通じて、尾形さんに会うのも何かの縁ですよ」

船元のことばに、和田が続ける。

「僕は熊本くんの近況を聞けるのがうれしいんだよ。いろんな人に世話になってる。それで、今も何とか生きてる。うれしいよ、僕は。君だって、なんか面倒をみてくれたのかもしれんしな。今後とも彼のことをよろしく頼むよ」

「だから、先生は、こうやって一席設けたんですよ」と伊地知。

ボクは何も面倒などみていない。逆に探ってる方だ。そんな男を美味い酒と食事で接待してくれた。ただただ頭が下がる。

伊地知は言う。

「和田先生は熊本さんに特別の思い入れがあるんですよ」

「そりゃあ、あるよ。あれのことをわかってるのは俺しかおらんやろうし、僕のことをわかっているのも彼しかおらん」

「怒る人も先生しかおらんでしょ。熊本さんが甘えたのか、和田先生が甘やかしたのかは別にして、お二人はそんな関係やないですか」

「ただ、酒を教えたのは僕の責任だよ……」

和田が改めて言う。

「そんなに強くもない男に飲ませて、あの事件で浴びるように飲むようになったのかもしれん。……わからん、本当のことはわからんけどね……」

まるで後に熊本の人生が破綻したのも、自分の責任だったかのような口調だ。熊本が兄貴と慕うように、和田にとっても熊本は実の弟のような存在なのだろう。

「僕は若いころ、いくら首があっても足りないほど、いろんな修羅場をくぐってきた。それで仕方なく弁護士になったんだよ。生きてれば、仕方のないことはいっぱいあるよ」

でも、熊本には、その一回の修羅場が耐えられなかった。伊地知は、それも熊本の生真面目さゆえだろうと言う。

「ウチの会社がお世話になってるとき、一度計算ミスをされたことがあって、相当落ち込んどられましたから」

「僕も覚えてますよ。涙を流しとられましたからね」

司法試験をトップで通った自分。何でも一番じゃないと気がすまない自分。そんな人間にミスは許されない。相当な無理をしたんだろうと、和田は言う。

「鹿児島のことばで〝てげてげ〟っていうのがあるんですよ。知っとられますか？」

伊地知がボクに聞く。何ですか、てげてげって？

「ほどほどに、ちゅう意味です。人間、何でも、ほどほどがいいんですよ。熊本さんは、てげてげにやることができんかったんですよ」

なるほど。頷くボクに今度は和田が言う。

「熊本くんについて、どんな風に書こうが君の好きにすればいい。でも、僕は彼の晩年を汚したくない。いささかの愛情を持って書いてやってほしい。これは僕からのお願いだ」

「先生は、てげてげに頼むって言うとられるんですよ。それで、もし本が売れたら、その儲けを僅かでも熊本さんにあげてやってくださいよ。熊本先生をいじめちゃいかんですよ」

相当、アルコールが入っていたせいもあるのだろう。和田と伊地知のことばを聞いて、ボクは涙がこぼれそうになっていた。

熊本さん、あんたはなんて心優しい人に囲まれて生きてきたんだ。和田はもちろん、伊地知も船元も、あんたに向ける目線は限りなく温かい。こんな財産、持とうと思っても持てるもんじゃないよ。

「今から熊本さんに電話をしましょう！」

感情的にボクは叫んでいた。

「いやいや、和田先生と熊本さんがお会いになったとき、ゆっくり話をされればいいですよ」

「そう、会って話をせんといかん」

伊地知と船元の言うとおりだ。会った方がいい。和田と熊本は、ボクには想像もできない固い絆で結ばれている。電話じゃなくて、お互い顔を見て友情を確認しあうのが一番だ。それこそ、〝てげてげ〟じゃなく、とことんやればいいだろう。


翌朝、二日酔いの頭にシャワーの熱い湯を浴びせながら、冷静に考えた。

やはり〝てげてげ〟にはできない。熊本典道という生き様を、ほどほどに書くのは無理だ。なぜなら、すでにボクは、あまりに多くのことを知りすぎてしまったから。そして、それは〝てげてげ〟が通用するほど、生やさしいものじゃないから。

すいません、和田さん。

Ⅷ
再生

真の贖罪《しょくざい》の道

同居中の女性、支援者、長男、長女、司法修習同期生。

無罪の心証を持ちながら死刑判決文を書いた元裁判官の半生を、本人はもちろん関わった多くの人々を訪ね歩くことで、ボクは明らかにしようとしてきた。

特にこだわったのは、袴田事件が熊本の後の半生にどれほどの影を落としたかだ。酒に溺れ、家族と離散し、自殺未遂を繰り返すまでに至った原因が事件にあったのか否か。

熊本は「人を殺した人間がおめおめと生きていていいのか」という良心の呵責が始終、体を支配していたと言った。ただ、幻聴や幻覚が起き心身を病んでいった背景に、事件の影響があるのか自分でもわからないとも語った。

ある人は、事件は関係ない、あくまで本人の問題だという。ある人は、過去の過ちに対する悔恨の情が熊本の人生を狂わせたという。

ボクには、正直よくわからない。端緒が袴田事件にあったことに何の疑いもないが、それが後に人生を破綻させるまでの影響をもたらしたかどうかは答えられない。

そもそも熊本自身がよくわからないと言う転落の要因が、他人のボクにわかろうはずもない。というより、取材を一通り終えたいま、それを突き止めること自体にさほど意味がないのかもしれないとも考えるようになった。
確かなのは、意にそぐわぬ判決を出した熊本が裁判官の職を辞し、四十年弱を経た後に、世間に合議の内容を告白、謝罪したという事実だけ。そこに至るまでの紆余曲折がどうであれ、冤罪の疑いが濃い袴田事件の元主任裁判官が過ちを認めた、ただその一点だけで熊本は評価されていいのかもしれない。

二〇一〇年二月十四日、NHK教育テレビで「裁判員へ～元死刑囚・免田栄《さかえ》の旅～」と名づけられたETV特集が放送された。
番組の中で免田は、同じく再審により無罪釈放となった足利事件の菅家利和と、自分たちを真犯人と断定した検察・裁判官に関して、こんな会話を交わしている。
免田「彼らの社会には、人間的な反省というものがない。私は（無罪となって）社会に出てから、一審の検察官や裁判官に会いに行ったけれども、今さら批判するなと言われました」
菅家「そのとおりです。全く反省がない」
免田「一言、謝罪があってもいいと思います」
菅家「私は、元の体にして返せと言いたい」
放送の影響もあったのだろうか。それから一カ月後、宇都宮地裁の裁判長は、菅家に対し正式に無罪判決を言い渡した後、「十七年半もの長きにわたり自由を奪う結果となり、申し訳なく思っています。二度とこのようなことを起こしてはならないという思いを強くしました」と異例ともいうべき謝罪のことばを口にし、他二人の裁判官と共に深々と頭を下げている。

無罪が明らかになった後とはいえ、裁判官がこうした反省の態度を示したことは特筆すべきことだろう。ましてや、未だ再審が始まらない事件に対し、一審判決は誤りだったと公の場で謝罪の弁を述べた熊本には、通常の裁判官が持ち得ない人間的な良心があったと絶賛されても間違いではない。

しかし、長時間にわたり本人から話を聞き、数々の関係者から証言を取ったボクは思う。果たして、熊本の告白は良心から生まれた行動だったのだろうか。

熊本に、強い悔悟の念と良心があったのなら、もっと早い時期に、袴田死刑囚（注・二〇一〇年）を救うため、あらゆる手段を講じていたはずだ。当時の熊本なら、事を動かすだけのコネや人脈もあったに違いない。

しかし、熊本は積極的に動かなかった。いや動けなかった。袴田死刑囚を救うことより、事件に取り憑かれた自分を救うことに精一杯だった。結果、酒に溺れ、妻に当たり散らした。精神も病んだ。熊本は、もし同じ立場に置かれたなら誰がそうなってもおかしくない、どこにでもいるごく普通の弱い人間だったのだ。

熊本は十年ほど前から、自分が袴田事件に関わっていたことを断片的に口にするようになっている。すでに自分一人では抱えきれなくなっていたことは、当時の暮らしぶりからも容易に想像がつく。

島内和子に出会い、胸の内を話し、それを知った島内の長男が支援団体に連絡する。もし、そのとき長男が事の重大さに気づいていなかったら、熊本の存在は今も世に出ていないかもしれない。乱暴な言い方をすれば、熊本が衆議院議員会館において多くの報道陣の前で行った〝異例の告白〟は、偶然がもたらしたもので、熊本の良心のみによって実現したことではない。

真の良心とは、むしろ告白以前、熊本が多くの犠牲を払いながら、苦しみのたうち回ってきた姿である。その長き苦悩の時間こそが、熊本にとって本当の贖罪の道だったのだ。

結果的に、元裁判官の告白は多くのメディアに取り上げられた。「清水救援会」の山崎俊樹ら支援の人間にとっては、袴田事件を世に知らしめるため、元裁判官の出現を大きなニュースとして扱ってもらう必要があった。袴田死刑囚を救うために尽力する立場からすれば、当然の考えだろう。

しかし、実際の熊本典道は、聖人君子ではなかった。叩けば埃の出る男であることは、調べればすぐにわかる。が、事の重大さから鑑みるに、勇気の告白を行った元裁判官は人格者であらねばならない。そうでなければ、発言に説得力を欠く。そう考えていくと、ボクは、熊本が無意識のうちに〝トリックスター〟を演じてしまったように思えてならない。偽りの死刑判決文を書いたことで裁判官を辞め、その苦悩がゆえに家族とも別れ、何度も自殺未遂を繰り返した男。聞いた者の心を揺るがす、悲しくも美しい人生を語ることが、再審開始のきっかけ作りになると、半ば無意識のうちに己の役割を位置づけたのではなかろうか。

最初の取材で、熊本が話してくれた長女、裕子とのヨーロッパ旅行での出来事。ボクはその父と娘のやり取りを想像し、激しく心を動かされた。しかし、裕子はそんな事実はないと言った。恐らく父の作り話だろう、と。

ただ、裕子はこう付け加えた。

――それが父にとっての記憶なら、それが事実でかまわない――。

ボクも同じ感想を持った。熊本は決して嘘を言ったわけではない。娘に自分の悩み、苦しみを打ち明けたかった。お父さんは人殺しなんだから、おまえは将来、法律関係の職に就いてくれるな。その思いは嘘偽りのない本音だっただろうし、結果的にそれが熊本の口から、実際にあった出来事として語られるなら、今さら真偽のほどを問題視しても仕方ない。

できることならこうしたかった――。熊本の半生は、思いどおりにいかないことの繰り返しだったに違いない。

黙っていれば済むものを、よく話してくれた

二〇一〇年二月の終わり、浜松に袴田秀子を訪ねた。

獄中の弟を長年にわたって支え、再審開始を求める運動の先頭に立つ力強き姉。現在は、精神状態の悪い袴田に代わり、再審請求の保佐人も務めている。

自分の半生を弟奪還のために費やしてきた秀子にとって、一審で死刑判決文を書いた元主任裁判官はどんな存在なのだろう。

JR浜松駅から歩いて十分強。地図を頼りに自宅のある旧いマンションにたどりつくと、秀子は

すでに外に出て、ボクを待っていてくれた。

部屋に招き入れてもらい、東京駅で買った粗末な土産をテーブルに置く。

「そんな気遣ってもらわんでもいいにぃ。ハハハハ」

秀子は恐縮しながら、大きな声で笑った。七十七歳には見えない肌の色つや。滑舌のいい静岡弁。死刑囚の弟を持った姉という暗いイメージは欠片《かけら》もない。

「熊本さんのことでしたね。最近、巖の手紙に熊本さんのことを書いてあるのに気づいてねぇ」

秀子が立ち上がって、奥の部屋へ。ボクも見せてもらっていいんですか。

「ここに巖の手紙をぜんぶ置いてるんです」

棚に袴田から届いた大量の封書が整理されていた。袴田は、一審判決後まもなく母がこの世を去ってから、姉の秀子宛てに手紙を出し続けてきた。

「あぁこれこれ。ここに熊本って書いてあるでしょ。最初見たときは、何の気にも留めなかったんだけどねぇ」

確かに、袴田が〝熊本典道〟の名を手紙に記している。秀子にコピーを取ってもらい、よく読んでみる。


（前略）原審は判決に言い渡しさいし、本件捜査は被告人に対して、連日十時間から十四時間の長時間にわたって執拗に自供を迫り（後略）

一審の静岡地裁で石見裁判長が、警察の取り調べを〝無法者の争い〟として批判した一節だ。

（中略）云々との趣旨を述べながら判決書にはそのとおり記載されていないから原判決には有効な裁判所書が作成されなかったのであり、訴訟手続きの法令違反は免れないのである。この点を追及しても被告人は無罪になるのである。

袴田の書いているとおり、一審の判決文を読んでも該当する箇所は見つからない。

ところが、我が弁護団は、右の点に関して証人がありながら、高裁に呼ばなかった。ここに疑惑を感じるのである。

右の証人とは、原判決書を記した熊本典道判事である。彼は昭和四十四年ごろ裁判官を退官し、その後弁護士をやっている。

右熊本氏が、本件の右の無法者同士の争い云々の言及をしたが、訳あって判決書から右指摘の部分を取り除いた事実があるから、必要ならば証人として立ってもいいと言っておるのに、右熊本氏を高裁に証人として呼ばなかった弁護人の意は理解できない。

最高裁では、証拠調べなどしないのであるから、いかに右熊本氏が有力な証人であっても無に等しいのである。

手紙の最後に書かれた日付は昭和五十一（一九七六）年十月二十一日。東京高裁が控訴を棄却して五カ月後に出されたものだ。

熊本はボクに言っていた。高裁に証人として出廷する用意があった、と。そして、それを袴田も知っていた。判決文を書いたのも熊本であるとわかっていた。無法者云々のくだりは、熊本によると石見裁判長が起案したものらしいが、いずれにせよ、袴田は、熊本が自分を檻の中から救い出してくれる重要な証人として期待していたのだ。

袴田の言うように、なぜ控訴審の弁護団が熊本を呼ばなかったのか、不思議でならない。熊本自身も「謎です」と言っていたが、今となっては確認する術もない。

「これなら袴田さんが、熊本さんのことを覚えていても不思議じゃないですね」

熊本が東京拘置所を訪れたものの面会が叶わなかった日の話を、秀子に振った。

「そうそう、私がクマモトさんが面会に来てるけど知ってる？　って聞いたら、熊っていう字を書く人？　って聞き返してきて、あの人はいい人だったって。はっきりそう言ってましたよ」

熊本は、秀子に初めて対面した日（〇七年一月二十八日・43頁参照）、殴られる覚悟で家を出たと言っている。対し、秀子はどんな思いで、熊本と相対したのだろうか。

「最初はガセネタかどうかもわかりもせんに、内緒で行ったんですよ。熊本さん自体を誰も知らんだもん」

「熊本さんは、殴られても蹴られてもいいと思ってたみたいですよ」

「ハハハハ。みたいだね。でも、今さら殴ってみても始まらんもんね。この野郎とは、よう言われんで」

秀子は怒るどころか、熊本には、よくぞ言ってくれたという思いが強いという。

「黙ってれば済むものを、本当によく話してくれましたよ。去年亡くなった二番目の兄も喜んでたし、二番目の姉さんは、その後、熊本さんが出てるテレビを見て泣いてた。うちの家族はみんなそうですよ。あの野郎、死刑にしやがってなんて微塵も思ってない。私もそれまで肩肘張って生きてきたけど、ずいぶん気持ちが楽になりましたよ。ありがたいこんだよ」

もっと早く公にしてくれたらとは考えなかったのか。

「それは、周囲が言うこと。私らが言うことじゃない。熊本さんには熊本さんの都合がある。恨み辛みを言っても始まらん。愚痴を言っても始まらん。大事なのは、これから。前を向いて進むしかないよ私には。ハハハハ」

私だけは一人になっても、やらにゃあしょうがない

器の違いを感じざるをえない。

弟を死刑囚に追いやった人間を赦《ゆる》し、その謝罪が救いになったとまで言う、人としての大きさ。小さなことにこだわらず、常に前を見続けようとするポジティブな思考。

そして、この底抜けな笑顔と明るい声。

熊本のことをあれこれ分析していたボクは、もはや消え入りたいような気分だ。

「うんうん。ハハハ。いまお客さん来とるで。そうそう、ハハハハ」

かかってきた電話を終え、秀子がボクの前に座る。

ストレートに聞いてみよう。

お姉さん、教えてください。いったいその明るさはどこから来るんです？

「ハハハ。今でこそ、こんな元気だけど、そりゃ事件の当初は落ち込んだよ」


可愛い弟だった。何をやるにも一緒だった。晴れた日は外を駆け回り、雨の日は家で将棋をやった。弟はいつも秀子の後を追い、隣に座っていた。

そんな弟が一家四人殺しの犯人として逮捕された。弟の人柄の良さは自分が誰よりもよく知っている。巌がそんな大それたことをするわけがない。信じていたが、世間は袴田クロで一色。秀子はショックで酒浸りになった。

「いったいこれは、どうしたこんだって、巌のことばっかり考えてた。毎晩、飲んでたよ。もうアル中寸前。顔は粗壁《あらかべ》みたいになるし。そんな状態が三年ほど続いたよ」

弟が四人を殺し、家に火をつけた凶悪犯とされている状況だ。新聞も連日のように騒ぎ立てる。普通に考えたら、近所も歩けないだろうし、仕事も辞めざるをえないだろう。加害者家族に対する世間の迫害はなかったのか。

「それがそうでもなかったの。事件は清水でしょ。私らの家は浜北《はまきた》だから、もし清水にいたら、それこそ夜逃げしにゃいけんでしょ」

一審判決の死刑が下ったときは、ただただ肩を落とすしかなかった。

「私ら家族は巌がそんなことするわけがないと思ってたけんど、そんなこと他人様には言われへんのよ。何も言えなんだ。だから言いたい放題、言われっぱなし」

下を向いてばかりだった秀子が変わるのは、それからまもなくのことだった。

「救援会ができたんですよ。そこから、電話がかかってきた。でも、私は酔っぱらってるわねぇ。で、こんなんじゃ巖を助けるどころじゃない。どうにもならん。こんまま放っておいたじゃ巖は死刑にされちゃうって。それでピタッと酒は止めました」

秀子は弟に面会し、力強いことばで言った。

――ここまできたら何でもしたる。頑張っていこー！――。


ここ四十年間、東京拘置所には毎月足を運んだ。一九八〇年に死刑が確定したあと約三年半、九六年から約十年間、弟が拒否して会えない時期もあったが、それでも欠かさず通った。三年ほど前から弁護団から交通費が出ているものの、それまでは全て自費だった。

「最高裁で死刑が確定するまでは、私の方が励まされてるくらい元気だったんだけんども、死刑囚の房に移ってからバカに大人しくなりました」

そのうち、弟が妙なことを言い出すようになった。ここには電気を流すヤツがいる。毒ガスを流すやつがおる。俺には兄さんも姉さんもおらん。拘禁反応が弟の体を襲っていた。

「最初は調子狂っちゃったけどね。この前、面会に行ったときも、袴田巖はいないとか言ってて。で、いつも私は、あ、そう！って明るく答えてます。だって、私がしょぼくれてもしょうがない。泣きわめいたって始まらんよ。でしょ？」

「そんな状態で熊本さんのことをよく覚えてらっしゃいましたよね？」

「調子が良かったんじゃないの。でも、熊本さんはいい人だって言った後に、袴田事件なんてもんは紙に書いてあるだけで実際の世の中にはないとか言ってましたから。ハハハ」

秀子は二十二歳で結婚し一年後に離婚した後はずっと独身を通している。事件が起きたときは三十三歳。姉や兄が家庭を持つ中、自分が家族の先頭に立って弟を支援してきた。

「だからって巌のために犠牲になったなんて、これっぽっちも思っとらんよ。だって、可愛い弟だし、私がやるしかないもん。私だけは一人になっても、やらにゃあしょうがないもん」

山崎の「清水救援会」、門間の「救う会」をはじめ、今では支援する団体も多い。が、秀子は決して彼らに強制する気持ちはないという。

「ボランティアの人がやめたいって言ったら、それはそれで仕方ない。イヤならやめるだもんね。それを無理に引き留めることはせん。みんな都合があるだで。学校の用事や仕事があるって言われりゃ、そっちを優先してもらえばいい。また、できるときにやってもらえばいいんだで」

秀子の〝来る者拒まず、去る者追わず〟のスタンスは、袴田事件を取り上げる数々のメディアについても同様である。

「今度、映画ができるんだけども、いろんなことを言う人がおるの。どういう映画になるかわかりもせん、とか何とか。でも、まずは事件のことを知ってもらうのが一番。映画は映画の見方があっていい。どういう見方をするのか見てればいい」

事件からすでに四十四年。今の働き盛りの人間は、みな袴田事件が起きた当時、この世に生まれてもいない。秀子にとっては、事件を風化させないことが自分の使命でもあるという。

ちなみに、この時期『週刊実話』で、熊本を主人公にした小説が連載されていたが、あんな裸の多い雑誌に事件のことを取り上げられてと眉をひそめる人間に対し、秀子は一喝したらしい。

――そういう雑誌だからこそ、今まで袴田事件を知らなかった人が関心を持ってくれるんだ。余計なことは言わんでいい――。

「巖が生きてる限りは、何でもいいから常に話題に上るようにしとかないといかんの。そうじゃないと、巖が処刑されちゃうで。ハハハハ」

果たしてボクの本は役に立てるのだろうか。少し、自信がない。

どこがいいんでしょうね、熊本さんの

二〇一〇年三月二日。福岡空港。まさかここに四度も降り立つことになるとは思いもしなかった。去年の初め、羽田に帰る便を待つボクの体は興奮で汗ばんでいた。嗚咽しながら語る熊本の壮絶な半生を知り、タバコを挟む左手の指も震えがちだった。

しかし、いま、熊本に対する印象はがらりと変わっている。美談にするな、と言ったことばの意味は、もはやわかりすぎるほどわかった。むしろ、これまでの取材で知り得たことをどう報告しようか、そのことで頭が痛い。

たくさんの悪い話と、少しの良い話を聞いた。熊本が知らない話も多くある。それを本人に隠したまま書くわけにはいかない。ありのまま全てぶつけるよりない。

ただ、ボクは最後に秀子に会い、救われた気分にもなっている。過ぎたことはつべこべ言っても

仕方ない。前を向いて歩くしかない。巌は地獄の一丁目にいるだに、私がくよくよするわけにゃいかんよ、ハハハ——。

彼女の、太陽のような笑顔の裏を必死に覗こうとしても、そこに死刑囚の弟を持つ姉の悲壮は見えなかった。しかし、彼女はニュースで死刑囚の処刑が実行されたと聞くと、心臓が止まりそうになるとも言った。袴田のみならず、秀子もまた最高裁で死刑が確定してからの三十年、恐怖の時間を過ごしてきたのだ。

そんな彼女が、これまで励みになったのは、支援団体ができたことと、そしてもう一つが熊本の謝罪だったと言った。

冤罪であることは、もう何十年も前から承知している。ボクシング関係者、弁護団、支援者、袴田事件関連の書籍も、袴田無実を訴えている。が、国から正式にそれを認められたことは一度もない。

そこに、一審で判決文を書いた元裁判官が、あれは誤りだった、本当にすまないことをしたと、目の前で頭を下げ詫びてくれた。どれだけうれしかったか、どれだけ家族がそのことばに涙したか。裁判所の決定ではないにしろ、自分にとっては、弟の冤罪が晴れたも同然だった。

その彼女のことばに、熊本がなした行動が持つ意味を改めて知った。熊本はただただ謝罪したいだけだったのだろう。しかし、結果的に、それは秀子をはじめとする袴田家の人々に救いを与えることになった。熊本は、事件を裁いた者でしか成し得ないことをやったのだ。

いくら熊本の人生が泥にまみれていようとも、その事実一つで、ボクは救われた気分になる。

空港のレストランでナポリタンを食べていると携帯が鳴った。

「もう2番出口の前に車を停めてますから」

電話の主は、去年の秋に長期取材を行った際、熊本をホテルまで送り迎えしてくれたタクシー運転手の女性である。今日は、彼女の車で、熊本が住む島内の自宅を訪ねることになっている。

急いで食事を済ませ、言われたとおりの場所で待機していたタクシーに乗り込む。助手席上の名前プレートに「西山《にしやま》」の文字があった。

「もう本はできたんですか？」

走り出してまもなく西山が尋ねてきた。ボクが何をしに福岡まで来ているのか、彼女も伝え聞いているようだ。

「いやーまだまだです。今日と明日、話を聞いて、そこから書き始めます」

「映画もできるそうですねぇ。島内さんも今年は忙しくなるってうれしそうでしたよ」

何でも、西山は、島内の長女の高校時代からの友人で、熊本が上京する際などはいつも空港まで送り届けているらしい。

「仲いいですよね、熊本さんと島内さん」

「ですねぇ。私の友人も最初のころは、熊本さんのことを、なんねぇあの人はってプリプリしてましたけど、もう根負けしたみたいですよ」

「どこがいいんでしょうね、熊本さんの？」

「ほら、島内さんはずっと働いて来られたでしょう。家でじっとしてるのが好かん人やから、熊本さんと一緒にいろんなところに出かけられてうれしいんやないんですか」

確かに以前話を聞いた際、島内は、自分の人生でこんな刺激的なことはないと言っていた。それこそ、山あいの市場で店を出していた自分がニューヨークの国連本部で発言することになるなど、想像もしていなかったに違いない。しかし、それと熊本の面倒をみることとはまた別の話だ。興味や好奇心だけで、あそこまで献身的にはなれないはずだ。

「袴田事件でしたっけ？」

「ご存じですか？」

「いや、私も全然知らなかったです。熊本さんがテレビで話されてるのを見て、そんなことがあったんやーって。で、あれは無期懲役なんですか？」

しょせん、この程度の知識なのだ。西山だけではない。島内も、熊本の子供も、このボクも袴田事件のことは何も知らなかった。いくら秀子や支援者がアピールしても、袴田が殺人犯の汚名を着せられ四十年以上も獄中に囚われていることなど、世の中にはほとんど認知されていないのだ。

「熊本さんをテレビで見て、どう思いました？」

「正直、こんなこと言っていいのかなって。後でいろいろ聞いてなるほどって感じでしたけど」

やはり、一般的な感覚としては、裁判官が合議の内容を暴露することに違和感を覚えるものなのだろうか。でも、それによってボクは熊本を知った。知りすぎてしまった。

あぁ何から話をしよう。言いにくいこともいっぱいあるしなぁ。

教えてくれて……本当にありがとう

旧い戸建ての玄関を開けると、子犬がきゃんきゃん鳴きながら勢いよく廊下を駆けてきた。

「こら、静かにせんね！」

島内が犬を抱きかかえながら、ボクを迎え入れてくれる。

福岡市東区和白《わじろ》。現在、熊本はこの島内の自宅に、島内と、彼女の長女と共に暮らしている。出会って数年は島内が借りていたアパートに同居していたが、経済面からの考慮と、娘の理解が得られたことで三人一緒に住むことになったらしい。


熊本は和室のコタツに小さく座っていた。

「おひさしぶりです」

「やーやーどうも」

柔らかな表情だ。こんなに穏やかな顔の熊本を見るのは初めてかもしれない。

コタツの隣に置かれた低い棚の上に、紙で作った位牌のようなものが二つ祀ってあった。一つは『熊本家先祖代々之霊位』、そしてもう一つには『袴田家先祖代々之霊位』と手書きの文字で記されている。何ですか、これ。

「それは……」

「あー、娘に霊媒師の知り合いがおりましてですね」

熊本に代わって島内が答える。

「この人と袴田さんの家のを視てもらったんですよ。そしたらその霊媒師さんが、やってないって。袴田さんは殺してないって。毎日二人で拝んでるんです」

熊本を見ると、うんうんと無言で頷いている。その姿は、余生を静かに送る好々爺《こうこうや》のようだ。何か切り出しにくい。

「あの後、いろいろ人に会いまして。最後にまたこうしてお伺いさせてもらいました。それで、幾つか……」

ボクは聞きづらいことから順に確認していった。

「最初の結婚は、義父《おとう》さんから縁を切られたと伺いました」

「うん。喧嘩別れしたのは間違いない。家内のことで精神科の医者に相談してたんだけど、あの医者じゃダメだとか言うもんだから、喧嘩になって。まぁ僕も気性が激しかったけど、向こうも相当なもんだったよ」

「最初に勤めた事務所でトラブルがあったのが直接の原因じゃないんですか」

「ないよ。彼らに能力がないと判断したから辞めたまで。それだけのことです」

「えーっと、あとこれは非常に聞きにくいんですが……」

「そんな、堂々とおっしゃってください。何でも聞いてもらって結構」

では言わせてもらおう。

「熊本さん、離婚された後もずーっと女性の方がいらっしゃったんじゃないですか。島内さんに出会われる前も、誰かの世話になってた」

「あーそれはそうかもしれない。フフフ」

「女性にモテますよね、熊本さん。みんな、うらやましいっておっしゃってましたよ」

「それを言ったのはワダキューだろ。ハハハ」


熊本は、そばに島内がいても躊躇することなくボクの問いに答えてくれた。今さら、隠すことなど何もないということだろうか。

意外だったのは、裕子に聞いた、警察に出頭した話をはっきり記憶していたことだ。熊本はあくまで本気だったと言う。酒に酔っての行動でもないらしい。

「僕の話をね、誰も信用しないんだよ。僕があの事件をやったって言っても誰も信用しない。だから警察に行ったんだよ。昔、袴田巌が逮捕された。彼は無実だと言っても、そのこと自体を信用しないんだよ!!」

熊本がコタツのテーブルを叩き、大声で怒鳴った。

正気と呼ぶには、あまりに突飛な行動である。冷静に考えれば、警察がまともに相手をするはずもないことはすぐにわかる。が、その時点でも冷静に事を判断できるほどの余裕は無くなっていた。熊本にとっては、蓄積されていく罪の意識と、それから逃れたい一心だったのだろう。

この後は、取材の報告に終始した。可能の顔に熊本の面影を見たこと、裕子が未だわだかまりを持ちつつも熊本に会いたがっていたこと、木谷や和田が心配していたこと。熊本はボクの話に、「ありがとうありがとう」と何度も頭を下げ、時に涙を流した。

言うべきか言わざるべきか、迷っていたことがあった。ボクが伝えなくてもいいかもしれない。いや、でも隠しておくのも違う気がする。

一呼吸置いてから、切り出した。

「二番目の奥さんなんですが、去年お亡くなりになりました」

熊本は一瞬の沈黙の後、口を開いた。

「なんで？」

「ガンです」

「…………」

「離婚された後から、ずっと悪性のリンパ腫だったそうです」

「…………ねー、お母さん」

熊本が、台所で片付け仕事をしていた島内を呼ぶ。

「なに？」

「死んだって」

「誰が？」

「二番目の家内が去年死んだって」

「……あら……そうね……」

島内も返すことばが見つからないようだ。

「ありがとう」

「はい？」

「教えてくれて……本当にありがとう」

熊本はまた頭を下げ、そのまま窓の外に目をやった。

検事に会って心境を聞いてみたい

翌日朝、西鉄貝塚線の和白駅を降りると、一台の軽自動車が待っていた。運転席に島内、助手席に熊本が座っている。

ボクの姿を見つけた島内が車を降り、近寄ってくる。

「昨日、熊本さん、大変だったんですよ」

「どうしました?」

「夜の二時くらいに、いきなり飛び起きて、お母さんお母さんって叫びながら、家の外まで出て行かれて」

再婚した妻の死を知ったのが原因に違いない。熊本はボクに御礼のことばまで口にしていたが、よほどショックだったのだろう。やはり、言うべきじゃなかったか……。

車の後部座席に乗せてもらい、近所のファミレスに向かう。そこで話を聞いたら、長い取材の旅もようやく終わる。

「島内さん、いまも運転なさるんですね」

道すがら、ボクは前に向かって雑談を持ちかける。

「ほら、熊本さん、足が悪いから、どこ行くのも車があった方がいいでしょ」

「裕子さんも同じような車に乗っておられましたよ」

「この前、裕子さんの写真、送ってもらって、熊本さん感激されてました」

ボクと島内の会話を熊本は黙って聞いている。と、思ったら違った。いつのまにか、すすり泣くような音が助手席から漏れている。熊本の頭に様々な過去が蘇っているのだろうか。


車がファミレスの駐車場に着く。隣は亀の井ホテル。ここのレストランで熊本が秀子に謝罪したのは、もう三年以上も前のことだ。

「焼き魚がいい？　ハンバーグ食べてみる？」

ファミレスのボックス席に着き、島内がメニューを見せながら熊本に聞く。

「僕は、ビール」

「また、こんな昼間から」

「まぁいいじゃないですか島内さん」

前立腺にガンが見つかって以来、酒は止めるよう医者から言われている。が、熊本は今、飲みたい気分なのだ。すいません、とりあえず生を一つ。

ボクはこれまでの取材で知り得たことで確認すべき幾つかの事柄を聞いた後、改めて熊本に尋ねてみた。

「熊本さんにとって、袴田事件とは何だったんでしょう？」

「過ちを犯した。それだけです」

熊本は神妙な顔で言う。

「できることなら、I検事に会って心境を聞いてみたいよ」

I検事とは、一審で袴田に死刑を求刑した主任検察官のことだ。熊本の話では、Iは現在、小倉《こくら》で弁護士事務所を開いているらしい。

「僕は率直にしゃべる。だから彼もあのときどう考えていたのか」

「お話しにならないと思いますよ」

「しゃべらなくても、会ってみたい。ただ、僕の人生はねぇ……」

熊本は続ける。事件に出会わなかったら自分の人生が変わっていたことは間違いない。忘れようとしたこともあった。が、常に心の奥でくすぶり続けていた。一方で人生が狂った原因が事件にあるとは思わない。全ては自業自得。いろんな迷惑をかけた。いろんな人に世話になった──。

「これまで良い人に恵まれてきたじゃないですか、熊本さん。ボクは和田さんにお会いして感激しましたよ」

「はい。ワダキューさんとは兄弟みたいなもんだから。……会いたいなぁ、彼に」

熊本の話では、三年ほど前に一度島内と訪ねたものの和田はあいにく不在で、代わりに鹿児島ドックの伊地知社長に食事をご馳走になったらしい。

「今度、お金ができたら訪ねてみるつもりです。彼はまだ変わらず、あの事務所にいるのかなぁ。住所はわかる？」

「ええ。元気で活躍なさってますよ。ここですね」

ボクが差し出した和田の名刺を見て、島内が住所を書き留める。

「会いに行こう。死ぬまでに絶対。和田さんにはいっぱい助けてもらったんだから」

そう言って島内がトイレに立つと、ボクは彼女から先ほど聞いた話を熊本にぶつけてみた。

「昨夜、家を飛び出して泣かれてたという話をお伺いしたんですが」

「うん……夢を見てね……それで……。どういう縁か知らんけど、結ばれて、子供ができた。それを死んだと聞いて平気でいられる人間はいないと思う。それで……僕は……僕は……」

最後は嗚咽でことばにならない。ボクはただ押し黙ることしかできない。戻ってきた島内も、ただ熊本を見守るだけだ。

袴田さんが釈放されるまで生きてください

いったん席を外しトイレで用を済ませた後、ドリンクバーのコーラをグラスになみなみ注ぐ。やけに喉が渇く。やはり、ボクのような部外者が伝えるべきことではなかったのかもしれない。

「あのですね、尾形さん」

島内が困ったような顔で近づいてきた。

「熊本さんがですね、裕子さんと直子さんに会いたいって泣いとられるんですよ。何とかならんでしょうかね」

席に戻ると、熊本はビールを口に運びながら下を向いていた。ボクの報告を聞いて、娘への思いが改めて噴き出してきたのだろうか。

会いたい。でも、直接言えない。自分にわだかまりを持っているだろう娘たちに、自ら会おうなどとは言い出せない。しかし、どうしても顔が見たい。熊本の心情が手に取るようにわかった。

「じゃあ試写会に裕子さんにも来てもらったらどうでしょう」

三月下旬、すでに完成した映画の試写会が東京で開かれることになっていた。熊本も島内も招待を受け、当日、福岡から上京するらしい。裕子に取材した際、来年映画が公開されることは伝えたが、彼女がそれを観るとしても五月下旬の一般公開の後だろう。映画の宣伝会社に頼めば、裕子の席くらい何とかなるはずだ。

「それがいい機会かもしれないですねぇ」

島内もボクの提案に賛同してくれている。

「熊本さん、ボクから裕子さんに聞いてみますよ。裕子さんも何かタイミングがないと、実際に会うところまでは決断できないんじゃないですかね」

「はい、ありがとう。……よろしくお願いします。ありがとう……」

まだ涙が止まらない熊本を見て、ボクはそれなりの筋書きを立てていた。

もう十数年会っていない親子が、父を主役にした映画の試写会で再会を果たす。熊本は過去を娘に謝る。娘は戸惑いを覚えつつも父の手を握る。そして、そこから再び親子の交流が始まる。

本の終わりはこれでいこう。これまで、さんざん熊本の過去を暴いてきたのだ。最後の最後は良い話で締めたい。見当違いかもしれないが、熊本と裕子の再会のきっかけ作りに一役買うことが、ある意味、ボクの責任であるようにも思う。

ファミレスを出て、島内の車で最寄り駅まで送ってもらう途中、彼女と熊本が初めて会ったという、山あいの一角を訪れた。

広い駐車場を前にしたスペースで、野菜や果物を売る店が軒を並べていた。客の姿はほとんどない。島内は、そこから少し離れた場所に車を停め、ボクを案内してくれる。熊本は車から降りてこない。

「そこに立花小学校前っていうバス停があるでしょ。いつも熊本さんは100円バスで、ここまで来られとったんですよ。私はその信号のところでクラクションを鳴らして挨拶しよったです」

四年前の春、熊本はこの地で島内に出会い、第二の人生を歩み出した。あのとき、彼女が声をかけなければ、熊本は袴田事件の過ちを公にする機会を得ることもなく、野垂れ死んでいたかもしれない。

車が停めてある場所に戻り、携帯のカメラで二人の写真を撮った。

「熊本さん、もっと島内さんに近づいて。笑顔でお願いします」

「ほら、あんた、笑って」

ボクと島内がリクエストしても、最後まで熊本の表情が柔らかくなることはなかった。

思い出の場所を後にして、車は駅に向かって走り出す。

「熊本さん、今までありがとうございました。どうかご健康でいらしてください」

「うん、ありがとう。僕は長生きします」

そんな気がする。肝硬変、大腸ガン。これまでいろんな大病を患ってきた。旧友の和田が言っていたように、普通ならとっくに死んでいてもおかしくない。熊本には人並み外れた生命力があるのだ。

「前立腺のガンも良うなっとりますからね。こんなのは初めてだって、お医者さんも驚いておられるくらいですから」

島内がうれしそうに言う。

「それは、生きてろってことですよ。袴田さんが釈放されるまで死んじゃだめですよ。熊本さん、責任ありますよ」

「はい。僕は百七十歳まで生きるよ。僕の体は強いよー」

熊本の口から威勢のいいことばが出たところで、車が和白駅に到着。ボクは二人に何度も頭を下げ、空港に向かう電車に乗り込んだ。

これから始まる第二の物語

東京に戻った夜、さっそく裕子に電話をかけた。彼女も父に会う良い機会と承諾してくれるに違いない。

しかし、それはボクの完全な見当違いだった。

裕子は言う。

——マスコミも集まる試写会に娘が来れば、注目されるのは間違いない。映画には自分も登場人物の一人として出ていると聞いている。公の場所で父と会う気はない。私は、いまの父を取り巻く環境に巻き込まれたくない。これはあくまで、親子の個人的な問題。会うことがあれば、自分が福岡まで父を訪ねる——。

もっともな意見だ。父と娘の問題に、部外者が関わろうとするなど、あつかましいにもほどがある。ボクは自分が目論んでいた演出がいかに浅はかだったかを思い知らされた。

「でも、実は明日、東京に行って映画を見てくるんですよ」

何でも、最近、映画の関係者が裕子の自宅を訪ね、試写会に招待したらしい。試写は一日だけでなく何度か実施されている。彼女の予定に合うのは明日しかないらしい。

「なので、現在、父が住んでいる住所と連絡先だけ知らせてもらえませんか？」


翌日夕方、裕子にメールを出した。

〈お父さんの住所、連絡先は下記のとおりです。現在、島内和子さんの家でお暮らしです。映画はどうでしたか？〉

返信はその日のうちにあった。

〈ありがとうございます。

映画観ました。初めて「映画」というものがどういうものか理解した気がしました。

良くできていると思う反面、そこに自分の父と自分がいる事で、どう観て良いのかわからなくなる瞬間もあります。あくまで「映画」だと思っています。

袴田事件、裁判員制度に対して何かを投げかけるにはとても良くできているし、何も知らない人にも問題提起をし、人を裁くという事に対して考えるきっかけを与えると思います。

ただ私にとっては、この映画を観て、何かが変わる事はありませんでした。

袴田事件とは別に、親子の問題として、父と会う方向でいる事は変わりません。自分なりの考えをまとめて、父には連絡する予定です。

やはり私が袴田事件に関わる父に対し、コメントをする事はないのかもしれないと思ってます。私はすべて「運命」だと思っているので、決して父によって人生を狂わされたとは考えていない。父の犠牲にされたとは決して思わない。それは父を慰める為に言っているのではありません。すべては自分で選んでいる道だと思っているからです。

それでも袴田さんの抱えている「学び」はイエス・キリスト級だと思います。

父も同じと感じる人もいるかもしれないけど、父は心の中にしまい込んで、弁護士として普通に暮らしていた時期もあるので、私にはそうは思えません。

本はいつごろ完成する予定ですか？〉

二〇一〇年三月二十五日。東京・京橋で実施された映画「ＢＯＸ袴田事件　命とは」の試写会に足を運んだ。会場は、補助椅子を出しても足りないくらい、人で埋まっていた。

最前列に熊本の姿があった。その隣に島内。袴田秀子の顔も見える。

試写が終わり、一言挨拶しておこうと歩み寄った。が、熊本は支援者や映画の関係者に囲まれている。ボクは、熊本と島内の笑顔を見届け、会場を後にした。


すでにこのとき、裕子が息子と、アメリカから帰国した妹の直子を伴い、福岡のホテルで熊本と面会を果たしていたのを知ったのは、その翌日のことだ。

教えてくれたのは島内だった。

「三月の連休に来られましたよ」

「島内さんも同席されたんですか？」

「私は遠慮して席を外すって言ったんですけど、裕子さんからぜひ居てくれって言われて」

「どんな様子でした？」

「感動の再会、いう感じやなかったですかねぇ。でも熊本さんはずーっと泣いておられました」

絵が浮かぶ。十数年の長い時間を経ての再会。しかも、初めて孫の顔を見た。熊本は感激と感謝で涙を流すことしかできなかったはずだ。

対して、娘たちは、老いてはいるが意外に元気な父の姿に安心したものの、抱き合って泣くほどの感情には至らなかったのだろう。

しかし、いずれにせよ、再会は実現されたのだ。過去は過去として、徐々に距離を縮めていけばいい。時間をかけて父と娘の新たな関係を築いていけばいい。

熊本家の第二の物語は、まだ始まったばかりだ。

獄中に閉じこめておく理由は全くない

十数年ぶりに再会を果たした熊本と娘たち。しかし、獄中の袴田は、逮捕されて以来四十四年も息子の顔を見ていない（注・二〇一〇年）。

姉の秀子によると、袴田の長男は二歳まで浜北の実家で育てられ、その後、施設に入れられたらしい。家を継いだ兄夫婦にも子供がいる。袴田家に巌の息子の面倒をみる余裕はなく、袴田の母親が民生委員に頼んだのだという。

施設を卒業後、息子は一般企業に就職し、現在は家庭を築いている。子供も二人いるらしい。獄中の袴田は、息子が結婚したこと、自分に孫がいることも知っていると秀子は言う。

「私がなんで知ってる?って聞いたら、何かに書いてあったって。で、おまえおじいちゃんだよって言ってやったら、おじいおじい言うなって。ハハハハ」

一方、息子も、自分の父が無実の罪で獄中に囚われていることはわかっていた。十年ほど前、秀子の兄が、息子の消息を確認し、人づてに事件のことを伝えたところ、「親父のことは知っている。でも女房には話していない。いましばらくそっとしておいてほしい」と返事があったという。

「そんなもんで、困ったことがあったら、相談にこいよと、それっきり。今どこにいて何をしてるのかもわかってる。でも、向こうから何か言ってこない限り、こっちからは何も言わんよ」

袴田は、息子がまだ結婚する前、秀子に何度か長男の様子を尋ねたことがあった。できれば面会に来てほしい。息子に会いたがる弟に、姉は言った。

――いくら親でも、いくら冤罪だといっても、ここに連れてくるわけにはいかん。本人がいいって言うんなら、明日にでも連れてくる――。

秀子のことばに、袴田は「わかった。そしたらいいよ」とだけ答えたらしい。

まだ二歳の我が子と別れ、長年の勾留生活により精神にも異常をきたしている袴田死刑囚。なぜ、彼はこんな地獄を味わい続けなければならないのか。〝疑わしきは被告人の利益に〟の原則に従うなら、審理はやり直され、無罪確定の上、袴田は釈放されなければならない。自白は強要された。裏木戸は通れなかった。5点の衣類は捏造の疑いが濃厚。他にも袴田が犯人ではない多くの証拠が揃っている。にもかかわらず、裁判所がなぜ再審決定の判断を下さないのか、ボクにはわからない。それでもなお袴田を獄中に閉じこめておく理由がどこにあるのか、全く理解できない（注・この後の出来事は301頁の年表参照）。

二〇一〇年四月五日、名張《なばり》毒ぶどう酒事件（一九六一年、三重県名張市で農薬入りのぶどう酒を飲んだ女性五人が殺害された事件）の第七次再審請求に対し、最高裁第三小法廷が名古屋高裁に審理を差し戻す決定を下した。一〇年五月十日時点でまだ再審開始には至っていないが、その可能性は十分あるとみていいだろう（注・二〇一五年に被告人が死亡、遺族が「死後再審」として第十次再審請求を申し立てるが名古屋高裁が棄却。二〇二二年、名古屋高裁は異議申し立ても棄却、現在は最高裁において特別抗告審が審理中）。

一方、袴田事件では、四月二十二日、民主、自民などの国会議員五十七人が「袴田巖死刑囚救援議員連盟」を発足させた。事件から四十四年が過ぎてからでは、遅きに失した感がなきにしもあらずだが、党派を超え政治家が結束した意義は大きい。同議連では今後、長期の勾留で心神喪失状態となった袴田に対する死刑執行を停止するよう、積極的に政府に働きかけていくという。

袴田事件は二〇〇八年四月に第二次再審請求が行われ、静岡地裁の決定を待つ段階にある（注・この後の出来事は301頁の年表参照）。

再審が始まるか否か。一審で偽りの死刑判決文を書いた熊本はこう言った。

「裁判官の考えしだい」

熊本の事件に対する考えは、今さら説明するまでもない。

元主任裁判官が持つ法の理念が、静岡地裁の裁判官にも存在していることを祈るばかりだった。

IX
四年後

再審開始は考えられない

約束が守られるとは思っていなかった。

四年前の二〇一〇年三月、西鉄・和白駅で熊本と別れる際、ボクは言った。

「袴田さんが釈放されるまで死んじゃだめですよ。熊本さん、責任ありますよ」

対し、熊本は百七十歳まで生きる、僕の体は強いと笑ってみせた。

熊本を元気づけるためだけのことばだった。熊本がたとえ百歳まで生きながらえても、その日が来るとは想像だにしなかった。

再審の扉は開かない。袴田事件のことを調べれば調べるほど、熊本のことを知れば知るほど、その壁が厚く高いことを思い知らされていた。無実の人間を獄中に放り込んで四十数年。これほど冤罪が明らかな事件なのに、袴田さんを檻に閉じ込め続けるのは司法の威厳維持以外に理由が見つからない。今さら裁判のやり直しなどできるものか、という愚かながらも強固な面子。こと袴田事件では理屈や常識が一切通用してこなかっただけに、そこに光は見出しにくかった。

似たあきらめは熊本にもあったようだ。

二〇一一年十月、ボクのパソコンに一通のメールが届いた。件名には【熊本氏に関してお伝えしたいことがあります】と記されていた。

「貴殿の著書『美談の男』（注・二〇一〇年に出版された本書の親本のこと）を大変興味深く拝読させて頂きました。きっかけは、熊本典道氏との出会いです。熊本氏は現在、弊社の運営する老人ホームに入居中です。今年の八月、福岡市に新規開設した施設に入居され、先日、僅かな時間でしたが、私は熊本氏と直に面談させてもらい、その凄絶な人生に何とも言い知れぬ思いにかられておりました（後略）」

熊本の近況を伝えてくれた主は、北九州市小倉に会社を持つ施設の代表者だった。

熊本の体調が良くないことは島内から聞いていた。同じ家に住む彼女の娘が、熊本の存在を疎ましく感じていることも耳にしていた。

「私もねぇ、そろそろ限界やなぁと思ってるんです」

島内が電話でこぼすのも無理はない。一文無し、身を寄せる相手もいない熊本を、長年ただ善意だけで守ってきた女性である。彼女が限界と言うのなら、そのとおりなのだろう。熊本さん、ついに老人ホームですか。そこで余生を過ごすのもまたあなたの人生ですよ。

それから二年以上、熊本と何のコンタクトも取らなかった。取る理由もなかった。聞くべきことは聞き、書くべきことは書いた。熊本のことを丸裸にしたことに若干の後ろめたさはあったが、悔いはない。悔いがあるとすれば、本が売れたらその儲けを少しでも還元したいという思いが実現できなかったことくらいか。

一四年二月末、熊本がカトリックの洗礼を受けたことをネットのニュースで知った。最高裁での死刑確定後クリスチャンとなった袴田君の心境に少しでも近づきたい。熊本はボクが取材した際に言っていたように、四年前から教会に通っていたようだ。洗礼を施したのは、おそらくカトリック古賀教会のジュード神父だろう。ニュースは、脳梗塞で足や言葉が不自由なため神父が自宅を訪れ聖水をかけたこと、熊本が感涙したことも伝えていた。自宅。ということは、熊本はその後ホームを出て、島内の家に戻ったのだろうか。島内はまた熊本を招き入れたのか。

このころからニュースで熊本のことが話題にのぼるようになった。ボクの元にも、熊本とのコンタクトを仲介してほしい旨、何件か問い合わせが入り始める。静岡地裁の第二次再審請求審の決定が近づいていた（注・この後の出来事は301頁の年表参照）。

しかし、熊本はメディアの問いに言い切っていた。

「再審開始は考えられない。司法はあのときと何も変わっていない」

カメラに収まった熊本は見るからにやつれていた。

弱々しい、でも確かな手応え

羽田空港に降りしきっていた雨が嘘だったかのように、福岡は晴れ渡っていた。

二〇一四年四月二十一日、西鉄線某駅。小さな改札を出た先に島内が待っていた。

「あの日から毎日、テレビやら新聞やらいっぱい来て、熊本さん疲れきっておられて、もう最近は取材は断ってるんです。でも、尾形さんが来られるし、きちんと話しせんといかんよって言って。

「今日は比較的調子良いですよ」

駅からの道すがら、島内の話に耳を傾ける。

熊本はホームを出た後、やはり島内の家に身を寄せていた。何でも、施設での暮らしが合わず、ここを出たいと暴れることも少なくなかったという。それは、熊本さんのわがままじゃないんですかね。

「職員の人から、精神科に入院した方が良いとか言われて、そんなことなら私が引き取るって。もう他に方法がないですもんね」

ホームにいたのは僅か数カ月。その後、二年半ほど島内の自宅で暮らしていたが、半年ほど前から〝徘徊〟を繰り返すようになった。

「夜中の四時ごろ、気づいたら熊本さんがおられんのですよ。方々捜して見つからんから警察に電話したら、そこに保護されとられて。前立腺ガンはホルモン注射で治まってるんやけど、認知症も進んでるみたいです。それで、先月末からあそこに」

島内が目をやる先に、介護施設が建っていた。


一階のホールでデイサービスの機能訓練に励む多くの老人の姿があった。エレベーターを降りたすぐ先の個室に「熊本典道」の名札が掲げられていた。

熊本は車椅子に身を沈め、後ろを向いていた。

「ほら、熊本さん、尾形さんが来られましたよ」

島内が車椅子を逆にし、ボクの方に向ける。こわばっていた熊本の顔が少し緩んだ……ような気がする。

「どうも、ご無沙汰しています。熊本さん、私のことを覚えて」

言い終わる前に、握手を求められた。弱々しい、でも確かな手応え。熊本の目からすでに涙がこぼれていた。


「今日は調子が良い」という島内の言葉を鵜呑みにした自分が甘かった。この日、熊本はほとんど言葉を発しなかった。その代わり、ボクの問いかけに何度も嗚咽した。嗚咽する理由があった。

ここ一週間、ボクは可能な範囲で事前取材を行っていた。まずは袴田さんの姉、秀子。釈放後の巖さんの面倒見はもちろん、マスコミの取材攻勢で心身共に疲労しきっている彼女にボクは二、三の質問を記したファックスを送った。ちなみに、弁護団に問い合わせたところ、現在、秀子さんの取材には一切応じられないと固く断られた。

ルール違反は承知の上。返事も期待していなかった。しかし、彼女はここに来る二日前にファクシミリで返信をくれた。

「じゃあ私が読むよ。熊本さんについて今思うこと。あのとき、よくおっしゃってくださいました。あんた、秀子さんが、よく言ってくださったって」

熊本の目から大粒の涙がこぼれ、口から涎《よだれ》が垂れる。

ボクは和田久にも電話をかけていた。熊本の司法修習生時代の親友で、熊本が都落ちした後の数年、生活を支えていた一回り年が上の先輩。和田は八十八歳にして今も鹿児島で現役の弁護士として活躍している。四年前、ボクは和田に会って話を聞き、彼の思いを熊本に伝えた。熊本はワダキューに会いたいと泣いた。が、未だ再会は果たされていない（注・和田久弁護士は一七年八月二十六日に肺の病気で死去。享年92）。

「袴田さん釈放を受け、今、熊本さんに何か思うことはありますか。伝えることがあればおっしゃってください」

答えは、現在も和田の事務所で働く船元から返ってきた。いや、正確には答えはなかった。船元によれば、和田はボクの問いにずっと下を向き、一切言葉を発しなかったという。言うべきことがなかったのか、ことばが見つからなかったのか。船元が教えてくれたのは、あの夜、和田や船元と同席して熊本の話を聞かせてくれた、鹿児島ドックの伊地知社長が数年前に亡くなったということだけだった。

父と会っても何も変わらなかった

熊本の長女、裕子は旅先で袴田さん釈放のニュースを知った。袴田事件に自ら深い関心を持ち、再審開始を嘆願する署名を百八人から募り支援団体に送り届けた彼女である。今回の静岡地裁の決定は、本当に良かったと言う。が、それを踏まえて〈父に思うことは何もない〉とも返信メールには記されていた。

四年前の三月、裕子は十数年ぶりに福岡のホテルで父と再会した。この日のことを熊本に尋ねても、答えは返ってこない。ただ、その様子を間近で見ていた島内には奇異に映ったという。

「私は、泣きながら抱き合うとか、そういう風になるんやと思ってたんです。ところが、なんやろかねぇ、熊本さんは泣いとられるだけやし、裕子さんは裕子さんで、クールというかドライというか、私はようわかりませんでした」

それまでの熊本と裕子の父子関係を知らなかった島内が不思議がったのも無理はない。熊本が再婚相手の妻や娘たちに取っていた態度は、およそ一般家庭の常識からはかけ離れたものだった。

それでも、裕子は〇七年二月に放映された「報道ステーション」で袴田事件の後悔を口にする父の姿を見て激しく心を動かされた。そして、迷ったあげく父と対面する。一つのケジメであり、父と会うことで気持ちに変化が起きるかもしれないとも考えた。しかし、結果、何も変わらなかった。父は昔のままの父だった。

十六歳まで一緒に暮らした親子。十六年という歳月は長い。が、裕子にしてみれば、たかが十六年。しかも、小学校高学年からは、父がいない方が良いと思っていたくらいだ。熊本は、本来なら愛し愛される娘にそう思わせるに十分な家庭人失格者だった。

〈特に父が嫌だ、許せないとか、そういう感情でもなく。というか、そういう感情すらありません。離婚した後も、父に会いたいと思った事もなく、私の人生において、父親という存在はほとんどありませんでした。なので、今もその続きという感じでしょうか。冷たく聞こえるかもしれませんが、私の日常に父親という存在があまりなかったので、正直、今のこの状態が普通の人から見ておかしいと思われても、何がおかしいのか私にはピンとこない感じです〉

冷たいのではない。熊本と裕子の対面は互いの〝区切り〟だった。ここからまた別の関係が始まるかもしれなかった。が、そうはならなかった。零《こぼ》れた水は元には戻らない。清算できる過去とであきない過去があるのなら、熊本と裕子の関係は哀しいかな後者だったのだ。

「ボクには、もう裕子さんが熊本さんとお会いになることはないように思います」

「…………」

「仕方がないとお考えですか。それとも、またお会いになりたいと」

「……僕が……ぜんぶ……悪いんで……す」

会いたいに決まっていることを知りながら聞き、無理に答えさせている。自分が熊本を責める立場にないこともよくわかっている。が、少しだけ関わってしまったボクには「こうなってしまった」親子の関係が切なくてたまらない。

「可能さんも同じじゃったねぇ」

島内に言われるまで知らなかった。熊本が最初に結婚した妻との間に授かった一人息子。島内の話では、裕子と対面したころ、時を同じくして、可能も熊本に会うため福岡を訪れたのだという。

「ホテルのロビーで一時間くらいやったですかねぇ。お母さんのことをずっと話題にされとりました。その後、一回電話がかかってきましたけど、それっきりです」

可能にも事前に三度ほど電話をかけ、留守電にメッセージを残した。が、返事はなかった。彼も裕子と同じように、自分を生んだ父と直接会うことをケジメとし、会ったことが区切りとなったのだろうか。

百点満点で二十点の人生

二〇一四年三月二十七日、熊本はテレビの前にかじりついていたという。その日の朝、「救う会」の門間から、まもなく静岡地裁の決定が下される旨、連絡を受けていた。

午前十時、地裁前に弁護団の一人が現れる。両手に「再審開始」の幕が掲げられていた。一瞬目を疑い、すぐに島内と抱き合ったそうだ。

「どんな思いでしたか？」

「……信じら…れませ…ん…でした」

その日の午後には、テレビ局の報道リポーターとスタッフが大挙して押し寄せてきた。夕刻、袴田さん釈放。六八年九月十一日、静岡地裁の法廷で死刑判決を下して以来、四十五年ぶりに見る袴田巖元死刑囚の姿だった。

「お姿をご覧になって、いかがでしたか？」

「…………」

「袴田さん、当時とお変わりになってますか？」

「……こんなことが…こんなことが……あるんやなぁ……」

熊本が顔を歪めながらガッツポーズをして見せる。その日、テレビでも熊本はカメラに向かい同じポーズを取っていた。ボクには、その姿が〝ボクサー袴田巖〟のファイティングポーズに重なって映る。

「生き…て…いて……本当によ…かった……です…本当に……はい…」

　ボクの問いに熊本は言葉をつまらせながら、弱々しく答える。

　偽らざる気持ちだろう。心にもない死刑判決文を書いた後の、絵に描いたような転落の人生。払った犠牲。患った多くの病。島内と出会って見つけた心の拠り所。それでも、生きている間に、己が拘置所での地獄のような暮らしを強いた人間が自由を得るとは、夢にも思わなかったに違いない。

　生きていてよかった。本当ですよ、熊本さん。

「トータル何点くらいですか？　自分の人生を百点満点で言うと？」

　冗談めかした問いに、熊本は静かに天井を見上げる。数分の沈黙。そろそろ終わりにしようか。帰り支度を始めたとき、重い口が開いた。

「……二十点……」

「あら、そりゃあ低いわねー」

　島内が意外そうに言う。百点満点で二十点。司法試験をトップで合格したエリートの人生が赤点不合格。正当な自己評価なのだろう。仮に袴田さんの釈放が無ければ、それこそ零点だったのかもしれないのだから。

「今までで一番、楽しかったころはいつですか？」

「……ないよ……」

「和田さんとお酒飲みまくってたころじゃないですか？」

「…………」

「今、やりたいことはありますか？」

「……ない……」

「行きたい場所とか？」

「……ない……」

「会いたい人は？」

「……ない……」

「あんた、おるやないの。袴田さん。会いたいって言っておられたじゃないの」

ボクが聞きたかったことを島内が代わりに問うてくれた。熊本さん、何度もおっしゃってたじゃないですか。袴田君にもし会えたら、本当に申し訳なかったと頭を下げているしかない、と。

「秀子さんはファックスで、そういう機会があれば是非とおっしゃってますよ」

「……会いたい…よ……そりゃあ…会いに…行き…たいよ……」

熊本は泣きながら声を絞り出し、そのましゃべらなくなった。

一日一秒でも早い再審開始、無罪確定を

再審開始。死刑執行及び拘置の停止。今回の静岡地裁の決定は、まさに英断と呼ぶに相応《ふさわ》しいものだった。それはもちろん、姉・秀子や弁護団、支援者たちの尽力の賜《たまもの》であろう。とりわけ弁護団提出の「5点の衣類」のDNA再鑑定が、犯行の証拠になりえないことを証明したことが、決定に大きく作用している。

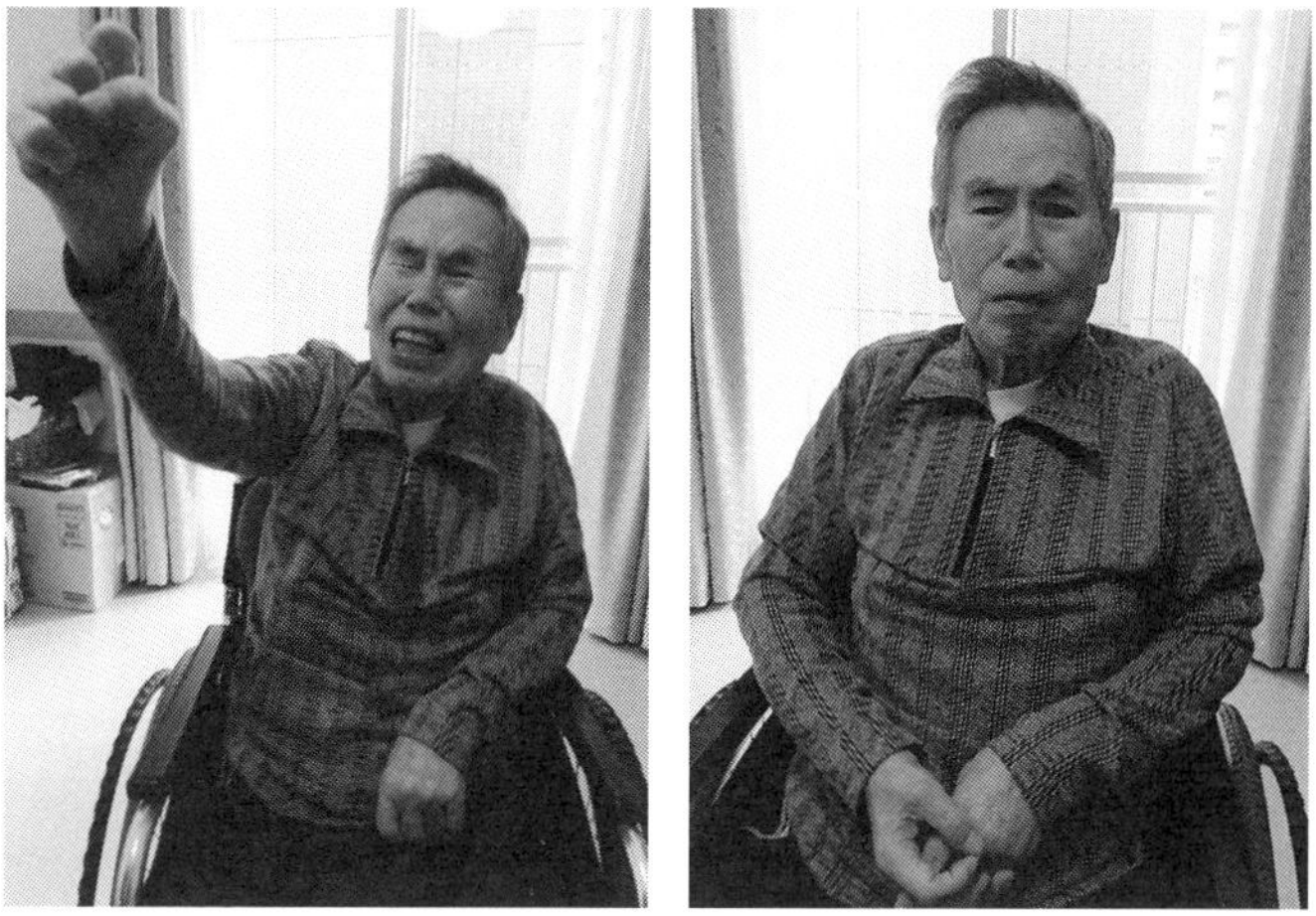

熊本は、袴田さんの釈放を心から喜び、直接の謝罪を願っていた。
（福岡市内の介護施設にて。2014年4月21日、著者撮影）

しかし、素人考えながらボクは思う。村山浩昭《むらやまひろあき》裁判長をはじめとした静岡地裁裁判官たちの〝良心〟について考える。司法の歴史や威厳を重んじれば、証拠品が古いとして控訴を棄却することもできたはずだ。しかし、彼らは弁護団さえ想像しなかった画期的な判断を下した。警察・検察の捏造を強く疑い、袴田死刑囚をこれ以上拘置することは耐え難いほど正義に反すると厳しく断じた。

四年前、熊本は「すべては裁判官の考えしだい」と言った。それが正論なのだと今、改めて思う。裁く者の心の在り方で、判断は右にも左にも転ぶ。ましてや、袴田事件のような「自白」が逮捕の決め手となった証拠に乏しい案件では、裁判官の考えが全てと言ってもいいだろう。

四年前、ボクは自分が著した拙《つたな》いルポルタージュ『美談の男』（注・二〇一〇年に出版された本書の親本）を、出版後すぐに簡単な手紙を添え静岡地裁に送った。熊本典道という裁判官がいたこと、彼が良心の呵責に長年苦悩してきたこと、再審開始を心から願っていること。それが静岡地裁の裁判官の目に留まった可能性は低いかもしれない。しかし、泥だらけの人生を歩みながら無罪心証を明らかにした熊本の存在が、今回の決定に僅かでも影響したのだとボクは信じたい。本当は美しくも何ともない〝美談の男〟が、裁判官の心を静かに揺らしたに違いないと願う。

熊本は取材の最後に、袴田さんに直接会って謝罪したいと声を詰まらせた。しかし、もしそれが実現したとして、袴田さんは熊本を認識できるのだろうか。一審で検察官とやりあった裁判官として記憶し、姉に宛てた手紙に控訴審の有力な証人として法廷に呼ばなかったことを悔やむとその名を挙げた熊本を、心から受け入れられるのだろうか。

報道によれば、袴田さんは拘禁反応により、実姉でさえ本当に認識できているのかわからない状態にあるという。釈放になったことは素直に喜ばしい。しかし、それで自由は得られたのか。自由とは、己が自由を味わって初めて意味を持つのではないのか。もしかすると、袴田さんの心は、塀の内外でも大きな差はないのではなかろうか。

一審で熊本の他にもう一人無罪に傾く裁判官がいれば。控訴審で覆っていれば。最高裁が高裁に差し戻していれば。第一次再審請求が認められていれば。

仮定の話は詮ない。しかし、袴田さんの現在の状態、秀子さんの長年の心労を思えば、遅きに失した感は否めず、同時に国家権力が犯した重大な過失に激しい怒りを覚えざるをえない。

そして重要なことは、袴田さんの現在の立場が、未だ「被告人」ですらないという事実だ（注・

二〇一四年）。

二〇一四年三月三十一日、検察は地裁の決定を不服として即時抗告を申し立てた。弁護団はこれを棄却するよう意見書を提出したが、東京高裁が検察の抗告を認める可能性も万が一残っており、それが現実のものになれば、今回の静岡地裁の決定自体が無と化してしまう。一方、高裁が抗告を棄却しても、検察にはまだ特別抗告が残っており、判断は最高裁に委ねられることになる。

検察がいたずらに再審開始の確定を先延ばしにしていることは明らかだが、識者の見立てでは、再審開始確定まで半年から一年、再審開始から無罪確定までを想定すれば都合一年半から二年の時間を要するらしい。

この間、袴田さんは国から一円たりとも「刑事補償」は与えられず、弁護団や支援者の助けを借りて暮らさなければならない。すでに齢《よわい》七十八。姉の秀子も八十一と高齢だ。

残された時間は多くない。一日一秒でも早く再審が始まり、無罪確定の後、裁判官全員が袴田さんの前で心から謝罪することを祈念する（注・この後の出来事は３０１頁の年表参照）。

X
さらに九年後

巖さんや秀子さんには悪いけど、単純に面白いんですよ

二〇二三年五月十七日、全国的に真夏日となったこの日、本書の編集担当である朝日新聞出版の斎藤順一《さいとうじゅんいち》を伴い浜松を訪れた。再審開始決定を受け、袴田さんと姉・秀子に改めて話を伺うのが目的である。袴田さんは長年の勾留により発症した拘禁反応の影響で通常の会話はできないと聞いている。それでもひと目お会いし挨拶したかった。

袴田家への案内は、清水救援会（袴田巖さんを救援する清水・静岡市民の会）で事務局長を務める山崎俊樹に依頼した。袴田さんを支援し続け、弁護団とも密に連携を図りながら再審開始に尽力してきた人物で、消息不明だった熊本が世間に現れた際には、当時熊本が住んでいた福岡市の自宅アパートに自腹を切って電話を引き、生活保護の手続きも代行した。

「熊本さんとは同じ佐賀の出身だから、体調を崩された後も実家に帰るたび見舞いに行きましたよ。見栄っ張りだった自分の親父とそっくりで、どこか放っておけなかったんですよね」

待ち合わせの、JR浜松駅に隣接するオークラアクトシティホテル浜松のロビーに現れた山崎と直に会うのは十四年ぶりだった。なんでも、ボクが最初に話を聞いた翌年に会社員生活にピリオドを打ち、今は妻が自宅の近くで開いていた学習塾を引き継ぐ形で、小中学生十数名に全教科を教え

ているそうだ。
「わりと自由がきく仕事なので、支援に専念できるようになりました」
「袴田事件に関わってもう何年になりますか？」
「三十年以上は経ちますね。ようやく先が見えてきた感じです」

現在六十九歳の山崎が冤罪事件に関心を持つようになったのは、まだ学生だった一九七三年、十九歳のころ。友人がくれた劇画『差別が奪った青春　実録・狭山事件』がきっかけだった。同書で描かれた狭山《さやま》事件（六三年五月、埼玉県狭山市で高校一年生の少女が被害者となった強盗強姦殺人事件。被差別部落出身で当時二十四歳の石川一雄《いしかわかずお》さんが逮捕され、一審で死刑、控訴審・上告審で無期懲役判決を受けたが、当初から冤罪を疑う声が多く、一九九四年に仮出獄後も無罪を訴え現在も再審開始を求めている）の実態に衝撃を受け、支援者の集会や現地調査に参加する。

七六年からは当時第四次再審請求の終盤を迎えていた島田事件（62頁参照）に関わる一方、八一年には袴田事件とも接点を持ち清水救援会に参加。八九年一月に島田事件の再審判決公判で無罪が確定して以降、本格的な支援活動をスタートする。担っていたのは機関紙の発行と、月一度の東京拘置所通い。袴田さんと面会するためだが、会えるのは姉・秀子、弁護人、清水救援会の会長だけで、山崎は拘置所の受付で待っていた。現在、袴田事件弁護団の事務局長を務め、山崎とも深い絆を築く小川秀世弁護士と知り合ったのもそのころだ。

ちなみに、袴田さんは八〇年の死刑確定後から約三年半、秀子との面会を拒み、九三年ごろからは秀子とは面会するものの、弁護人や支援者との面会を拒否。九六年ごろから再び秀子との面会を拒否し、誰とも面会しないようになったが、その後も山崎は秀子に同行し拘置所へ足を運ぶ。会えなくとも、支援者が面会に訪れているという事実を残せば、袴田さんの死刑が執行されないと考えたからだ。その思いが叶うのは十一年後の〇七年三月。〇三年に支援者の面会枠を高齢だった清水救援会の会長から譲り受け、粘り強く拘置所へ通っていた山崎との面会に応じてくれたのだ。その日は山崎ひとりで拘置所へ訪れていたが、知らせを聞いた秀子も後日拘置所へ赴き、以降、袴田さんは姉との面会には応じるようになる。

話は前後するが、第一次再審請求が静岡地裁に棄却された三年後の九七年、弁護団に加わった秋《あき》山賢三《やまけんぞう》弁護士（徳島ラジオ商殺し事件の再審などを担当した元裁判官）の提案で、抗告審に向け袴田さんが獄中で肉親に宛てて記した無実を訴える手紙の分析が始まり、山崎も毎月一回、秀子の自宅に集まり膨大な手紙を読み解析作業を行った。要は、このような手紙を書く人物が残虐な事件を起こすわけがないという証拠の拾い出しである（注・袴田さんの獄中書簡は『主よ、いつまでですか』のタイトルで一冊の本になっている）。また、時を同じくして、秋山弁護士が「冤罪事件は支援者との協力が必要だ」と発言したことを受け、「袴田ネット」という弁護団と支援者との共闘関係が成立し、山崎ら支援者の弁護団会議への参加が可能となる。

犯行着衣とされる5点の衣類のみそ漬け実験が開始されるのは二〇〇〇年のこと。小川弁護士が、検察が開示したカラー写真を改めて見直し、ズボンのポケットから発見されたマッチと絆創膏が一年以上みそに漬かっていた割に新しく見えると言い出したのが始まりである。山崎がポケットの素材が異なる三種類の衣類を調達、小川が当時の裁判記録からみその配合を調べたうえでみそ屋にその配分比で作ってもらったみそを準備し、事件時と同じく同年七月二十日にみそ漬けを始め翌年八月三十一日に開封した。結果は、マッチや絆創膏にはほとんどみそが浸み込んでおらず綺麗なままだったが、半袖シャツが検察開示の写真とは異なりみそ色そのものに変化していた。確かな違和感があった。ただ、このときは最終的に証拠化することは断念している。

〇四年八月、第一次再審請求即時抗告審が東京高裁で棄却され、特別抗告審に向け新しい証拠が必要となった。山崎はやはりみそ漬け衣類に突破口があるものと考えていた。検察の主張どおり長期間みそに漬かっていたとしたら、検察が開示した写真の半袖シャツは白すぎる。5点の衣類は警察の捏造に違いない。ただ、推定だけでは何の力も持たない。求められるのは確たる証拠だ。

「そこで、弁護団会議に参加したとき本格的なみそ漬け実験を提案したんですが、最初は真剣には相手にしてもらえませんでした。単なる支援者が捏造を証明する実験なんていかがなものか、そんな雰囲気でしたね」

手探り状態のなか、山崎ら清水救援会のメンバーは、鶏の血液と市販のみそを大量に使った実験を行う。が、満足のいく結果は得られなかった。短時間で衣類にみそが染み込むよう水で薄めていたため、付着した血液が衣類全体に散らばり血液付着部分が明確に残らなかったのだ。

これを踏まえ、今度は人血を使い、水に薄めずに実験することとなった。人血は、清水救援会のメンバーの兄が開業医だったことから血液の採取を依頼した。ただし、採血は一人につき二〇ミリリットルの条件付き。急遽十人を招集したものの、実際には三、四人程度で十分事足りた。こうして、山崎らは数多く作った布片のサンプルをみそに漬け、経過を観察する。

○八年三月、最高裁に特別抗告審を棄却され、弁護団は第二次再審請求の新証拠として、山崎らに改めてみそ漬け実験の実施を依頼する。実験は三度行われたが重要なのは次の二つだ。

●短時間みそ漬け実験（〇八年四月）

一年二カ月を待たずとも、たまり（みその製造過程でできる醬油状の液体）でみそを溶かした溶液に衣類を入れれば二十分程度で検察開示の写真と極めて似たみそ漬け衣類ができること、つまり警察の安易な捏造を証明するのが目的で、報告書は山崎が作成、小川弁護士と練り直した。

●再現みそ漬け実験（〇八年七月～一〇年八月）

検察官から「みそが違うのではないか」と指摘されるのを回避するため、ほぼ山崎の独断で行ったもので、最終的に時期をずらして二種類のみそ漬け実験を実施。途中一切開封することなく、静岡市清水区横砂（事件現場近く）の農家の納屋に預けた。一〇年八月、静岡県の伊豆で行われた弁護団合宿の際、初めて開封したところ、白いシャツは濃いみそ色に染まり、血痕は赤から黒褐色に変化していた。赤みが残る検察開示の写真とは明らかに矛盾する結果である。強力な新証拠だった。

それから三年後の一三年五月、山崎は第二次再審請求審の弁護側の証人として静岡地裁の証言台に立つ。村山浩昭裁判長ら三人の裁判官から聞かれたのは、主に再現みそ漬け実験の写真撮影に関しての質問で、時間にして、わずか五分程度の簡単なやり取り。注意したのは、自分の意見を言わないことだけだった。

「専門家でもない支援者が証言することができたのは、自分でも驚きでした。これで再審開始かと思ったのも事実です。さらに、最終意見書を提出した後、秀子さんが意見陳述するときに、三人の裁判官が（袴田さんが収監されていた）東京拘置所に行ったこともびっくりでしたね。また、検察官が何かの補充書を出していたものを突き返したという事も併せて聞いて、この二点がむしろ期待を大きくさせました」

一四年三月、期待どおりの再審開始、そして死刑と拘置の執行停止（釈放）の決定。山崎が長年心血を注いだみそ漬け実験の賜物《たまもの》である。感慨はひとしおだった。

「だから、東京高裁が再審を取り消したとき（一八年六月十一日）はひっくり返りましたよ。私は〝ロク・イチイチショック〟って呼んでるんですが、それから半年ほど何もやる気が起きませんでした」

しかし、その後、最高裁が「血痕の色合いについて審理が尽くされていない」として高裁へ審理を差し戻し（二〇年十二月）、今年、二三年三月、ようやく再審開始が決定。袴田さんや秀子はもちろん、山崎にとっても確実にゴールは見えてきた。

山崎の功績はとてつもなく大きい。ただ、なぜ自身の時間の大半を割き、袴田事件に関して言えば三十年以上も無償の支援活動を続けられるのか。正義だけで貫き通せるものなのか。素朴な疑問に山崎は言う。

「一つは支援活動が無くなると、袴田さんの死刑がいつ執行されてもおかしくないという怖さがあった。もう一つは、巖さんや秀子さんには悪いけど、単純に面白いんですよ。警察や検察が、こんなに信じられないことをやるんだという驚きと発見。そこに、どんどんのめりこんでいったというのが正直なところですね」

話すことがたくさんあるようで、実は何もない関係

その山崎からボクの携帯に着信があったのは今から六年前、二〇一七年七月のことだ。熊本の容態が悪化しており永くなさそうだという。葬儀を経て火葬となった場合、親族の許可が必要となるため、熊本の息子・可能に連絡してほしいとのことだ。

何も知らなかった。熊本には一四年に福岡市内の介護施設で会って以来、一度も連絡を取っていない。パートナーの島内和子からも、それ以降、電話一本かかってくることはなかった。当然だろう。ボクは熊本が生きた軌跡を追い本に書いただけの人間である。そんな部外者に近況を知らせる必要はないし、知らされたところでできることは何もない。

ただ、後ろめたさはずっと心にあった。熊本と、彼らを取り巻く人たちの過去を包み隠さず暴いたこと。そこに悔いはないが、その中の誰かを傷つけたのではないか、嫌な思いを抱かせたのではないかという不安は拭いきれずにいた。同時に袴田事件の再審の行方も気がかりだった。一四年に画期的な判決が出たものの、検察が即時抗告したことで判断は東京高裁に委ねられていた。いたずらに時間だけが過ぎ、袴田さんの立場は未だ死刑囚のままだった。

一方、些細なことながら胸を撫で下ろすこともあった。一六年八月、ボクのフェイスブックにメッセージが届いた。

〈尾形さんご無沙汰しています。以前、熊本の取材でお世話になった〇〇可能と申します。覚えてらっしゃいますか。知り合いかも？で尾形さんのお名前が出てきて、拝見したところ、観ずに死ねるか、を主催してらっしゃるのですね。先日ゴールデン街（注・東京都新宿区）でチラシをもらったので、偶然が重なり、メッセージいたしました。今は、〇〇〇（以前、勤務していた大手広告代理店）を辞め、フリーランスで広告の仕事をしています。星くず兄弟の伝説、フラッシュバックメモリーズあたりを予約しようと思います。突然すみませんでした〉

二〇〇九年に取材してから初めての連絡だった。一四年の文庫化の際にも話を聞こうと携帯に電話をかけたが、留守電にメッセージを残せただけで折り返しはなかった。だから、嬉しかった。「覚えてらっしゃいますか」は、こちらの台詞である。ちなみに、メッセージにある「観ずに死ねるか」とは、ボクが一三年から年に一度刊行していた映画の本と、出版後に東京新宿の映画館・テアトル新宿で開催した上映イベントのシリーズタイトルで、一六年のテーマは「音楽映画」だった。

可能は「星くず兄弟の伝説」（八五年公開、手塚眞《てづかまこと》監督作）上映日に劇場へ足を運んでくれた。風貌は九年前とほとんど変わっていなかった。互いに照れもあってか、上映前のロビーで話せたのは二言三言。翌日、御礼も兼ねてメッセージを送った。

〈昨日はありがとうございました。あんな場面でまたお会いできるとは想像もしませんでした。いろいろお話ししたいようで、何もお話しする事はないような。ただ、いろんな偶然に驚いています。私は週に一、二回はゴールデン街にいます。もし、気が向いたときがあれば連絡ください。飲みましょう〉

返信は翌日届いた。

〈私もいろいろお話ししたいけれど、何からお話ししていいやら。もしかしたら尾形さんの側からしたら、話すことなど何もないのではとか、お会いした瞬間思ってしまいました。けれども、やはり、お話ししたいことはあります。聞いていただくだけなのかもしれませんが。ぜひぜひ、ご連絡させていただきます〉

それから一カ月ほどが過ぎたある夜、知り合いに連れられ入ったゴールデン街のバーで、またも偶然が起きる。記憶はおぼろげながら、カウンター席で、袴田事件とボクが書いた本のことを知り合いに話していたのを店の女性従業員が聞き、驚いた顔で言ったように思う。その本に出てくる裁判官の息子さん、ここによく来ますよ。なんと、可能が常連にしている店だった。

従業員の女性が「携帯に連絡してみますね」と電話をかけた九十分後、可能は店に現れた。そこで何を話したのか、今となってはよく覚えていない。ただ、このときも恐縮しあって、話は弾まなかった。重いテーマで取材した側とされた側。話が弾むはずもないのに、ボクは可能を連れ出し、次に自分の行きつけの店で飲んだ。最後まで互いの距離は変わらなかった。ラインを交換し別れた。もう会うことはないのかもしれない。複雑な思いを抱きつつ、ボクは一人、三軒目で酔い潰れた。

山崎からの頼まれ事をそのまま可能にラインで伝えると、「連絡してみます」とだけ返事があった。役目は果たした。山崎の言葉どおりなら、熊本に残された時間はごくわずかしかないのだろう。

しかし、訃報はそれから半年が経っても聞こえて来ず、可能が熊本に会いに行ったのかどうかも確かめなかった。代わりに嬉しいニュースと絶望的なニュースが飛び込んできた。袴田さんが秀子と一緒に病床の熊本を見舞い再会を果たしたこと、東京高裁が静岡地裁の決定を取り消し再審請求を棄却したこと。司法はやはり何も変わっていない。あきらめにも似たやるせなさが渦巻く。

熊本の死去はネットニュースで知った。

【一九六六年に静岡県で一家四人が殺害された強盗殺人事件で死刑が確定し、再審請求中の袴田巖さんの一審静岡地裁判決で、無罪との心証を持ちながら死刑判決を書いたと後に告白した元裁判官熊本典道（くまもと・のりみち）さんが十一日午後二時五七分、急性肺炎のため福岡市の病院で死去した。八十三歳。佐賀県出身。葬儀は近親者で営む】（共同通信、二〇年十一月十二日配信）

危篤状態にあることはその数日前にかかってきた山崎からの電話で知っていた。特別な感情は湧いてこなかった。逆に、容態悪化の連絡を受けてからよくぞ三年四カ月も生き続けたものだと、熊本の生命力に感心した。享年八十三。晩年の体の状態を考えれば、大往生ではないか。

弔電の一つでも出すべきか。思案していたところ、可能からメッセージが届いた。

〈尾形さん　その節はありがとうございました。新聞に掲載されたので、連絡しました。一昨日、熊本が亡くなりました。事件の支援者の方々から、ご連絡をいただき、正直渋々病院に行ったのですが、偶然にも最期に立ち会うことができました。これも、尾形さんが十年ほど前、私を訪ねてくださったおかげです。ありがとうございました。最期を看取ってくださった牧師の方とお話ししたのですが、そこで聞いた美談と、母のフィルターを通して感じたことの違和感は、拭えません。『美談の男』（注・本書の親本のタイトル）改めて読み直そうと思います。尾形さんが以前おっしゃったように、話すことがたくさんあるような、何もないようなご関係だと思いますが、尾形さんから期せずして教えていただくことは、大人になってからの人生において、私の根幹になっているかもしれないなあと思います。また、ご連絡いたします〉

渋々でも、息子が父の最期に立ち会えたのだ。救われた気分のまま、ボクは追悼を込め自分のツイッターに投稿した。

〈拙著『美談の男』が亡くなった。心に背く死刑判決文を書いたあの日から人生が一変した元判事。親族家族とは疎遠になったが救いの手もあった。何より生前、袴田巖さん秀子さんに直接謝罪できたのだから悔いは軽減されたはずだ。熊本さん、天国で好きな酒をたらふくどうぞ。合掌〉

〈熊本さんの息子さんからメールを頂いた。最期を看取ったと書かれていた。ただ牧師さんから聞く正義の人・熊本典道と、自分の抱く父親像には違和感を覚えたそうだ。家庭人としては失格だったのだろう。が、冤罪に加担したことで苦悩し破滅しない人間の方が信用ならない。良心がゆえの人生。お疲れ様でした〉

それから一カ月後の十二月半ば、一通のメールが届く。熊本の長女・裕子からだった。

〈大変ご無沙汰しております。先月、知人より父が亡くなった事を教えてもらいました。数年前に一人で福岡へ行き、入院中の父に会ったのが最後です。その際、島内さんに「裕子さんからも、頑張ってって言ってあげて」って言われたのですが、「頑張って」の言葉が出てきませんでした。私の中に、本当に父という存在がほとんどないのか、意図的に封印しているのかは未だにわかりません。

亡くなった知らせを受けたときも不思議な気持ちでした。涙は出てくるのですが、それは母も亡くなり、祖母も亡くなり、そして父も亡くなり。私へと続くものが、全てこの世からなくなった。そんなことが、とても悲しく、涙が出ました。もう昔から、私には父がいなかったので、母のときのそれとは違い、あまり実感がありません。それでも、これで良かったのかな。どうなのかな。としばらくは迷いました。ネットで父のニュースを見たりしていたとき、尾形さんのツイッターで長男の方が看取ったというのを知り、心が楽になりました。良かったです。それを伝えたくて、ご連絡しました。ありがとうございます〉

裕子の偽らざる心情が記されていた。彼女と父・熊本の関係性を少しばかり知るボクには、裕子が島内と同じ温度で熊本に接することができなかったのはよくわかる。それでも、彼女は引っかかりを覚えていた。娘として自分の行動は正しかったのか。裕子は葛藤し、ボクのツイッターを読み安堵した。詳細はわからないが、可能にとっても裕子にとっても、父親の死は一つの区切りになったはずだ。これ以上、詮索することは何もない。ボクはまた変わらぬ日常へと戻っていった。

二三年三月二十日。検察が特別抗告を断念したことが報じられたこの日の夕方、朝日新聞出版の斎藤から電話があった。二〇一四年に『美談の男』を改題し「袴田事件を裁いた男」というタイトルで文庫化していたが、この間に起きたことを取材して「増補改訂版」として出し直さないかという打診だった。

簡単に話に乗る気にはなれなかった。再審開始が確定したのは何よりだ。だからといって、改めて改訂版を出版するのはどうなのか。自分の担当書籍の締め切りに追われていることもさることながら、また関係者に取材をかけ加筆するには相当のエネルギーを要する。ボクは曖昧な答えを返すことしかできなかった。

数度のやり取りを経て、五月二日、東京・飯田橋のエドモンドホテルの喫茶室で斎藤に会った。出版に向け斎藤は多くの資料やメモを用意し、ボクを説得にかかった。三時間は話したろうか。いつのまにか、前のめりになっている自分がいた。そして、気がつけば口にしていた。どうせ出すなら文庫でなく単行本でやりましょうよ。巌さん、秀子さんにも会ってきますよ。三杯目のアイスコーヒーを飲み終わるころ、モチベーションはマックス近くまで上がっていた。山崎も口にした「のめりこむ面白さ」が蘇ってきたのだ。

熊本さんとは出会わんほうが良かった

斎藤から正式なゴーサインが出た当日、島内の携帯に電話をかけた。まずは熊本が施設に入ってから亡くなるまでの経緯を、いちばんそばにいた人間から確認しておきたい。事前に知り得た話では、島内は昨年、リンパ腫が発覚し、半年間ほど入院生活を余儀なくされたらしい。

「お体の方は？」

「今は落ちついてます。ただ私も八十二で、そこら中にガタがきてますから」

聞いている限り、声の調子は九年前と変わっていない。この女性がいたから熊本は生き延びた。島内と出会っていなければ、二〇〇七年の無罪心証の告白はもちろん、それよりはるか前にどこかで野垂れ死んでいてもおかしくなかった。島内は熊本にとって、まさに救いの神だったのだ。

「熊本さんに最後にお会いしたときは施設にいらっしゃいましたが」

「そうでしたか。その後、病院に移られたんですよ。前立腺ガンでした」

幾度かの転院を経て、最後に入ったのが原三信《はらさんしん》病院（福岡市博多区）の二人部屋。一六年半ばごろのことだ。すでに会話は成立せず、島内が話しかければ「うんうん」と、うなずくのが精一杯だった。弱りきった熊本を、当時まだ自らハンドルを握っていた島内は、自宅から病院まで車で片道三十分の道のりを週に最低二度は見舞った。洗濯物の取り替え、日用品の買い物。入院費用こそ熊本が生活保護を受けていたため負担はなかったが、ガソリン代や生活必需品は全て彼女が自腹を切った。

「本当にお金が無い人やったですねぇ。私も無いけど、これまでいくら使ったやろ。お金を貸して借用書を交わしたこともあったんやけど、結局一円も返してもらってませんからね。騙されたようなもんやわ」

熊本の病床には、清水救援会の山崎、「無実の死刑囚・袴田巖さんを救う会」の副代表・門間幸枝や同会のメンバーが年に数回訪れた。中でも、頻繁に見舞ったのが、日本バプテスト連盟福岡キリスト教会の牧師・田宮宏介《たみやこうすけ》（二一年六月死去。享年六十四）である。島内が田宮と知り合ったのは、田宮のパートナーで救う会とも交流のあった増井玲子《ますいれいこ》の紹介がきっかけで、島内は田宮に誘われ福間教会に幾度か顔を出し、後に同教会で洗礼を受けるまでの関係となる。

田宮は熊本の壮絶な人生に感銘を受け、実に親身に接した。励まし、冗談を言い、時には病室にギターを持ち込み、熊本の大好きだった鳥羽一郎《とばいちろう》の「兄弟船」や都《みやこ》はるみの「好きになった人」を奏で歌い聞かせることもあったという。

「熊本さんのお子さんたちはいらっしゃいましたか？　裕子さんは熊本さんがお亡くなりになる数年前に来られたようですが」

「はい、来られました。でも、なんて言うか、私が想像していたのとは違って……」

久しぶりの親子の対面である。島内はそれ相応の場面になるものと席を外し、少し離れた場所から二人を見守った。しかし、裕子の対応はドライだった。父親に話しかけることもなく、その後、島内と話した際にもほとんど言葉はなかった。

「裕子さんは、これで最後にします、父が死んでも連絡はいりませんと、お帰りになられました。なんちゅう親子やろかと思いましたけど、それもあって裕子さんにはその後は一切連絡していません」

袴田さんや秀子らが熊本を見舞ったのは、それから数カ月が過ぎた一八年一月のことだ。静岡地裁で熊本が書いた死刑判決文が読まれて以来、半世紀ぶりの再会。熊本は涙を流し、振り絞るような声で「いわお、いわお……」と袴田さんに顔を向け話しかけたそうだ。

死期が近いことは明らかだった。しかし、熊本はその後三年弱も命を永らえる。自ら水を飲むこともできず、栄養補給はカテーテルを通じての流動食のみ。それでも熊本の鼓動は止まることはなく、島内もまた、その三年弱を看病に費やす。


最後の数日間は付きっきりだった。合間をみて、知らせるべきところに連絡を入れた。それを受け、山崎に連れられ秀子が再び熊本のもとを訪れる。

「あと、熊本さんの弟さんもご家族と一緒に来てくださいました」

意外だった。島内は熊本と知り合ってまもないころ、熊本の実弟が住む唐津の家に連絡しているが、その際、ひどい剣幕で「あんなもんのことで二度と連絡してくれるな」と電話を切られている。熊本は実家にも関係を強く拒まれていた。が、島内はそのとき熊本に聞いた実家の電話番号をメモし、大切に持っていた。そして、思った。最後の最後に、熊本の危篤を実家に知らせないわけにはいかない。拒否されて元々。あくまで義理立てのつもりだった。しかし、弟は最後に兄のもとを訪れた。

「熊本さんと、顔立ちも声も背格好もそっくりやったですねぇ」

何年ぶりの再会だったのだろう。弟は、すでに意識の薄れた兄に「何しよんかね。本当どうしようもない」ときつい言葉を放った後、「心配はしとったけど……」と口にし、島内が将来、熊本の墓に自分も一緒に入るつもりでいることを告げると、いたく喜んでくれたという。ちなみに、熊本は三人兄弟の長男で、病院に訪れたのは三男。次男は大阪在住ということもあり来られなかったそうだ。

二〇年十一月十一日も、島内は朝から熊本のそばにいた。寝不足が続いていたが、離れるわけにはいかなかった。

「病室には田宮先生もいらしてて、私のことを気遣って少し休んだらどうって言ってくださったんで、一度家に帰ったんですよ。そしたら、その間に亡くなられました」

「死に目には会えなかったんですね」

「病院に戻ったらもう息を引き取った後でした。そのときはお帰りになってましたが、田宮先生から可能くんが来て最期を看取った、可能くんも泣いてたよって教えてくださって。それは嬉しかった」

この日のことを、救う会の門間は振り返る。

「私も数日前から福岡に行って、毎日、先生（熊本）を見守ってました。お亡くなりになった日は、和子さんの車でいったん一緒に帰りました。そしたら、田宮先生から電話があり、急いで駆けつけたんですが、もう脈は止まってましたね。ただ、笑ってるような顔で、先生、先生起きてよって何度も呼びかけました。呼びかけたら今にも返事をしそうな、そんな安らかな表情でしたね」

遺体は原三信病院の安置室に運ばれ、翌十二日、熊本が生前洗礼を受けたカトリック古賀教会（福岡県古賀市）で通夜、十三日に告別式。喪主は同病院の院長が務め、別れのミサは同教会の主任司祭・ベルナルド神父が執り行った。島内からは聞かされていなかったが、同神父は病床の熊本を何度か見舞っており、後の電話取材に、その際の様子を「お話はできませんでしたが、袴田事件の話題が出ると、いつも悲しい顔をされてました」と答えてくれている。なお、熊本に洗礼を授けた同教会のジュード神父は数年前に愛知県豊橋市の教会に移ったのだそうだ。

告別式で棺に納められた熊本は、やはり安らかな表情だったと門間は回想する。島内の挨拶、聖歌唱和、献花の際は田宮牧師がギターで賛美歌を奏でた。

参列者はコロナ禍ということもあり十数名だった。そこに一人の若者がいた。九州大学のロースクールに通う石渡貴洋《いしわたたかひろ》。門間とは、彼が中学生のとき、一人で救う会の公開学習会に参加し、将来は熊本のような良心ある裁判官になりたいと語って以来の付き合いで、熊本の訃報を知りどうしても葬儀に参列したいと懇願したそうだ。

「ただ、先生のお子さんたちがいらっしゃらなかったのは残念でした。先生は生前、子供にひどいことをした、会う資格はないと何度もおっしゃってました。お子さんも、いろんな感情があるのかもしれない。でも、先生は血も涙もある人だったんですよ。そこをわかってほしかった。私としては、葬儀ぐらいは来てもらいたかったですね」

門間は、最後まで熊本の味方だった。

その後、熊本は福岡市内の火葬場で荼毘に付され、現在は古賀教会の納骨堂で眠っている。島内は、熊本の実弟が見舞いに訪れた際言ったように、行く行くは自分も同じ場所に入る予定だという。最後にベタな質問を投げかけた。

「熊本さんと出会った人生と出会わなかった人生。今振り返って、どちらが良かったと思われますか？」

「出会わんほうが良かったです」

即答だった。さんざん迷惑を被ったのだ。もし、熊本と出会わなければ、島内も穏やかな老後を過ごせたのかもしれない。

「でも、寂しいですね。いつも話しかけていた人が今はいない。やっぱり寂しいですよ」

これも本音だろう。籍こそ入っていなかったが、気心が知れた間柄だった。熊本の告白後は、一緒にニューヨークや東京にも出かけた。もし熊本に出会っていなければ、そんな体験はできなかった。島内にとっては、嫌な思い出も数多くあるに違いない。一方、楽しかった時間も少なくなかったはずだ。それはやはり「面白かった」という言葉で表すのが的確だと、ボクは思う。

「兄のことは大好きだった」一周忌に息子が聞いた叔父の言葉

島内に話を聞いた翌日、ラインのビデオ通話で可能を取材した。なんでも、四年前に東京・銀座にオフィスを構え、現在も広告関連の仕事を続けているのだという。

二〇一七年、ボクが山崎からの連絡を受けた際に、可能は熊本に面会に行ったのだろうか。まずは事実確認から入った。

「行ってません。実はそれ以前に島内さんから父の様子を時々電話で聞かされていて、一度、見舞いに行ったことがあるんですよ」

一五年の夏、当時、熊本が入っていた病院を可能は一人で訪れた。島内から、いよいよ危ないと連絡を受けての福岡行きだった。病床の父は体の動きこそ比較的スムーズだったものの、会話はほとんどできない状態だった。このとき、熊本はベッドのそばのテレビを瞬きもせず見ていた。画面に映っていたのは、当時アイドルグループにいた女優の橋本環奈《はしもとかんな》。老齢で病を患ってもなお、若い女性に興味津々の様子だった。

島内からは、こんな言葉をかけられた。

「あなたは熊本さんにそっくりだから、お母様（熊本の最初の妻）も複雑な思いだったでしょうね」

それを聞いて、母が自分にきつく当たったり、逆に執着したりしたことが、ストンと納得できた。

帰り際、島内が言いにくそうに切り出した。金銭面で困っている。少しばかり用立ててもらえないだろうか。当時、島内は熊本に関わる出費で、本当に悩んでいた。が、可能は戸惑いを覚える。幼少期に別れたとはいえ、自分は熊本の実の息子である。面倒をみなければいけないのではないかという気持ちも心の片隅にあった。だからといって……。複雑な気持ちに駆られながらも、病院のATMで数十万を下ろし、島内に手渡した。

「それから父や島内さんに会いづらくなったのはありますね」

負い目は感じていた。余裕があれば、懸命に父の面倒をみてくれている島内に、もっと多くの金を差し出したかった。一方、父を支えたいという気持ちを百パーセント持ちきれなかった。少額とはいえ一度出したことで、今後もお願いされたらどうしようという思いも交錯した。

「島内さんの負担を考えれば、お恥ずかしい話です」

だから、六年前に山崎から連絡を受けた際も、不義理とわかりつつスルーした。会えば、また金の話を持ち出されるのではないかと距離を取った。それでも、父の状態は耳に入ってきた。知らせてくれたのは前出の田宮牧師のパートナーである増井玲子で、危篤の連絡も彼女から受けた。

二〇年十一月十一日、羽田から飛行機で福岡へ。病院に着いたのは午後二時前だった。熊本は全身を管に巻かれ、すでに意識のない状態だったが、息子を待っていたかのように脈を戻した。思わず涙がこぼれた。涙もろいのは父譲りなのかもしれないと可能は言う。

病室には牧師の田宮がいて、多くの話を聞かされた。勇気を持って告白したお父さんは本当に素晴らしい人で心から尊敬していること。同じく熊本を尊敬する弁護士の北村晴男《きたむらはるお》が面会に訪れたこと。袴田さんと再会を果たしたときの写真も見せてくれた。

「父を慕ってくださっているのは本当にありがたいんですが、母や祖父から違う側面をさんざん聞かされていた私は、そこまでの気持ちになれませんでした」

仕事の予定もあり、病院にいられるのは一時間程度。福岡空港までのタクシーを呼んだ直後、熊本は息を引き取った。

東京へ戻る機内で、いろんな思いが込み上げてきた。父の存在と告白が、袴田さんや、その家族、関係者に影響を与えたことはわかる。世の中に向けても正しい行動をしたのだろう。一方、不謹慎かもしれないが、父が良い意味で事なかれ主義だったら、家庭も仕事も器用にこなしてくれたら、今どうなっていたのかという思いもあった。無罪を確信しながら死刑判決文を書くのは並大抵のことじゃない。が、有罪と判断した残り二人の裁判官は、その後も沈黙を貫き、生きていったのではなかろうか。身の回りの人間を守るという発想でいけば、それを貫き通すのも一つの生き方ではないのだろうか。

「世の中には理不尽な目に遭っても、どうにか乗り切っている人は大勢いらっしゃるじゃないですか。父はそれができなかったんですよね。ま、あの性格だからできるわけはないんですが」

「だからこそ、ボクは熊本さんに良い意味でも悪い意味でも惹かれたんですよ。プロの法律家なら、過去の過ちを心の奥底に置いたまま、その道で生きていくでしょう。でも、熊本さんはどこにでもいる普通の人間だった。良心の呵責に悩まされ続けたから、あの告白につながったんじゃないですか」

思わず熱くなるボクに、可能は一つのエピソードを教えてくれた。母が亡くなった際（一九年二月。享年七十四）の後見人を、たまたま袴田事件弁護団の角替清美《つのがえきよみ》弁護士が務めたのだという。角替とは一度しか会っていないが、そのとき、彼女から父が無罪心証を明らかにしたことが弁護団にとっても一つのきっかけになったと聞かされたのだそうだ。

「私に気を遣ってくださったのかもしれませんが、それは少し嬉しかったですね」

熊本が亡くなって一年後の二一年十一月、可能は父の一周忌に参列する。父と、父の世話をしてくれた人たちの関係を見てみたい。島内に不義理を問われるかもしれないと若干こわごわとした気持ちながら、今度は自らの意思での福岡行きだった。

場所は田宮牧師がいた福間教会。島内や増井、救う会のメンバー数名が集まるなか、熊本の実弟

（三男）家族の姿もあった。可能にとって叔父に当たる弟は、数十年ぶりの再会をいたく喜び、兄・典道についても話してくれた。

「お金絡み含めてとんでもない迷惑をかけられたけど、兄のことは大好きだった、立派なことをしたともおっしゃってました」

父が実家とは疎遠と思っていた可能には、予想外の話だった。叔父によれば、熊本が旧友・和田久弁護士のもとを去り、島内と出会うまでの数年間は実家が面倒をみていたこともあったらしい。どんなに落ちぶれていた時期でも、誰かが救いの手を差し伸べてくれる。可能は、父の愛され方のすごさを改めて思い知った。

「たぶん、田宮さんか増井さんが作ってくださったと思うんですが、そのとき父に向けた文集をもらったんですよね。熊本さんにいろんなことを教わったとか、追悼の言葉がずらっと並んでました」

熊本が死去して、すでに二年半。可能は今、父に対してどんな思いを持っているのだろう。

「振り子のような人で、ひどい父親だと思う反面、法を破っても正義を守ろうとしたことは誇らしい気持ちもありますね」

時の経過が可能の気持ちを和らげたのか。取材の最後に聞けた言葉にボクは少しほっとした。

悲劇でもハッピーエンドでもない、一つの家族の話

熊本と再婚相手との間に生まれた長女・裕子は、父にどのような感情を抱いているのだろうか。十六歳まで熊本に振り回されながら、怯えながら一緒に暮らし、両親の離婚後も幾度となく迷惑を被った彼女には、幼少期に別れた可能とはまた違う思いがあるだろうことは容易に想像がつく。

「お久しぶりです。お世話になってます、でいいのかなぁ（笑）」

事前にメールでアポイントを取った時間に電話をかけると、張りのある声が聞こえてきた。お世話になってます、の言葉が照れくさいのはお互いさまだ。

裕子が息子と妹の直子を連れ、久しぶりに熊本に対面したのは二〇一〇年三月のこと。以降、可能と同様、島内から手紙や電話で父の状態を知らされていた。が、自分の生活を止めてまで、福岡に行く気にはなれなかった。いよいよ危ない、永くないかもしれないといった連絡は、熊本が島内と知り合う前から時々あり、ある意味、慣れっこになっていた。加えて、以前再会したとき、父に対する感情に何も変化が起きなかったことも大きかった。父の面倒をみてくれている島内には申し訳ないと思いつつも、行ったところで自分が代わって世話をできるわけではない。ならば、足を運ばない方が良いのでは。心は揺れつつも、体は動かなかった。

そこにはやはり、生まれ育った環境が大きく影響していた。父のモラハラが家庭を支配し、母や子供は黙ってそれに従うだけ。世の父親とはこんなものなのだろう。裕子はそう思い込んでいた。だから、父親に甘えたい、変わってほしいという気持ちは一切湧いてこなかった。それでも、どこで覚えたのか小学校高学年時には、一日でも早い両親の離婚を望む自分がいた。ただ、そのときですら、なぜ我が家は他所《よそ》と違ってこうなんだろう、という僻《ひが》みの感情も覚えなかった。後に裕子は父が袴田事件に関わっていたことを報道で知るが、それが家の中の冷たい空気と関連していたとは、どうしても思えなかった。

しかし、熊本が亡くなった直後、ボクに届いたメールには、数年前に父と再会したと記されていた。何か心境の変化があったのだろうか。

「確か、一七年の夏だったと思うんですが、支援の山崎さんという方から電話をもらったんです。父が亡くなるかもしれない、このまま何もしなくてもいいんですかって。その電話が結構きつかった。実の娘が疎遠にしているのに、島内さんばかりか、知らない人にも世話をかけているのかと。これが辛かったですね」

悩んだ末、裕子は一人で父のもとを訪れる。夫が自分の父親の死に目に会えなかったのを残念がっていたこと、少し前に息子に突然「おじいちゃんが死んだら、ママお葬式行くの？」と聞かれたことも影響した。息子には、小学校高学年時に、祖父が昔、裁判官や弁護士をしていたとだけ話していた。その際、息子が見せた少し誇らしげな表情が心に残っていた。自分には、居ても居なくてもという存在だが、息子にとっては血のつながった祖父。もう一度、会わせても良いのかなという気持ちもあった。

福岡行きは、事前に島内には伝えなかった。予定を知らせたら、父を支援してくれている人が集まるのではないかと危惧した。あなたは娘なのに、なぜお父さんの面倒をみないのか。恐らく、そこを突かれるのだろう。それを説明したところで自分の複雑な感情は決して理解してもらえない。なんて冷たい娘だと、皆さんの期待を裏切り、がっかりさせることになる。

「島内さんは本当に善意だけでやってくださって、感謝と申し訳なさがあるんですが、支援の方は袴田事件のことが関わってくるので、自分の中でニュートラルに考えられなくなってしまう。接点を持ちたくなかったのが正直なところですね」

島内には病院に着いてから電話をかけた。ちょうど、彼女も病院に向かうところだった。

ナースステーションに行くのも勇気がいった。私は入院している熊本典道の娘ですと名乗るのだろうか。言えば、どんな顔をされるのだろう。娘がいたのかと驚かれるのだろうか。娘なら援助をと言われるのだろうか。面会受付を済ますまでにも葛藤があった。

病室の父は、ほとんど会話ができない状態だった。覚えているのは「ありがとう」の一言と、握手を交わしたことだけ。裕子からは言葉がなかった。痩せこけベッドに横たわる父と会っても、やはり心は動かず、かける言葉がなかった。

面会を終えて、島内から、父に良くしてくれている牧師さんに会ってほしいと頼まれた。田宮牧師のことだろう。しかし、裕子はその申し出を断る。会って何を話せばいいのか、何を聞かされるのか。途端に気が重くなった。

「島内さんからは、これで最後にする、お父さんが死んでも連絡は必要ないと言われたと聞きましたが」

「言ったかもしれませんね。でも、ニュアンスは少し違って、死ぬかもしれない、危ないという連絡はもう頂かなくても大丈夫ですという意味だったんです。父が亡くなれば、葬儀の手続きとかで、親族に連絡が来るだろうと思ってましたから。実際は、どこからも何の連絡もなかったんですが」

このときの裕子の対応が、島内に冷たく映ったのも無理はない。実の娘から連絡は不要だと聞かされれば、相当なショックだ。親子なのになぜ？　その場面に遭遇した者なら、みな同じ印象を持つに違いない。

しかし、裕子には裕子なりの事情があったのだ。彼女は言う。「実の娘（血のつながった娘）」という肩書で話をするのであれば、果たして、父は世間一般が言うところの「実の父」なのか。自分には普通「実の娘」が「実の父」に抱く感情が育つ環境がなかった。それを今から持つように言われても難しい。自分の居場所は今の家族。そこに影響を及ぶことは決してしたくない。父が危篤と言われても、息子の体育祭があれば、私はそちらを優先する。そんな気持ちだった。

父の死は熊本をモデルにした映画「ＢＯＸ　袴田事件　命とは」（二〇一〇年公開。高橋伴明《たかはしばんめい》監督作）の試写を一緒に観に行った会社の先輩から知らされた。特に感情は動かなかった。ただ、これで良かったのか、自分の選択が正しかったのかという迷いはあった。だから、ボクのツイッターで、可能が最期を看取ったと知り少し安堵した。

父の死後、裕子は「熊本典道」のことを改めてネットで調べている。支援の人たちの言葉は簡単に見つかった。が、昔、父のそばにいた人、例えば弟、一緒に仕事をしていた同僚、大学で教鞭を執っていたころの大勢の教え子。彼らの言葉はいくら探しても見つからなかった。ということは、結局、父は人望がなかったのではなかろうか。無罪と確証していたと明らかにした後も、それがきっかけで家族の縁が戻ることもなかった。裕子にとって重要なのは、良心ある元裁判官としてメディアにもてはやされた父より、それ以前の父の生き様だった。

ボクには返す言葉がない。その代わりに、可能から聞いた一周忌での熊本の弟の話を裕子に伝えた。彼女は「え、それはびっくりですね」とだけ声をあげた。

「そういえば、去年、仕事で福岡に行ったんですね。最初はお墓参りくらい行こうかなと思ったんですが、お墓の場所を聞くために、父の面倒を見てくださった方に今さら連絡するのも、悪いなとか失礼だなと思って結局行きませんでした。ただ、お墓参りという形をとらなくても、こうして尾形さんと話したりして、たまに父のことを思い出すだけでも別に良いんじゃないかなというのが、今の私の正直な気持ちです」

電話を切って、どこかモヤモヤが残った。父の身近にいて、死後、父のことを良く思っている人はいないようだと裕子は言った。が、弟のことを伝えると彼女は明らかに違う反応を見せた。そこにどんな感情があったのか。裕子が知らないだけで、熊本のことを慕っていた人たちも他にいたのではないだろうか。

そんな疑問をまとめてメールで送ると、二日後に返信が届いた。

〈よく人が亡くなると良い思い出しか思い出せないと言いますが、あれから父の弟さんの言葉を思いながら、父のことを考えてみました。父が私たち姉妹を可愛がっていたのは、よくわかっています。映画にも描かれていた公園でバドミントンをしているシーンは、私も妹も少しグッとくるところはありました。駒沢公園まで歩いて行って、バドミントンをしたなと今も記憶に残っています。

でも、それがすごく良い思い出というほどでもなく、数少ない父との思い出の一つなんです。父は子供ながらにすごい人だとは思ったけど、大好きな人ではなかったなと。現役で司法試験にトップ合格し、大企業の顧問弁護士をやっていたなど、尊敬するところはありますが、お父さん大好きと思ったことがあるのか思い出せないし、今も「大好きな父」とは思えません。ひどいことをされたとも全く思わないし、大嫌いと思うほどの強い思いもありません。良くも悪くも「無」なのです。

家庭内のことは、本当にその家庭にしかわからない細かいすれ違いや、小さな出来事の積み重ねで大きく変わっていくので、そこに関わっていない人には理解しにくいこともあると思います。私の母方の親戚は皆、私たち姉妹のことをとても尊重してくれ、父とのことも深くは詮索しないでそっとしておいてくれたので、すごく救われました。

父の死に目に会わなくてもいいと思ったのは、父が嫌とかではなく、父を取り巻く環境と自分の温度差の違いを埋めるのが難しく、申し訳ない気持ちもあったからです。最後まで父のそばにいてくださった島内さん、支援者の方には感謝してもしきれないです。ただそう思うなら、なんで実の娘なのに支援しなかったんだと言われるのではないかという、後ろめたさのような気持ちもあり、連絡を拒んでしまいました。父が袴田事件のことを言わなかったら、父と再会することはなかったかもしれないけど、父を取り巻く環境が特殊すぎて、必要以上にバリアを張ってしまい、父を避けたのかもしれません。

でも後悔はありません。私たち家族は、こういう形だったんだと思います。悲劇でもなく、ハッピーエンドでもなく、一つの家族の話です〉

熊本典道さんのこと、覚えてませんか?

「そろそろ行きましょうか」

山崎に促され、浜松駅前からタクシーで袴田家に向かう。車中、ボクは不安で仕方なかった。実は事前に、カメラマンも同行させて良いものか山崎に電話で尋ねたところ、女性なら問題ないと返ってきた。なんでも、袴田さんは男性を警戒し、以前、取材に訪れたテレビ局の男性クルーを玄関先で追い返したこともあったらしい。今日訪ねるのは、山崎、斎藤、尾形の男三人。いきなり拒否されたりしないだろうか。


心配は杞憂に終わった。

「山崎さん、早く早く。巌さん、もう行っちゃうから」

タクシーを降りると、袴田さんと秀子が住むビルの三階の窓から女性が叫んでいた。ダッシュで階段を上り、玄関のドアを開ける。中は女性の声で溢れていた。秀子、見知らぬ二人の女性。袴田さんはリビングのソファに静かに座っていた。念のため斎藤は袴田さんを驚かせないよう別の部屋にいて姿を見せない。

「もうドライブに出ちゃうからさ。もっと早く来てくれないと」

先ほどベランダから声をかけた女性が言う。秀子に簡単に挨拶を済ませ、袴田さんのもとへ近づいた。表情は特にない。

「突然、申し訳ありません。お話を伺いに来た尾形と申します」

袴田さんより低い姿勢で、手土産の果物の詰め合わせを差し出す。

「この人、尾形さん。前にもここに来たことがあるよ。熊本さんのことを本に書いた作家さん。またなんか今回書くんだって」

秀子の言葉に、もう一度頭を下げ、袴田さんの目を見る。

「あ、どうも」

巖さんが、ぼっそり言った。

「実は袴田さんにぜひ見ていただきたいものがありまして」

バッグの中から、用意してきた紙を取り出す。本にも載せた熊本の若いころの写真をプリントしたA4用紙だ。袴田さんは一審の静岡地裁の法廷で熊本と会っており、後に秀子が拘置所に面会に行った際も「あの人はいい人だった」と口にしている。もしかしたら、今も頭の片隅に残っているかもしれない。万が一の期待を込め、聞いた。

「この方、覚えてらっしゃいますか？　元裁判官の熊本典道さんです。ご記憶にないですか？」

「………」

「熊本さん。ほら、会いに行ったじゃん、九州まで」

「熊本さんだよ。覚えとらん？」

先ほどの女性に続き、秀子が言うと、袴田さんはもう一度写真に目をやり口を開いた。

「覚えとらんねぇ」

ほんの十五分程度の対面だった。もう少し早く来れば良かったと悔いたが、これからもう一人の女性とドライブに出かけるという袴田さんを止められない。蝶ネクタイを付け、玄関に向かう巌さんに言ってみた。

「そのネクタイ、おしゃれっすねぇ」

「フフフ」

少し笑ってもらえた。靴を履き外出の準備が整う。袴田さんの背中に「行ってらっしゃいませ。ありがとうございました。お気をつけて」ともう一度声をかける。返事はなく、袴田さんは女性に伴われ、自分の足でゆっくり階段を下りていった。

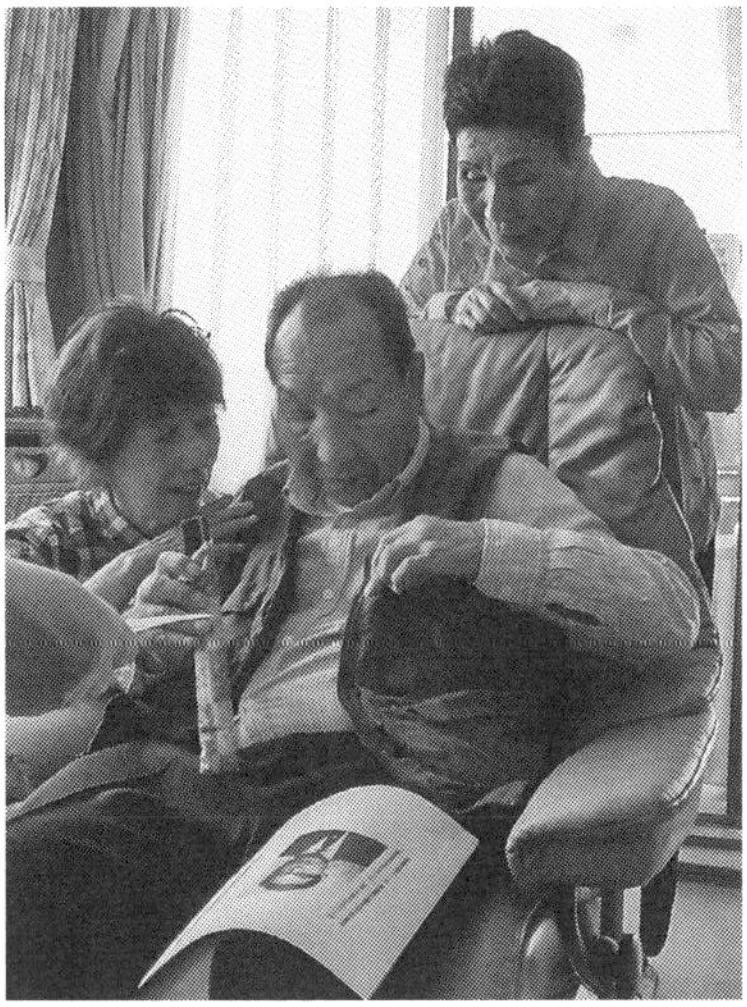

裁判官時代の熊本の写真を見せるも、袴田さん（中央）の記憶にはなかった。左は「袴田さん支援クラブ」代表・猪野待子、右が姉の秀子。（2023年5月17日、浜松市内の袴田家にて。撮影：斎藤順一）

安堵した。これも事前に聞いた話だが、袴田さんは拘禁反応により自分を最高裁長官と名乗ったり、理解不能な言葉を口にするなど、普段は妄想の世界に生きているのだという。しかし、短時間ながら会った範囲では、ただ物静かなだけで、どこも変わった様子は窺えない。

「今日は機嫌が良くて、あーしてものを言うけど、機嫌が悪いときは目がつり上がってってね。それこそ返事もしない」

いつもそばにいる秀子が言うのだから、

そうなのだろう。ボクは、単純に元気な姿の袴田さんと会えて嬉しかった。

静岡地裁が下した拘置の停止決定を受け、袴田さんが釈放されたのは二〇一四年三月。その後、病院で胆石を取る手術を受けて以降は姉・秀子と暮らし、すでに九年が経つが、秀子によれば、もう一年釈放が遅ければ獄中死していてもおかしくなかった状態だったという。

「その後は大変元気になって、そこら中出かけました　京都、大阪、九州。ただ最初の一年くらいは絶対、東には行かなんだですよ。行きたくなかったということだと思う」

釈放され秀子の家に落ちついて四年が過ぎた一八年三月、元刑務官の坂本敏夫《さかもととしお》が訪ねてきた。坂本は、袴田さんが収監されていた東京拘置所に数年間配属されていたことがあり、袴田さんとも面識があった。坂本にとっては、ほんの挨拶のつもりだった。が、巖さんは彼を覚えておらず、秀子が「ほら、刑務官の人だよ」と言うや、「俺は行かにゃあ」と外へ飛び出して行ったという。慌てて、秀子や坂本が追いかけると、自動販売機の下に座りトマトジュースを飲んでいた。「刑務官」という言葉を聞き、袴田さんが、四十八年間も閉じ込められた悪夢の東京拘置所に連れ戻されると思い込み、咄嗟に逃げ出したのは想像に難くない。ちなみに、巖さんはトマトジュースが大の苦手。それを無意識に飲んでいたことから、このときの動揺の大きさが窺える。

袴田さんの過去の記憶は、時々蘇った。秀子と山崎を伴い静岡市の清水へ行き、巖さんがみそ工場に勤める前に自ら経営し、まだ営業を続けていたバー「暖流《だんりゅう》」まで散歩したときのこと。店主に中に入れてもらい、椅子に座ると、袴田さんは「ここは違う。暖流はもっと立派なビルになっている」と口にした。妄想だった。その後、店を出た袴田さんは一人ですたすたと歩き出す。どこに行くのだろう。秀子と山崎が後を追ったところ、足が止まった場所は、今は駐車場になっているキャバレー「太陽」の跡地だった。袴田さんは、暖流を開く前にここで一時期ボーイとして働いていた。その道のりを、当時から六十年以上が経過しても覚えていた。あれにはびっくりしたと、山崎が振り返る。

自分がかつてプロボクサーだったことも記憶していた。ある日、「川崎の新丸子《しんまるこ》に行く」と言い出した。昔、所属し練習に励んだ「不二拳闘《ふじけんとう》クラブ」(後の不二ボクシングジム)があった場所だ。それを聞いた秀子らは巖さんを連れ神奈川県川崎市へ向かう。が、同クラブは一〇年に閉鎖されてすでにない。そこで、向かったのが、元東洋太平洋バンタム級チャンピオン・新田渉世が経営する川崎新田ボクシングジム(川崎市登戸《のぼりと》)。袴田さんが「ここは不二拳じゃない」と否定することはなかった。ちなみに、新田は、袴田さんが逮捕当時〝ボクサーくずれ〟と新聞などに書き立てられ、ボクサーに対する許しがたい偏見が生まれたことに怒りを覚えると同時に長年にわたり袴田さんや秀子を支援。二三年三月六日には日本プロボクシング協会「袴田巖支援委員会」委員長として、ボクシング関係者約五十人とともに東京高裁前で「時間がない」と書かれたのぼり旗をはためかせ、袴田さんの一日も早い無罪確定を、とアピールしている。

労働をしたことのないような悲しい手

現在、袴田さんは朝五時ごろに起きることもあれば十一時過ぎまで寝ていることもあり、昼食を摂った後、午後一時ごろドライブへ出かける。五時には帰宅し、夕食を経て、就寝は夜十時だったり深夜二時だったり、日によってまちまち。最近の好物はもっぱら鰻らしい。

寝起きは八畳の和室で、長い拘置所での経験からか、布団の上げ下げは自分で綺麗にこなす。風呂も一人で入るが、秀子が入れた湯では気に入らない。湯に変な菌を混ぜられているのではないかと危惧するのだという。だから、必ず自分で給湯ボタンを押し、浴室から出る際には「風呂空きました」と姉に声をかけるそうだ。

食事、ドライブ、入浴、就寝以外は、所定の位置であるリビングのソファに座り時間を過ごす日々。テレビがついていることもあるが、見ている様子はなく、先日はフランス語講座の番組が映っていたという。

「秀姉、五〇〇円やってない？　今日。まだ下にいて、行けずにいるの。お金やった？」

キッチンテーブルで秀子に話を聞いていると、先ほどの女性が戻ってきた。五〇〇円？　何のことだろう。聞けば、袴田さんはドライブに出かける前、家の下の花壇にある犬やウサギや丸石など五つの置物にそれぞれ五〇〇円玉を二枚置き（計五千円）、帰宅した際も同じ行動を取るのが数年前からの習慣だという。

「巌さんは何かと勝負してるとおっしゃってます。だから、お金を置かれたら私たちがすぐに回収して、帰る前にまた用意しておくんですよ」

「帰ってきたとき、お金が失くなっていてもわからんから、何も言わんでまた置く。前は植え込みに投げてたから探すのが大変だった。ハハハハ」

「そうそう、あれは苦労したもんね」

秀子が笑うのに合わせ、女性も楽しそうに声を上げる。えーっと、ところで、あなたは誰ですか？

「あ、すいません、私、しゃべりすぎちゃって」

差し出された名刺には「袴田さん支援クラブ　代表　猪野《いの》待子《まちこ》」と記されていた。


猪野が、袴田さんや秀子と初めて接点を持ったのは二〇一六年。同じ浜松在住ながら、それまで袴田事件のことはニュースで見る程度で、ほとんど知らなかった。その年の暮れ、当時、彼女の夫が家庭菜園で作っていた農薬も肥料も使わない野菜を袴田さんに食べてもらいたいと、ふと思い立った。

とりあえず市内の支援グループに連絡すると、近々、秀子の家で忘年会を開くので参加しないかと誘われた。野菜とみかんを持参し、片道五十分の道を車で走って袴田家へ。集いの場に巌さんの姿はなく、別の部屋にこもっていた。

帰りに、巌さんに会ってくださいと、部屋に案内された。テレビでしか見たことのない袴田巌がそこにいた。

「すいません、猪野と申しますけど、お元気ですか？って声をかけたら、龍がどうしたとか一寸法師がどうしたとか訳のわからないことを嵐のようにおっしゃったんですよ。えーなんだ、これは⁉ってびっくりしたんですけど、動揺を誘われちゃいけないと思って。実際は恐ろしく動揺してるんですけど、好きな食べ物はなんですか？　鰻とかどうですか？とか聞いたら、鰻は料理が難しいだろって。その後も、関係のないことをいっぱいおっしゃって、なんで、この人、こんな怪物みたいになっちゃったんだろうって、がぜん興味が湧いてきたんですよ」

怪物。そのフレーズにボクは相当戸惑った。しかし、秀子は連射砲のような猪野のしゃべりを大笑いしながら聞いている。恐らくは、二人だけに通じあう呼吸があるのだろう。

帰り際、「またお邪魔してもいいでしょうか？」と聞く猪野に巌さんは「いいよ」と答え、玄関まで見送りに来てくれた。感激した猪野は抱きつきたい気持ちを抑え、握手だけ交わした。女性のような柔らかい手だった。労働をしたことのないような、悲しい手だった。

年末年始、猪野は事件のことを可能な限り調べ、巌さんのことをもっと知りたいと、年明けに秀子へ電話をかける。すいません、私をお姉さんの子分にしていただけないですか？　何か面白いこと言わないと受け入れてもらえないだろうと思った。それを聞いた秀子は思わず笑ってしまう。よっしゃ！　彼女は心の中でガッツポーズを決め、以降、袴田家にほぼ毎日、出入りするようになる。

現在、猪野は名刺の肩書にあったように、一七年に立ち上げた支援クラブの代表を務め、公開学習会「袴田事件がわかる会」の毎月開催、「袴田サポーターズクラブ」の運営（現在、三百五十人が加入)、ホームページ管理、ユーチューブ「袴田チャンネル」制作管理などの他、クラウドファンディングで募った約一千八百万円を袴田事件弁護団に活動費用として提供。二〇年五月には、秀子の人生を漫画で綴った『デコちゃんが行く』(静岡新聞社)を自費で出版した。

多岐にわたる支援活動の中でも特筆すべきは、「見守り隊」の運営である。きっかけは一七年七月、巖さんが近所の公園の石段から転げ落ちたことだった。幸い打撲程度で済んだものの、以来、散歩には猪野らが必ず同行するようになった。その後、公開学習会に参加した人の中から適任者に声をかけ、一九年から女性七人、男性一人の八人体制に。みな、浜松および周辺在住の一般市民で、現在の活動は一年三百六十五日、巖さんを助手席に乗せてのドライブがメインとなっている。

「ルートはメンバーが決めるんですが、巖さんからリクエストもあって、これが大変なんですよ。たとえば、以前はしょっちゅう、東京蒲田の最高裁が袴田巖の自宅になったから見に行くとかおっしゃって。そんなの、行けっこないじゃないですか。で、お連れしたのが掛川グランドホテル。全然場所が違うんだけど、巖さんは、ここじゃないとは絶対言わないんですよね」

巖の苦労に比べりゃ、たかがしれてますよ

山崎にも感じることだが、なぜここまでできるのだろう。数多くの支援活動の運営・管理に携わりながら、今も猪野は週に五日は袴田家を訪れ、昼食を用意し、秀子が弁護団や支援者らと出かけ家を留守にする際には、巖さんと二人、この家に泊まるのだという。そのバイタリティはどこから来るのか。

猪野は言う。まずは、獄中書簡『主よ　いつまでですか』（前出）に表れる巖さんの豊かな感性、優れた表現力、艱難辛苦の中で自己を高めていく姿。人の行為によって凍りついた魂、ズタズタにされた自尊心をどうしたら回復できるのかを、猪野は出会いからずっと考え、畏怖の念を抱きながらの誠心誠意で寄り添ってきた。

そんななかで巖さんの優しい人柄に触れたこともある。袴田家に出入りし始めてまもないころ、少しでも人の温もりを感じてもらいたいと巖さんにマッサージを施した。その帰り、巖さんが「子供が喜ぶから持っていきなさい」とかにぱん（注・浜松の製菓会社が製造・販売している、爪や脚が簡単にちぎれるかにの形をしたパン）を手渡してくれた。予想外の行動に猪野は試したくなった。明日もかにぱんをせがんだら、また私にくれるのだろうか。巖さんの記憶力を確認する意味もあった。すると、三日が経ったころ、巖さんから「これだけあれば生活できるのか？」と一万円札を五枚差し出された。かにぱんも買えない貧しい女性と思われたのだろう。いったん受け取り、すぐに秀子に返したものの、巖さんの人を思いやる気持ちが手に取るようにわかった。

「あとは、やっぱり姉さんの人としての魅力、器の大きさですね。勝手にドサドサ中に入り込んで来る私を、嫌な顔をせず受け入れてくれた。今は顎で使われてますけど」

それを聞いて、また秀子が笑う。

「この人、ウイルス持ってるの。秀子ウイルス。どうってことねーよっていう。あれに感染しちゃうの。あと、姉さんは過去を絶対に振り向かない。言っても仕方ないことは絶対言わない。あーすればよかった、こーすればよかったということは絶対ない。決断を迫られたときに迷うことがない。

これはこうすりゃいいじゃん、あーすればいいじゃん、とにかく速い。こだわりもない。仮に私が何の連絡もせずに明日から来なくなっても、この人、絶対、電話もかけてこないと思うよ」

「ハハハハ。それはそれで仕方ないもんね。でも、あんたも私の若いころにそっくりだよ」

「こんなに来てると、似てくるんだよ」

「まぁ、待子さんみたいに、積極的に入り込んで来る人は他にいないわけ。普通、どこかで用心するし遠慮する。それが当たり前」

「そりゃあ、秀姉がおっかねーからだよ」

なんだろう。世間一般が浮かべるであろうシリアスさや悲壮感が漂う元死刑囚が暮らす家のイメージとはかけ離れた、この明るさはなんだろう。もしかしたら、秀子は遠慮なく自分のフィールドに入ってきて、ズケズケとものを言い合える猪野のような存在を、どこかでずっと待っていたのかもしれない。


秀子には、感謝してもしきれない人が三人いるという。二〇一四年の判決で弟を釈放してくれた村山浩昭《むらやまひろあき》裁判長。面会が叶わぬ時期も拘置所に同行し、再審開始につながる証拠を集め、証言台にまで立ってくれた清水救援会の山崎。そして、無罪心証を告白した熊本である。

「普通の人じゃなくて、元裁判官が言ったでしょ。ましてや、死刑の確定判決文を書いた人が、陳情書まで出してくれた。再審開始の最初のきっかけを作ってくれたのは熊本さんだと思ってます。あのとき、告白してくれなかったらどうなったかわからん。それ以前は、友達や知り合いと街です

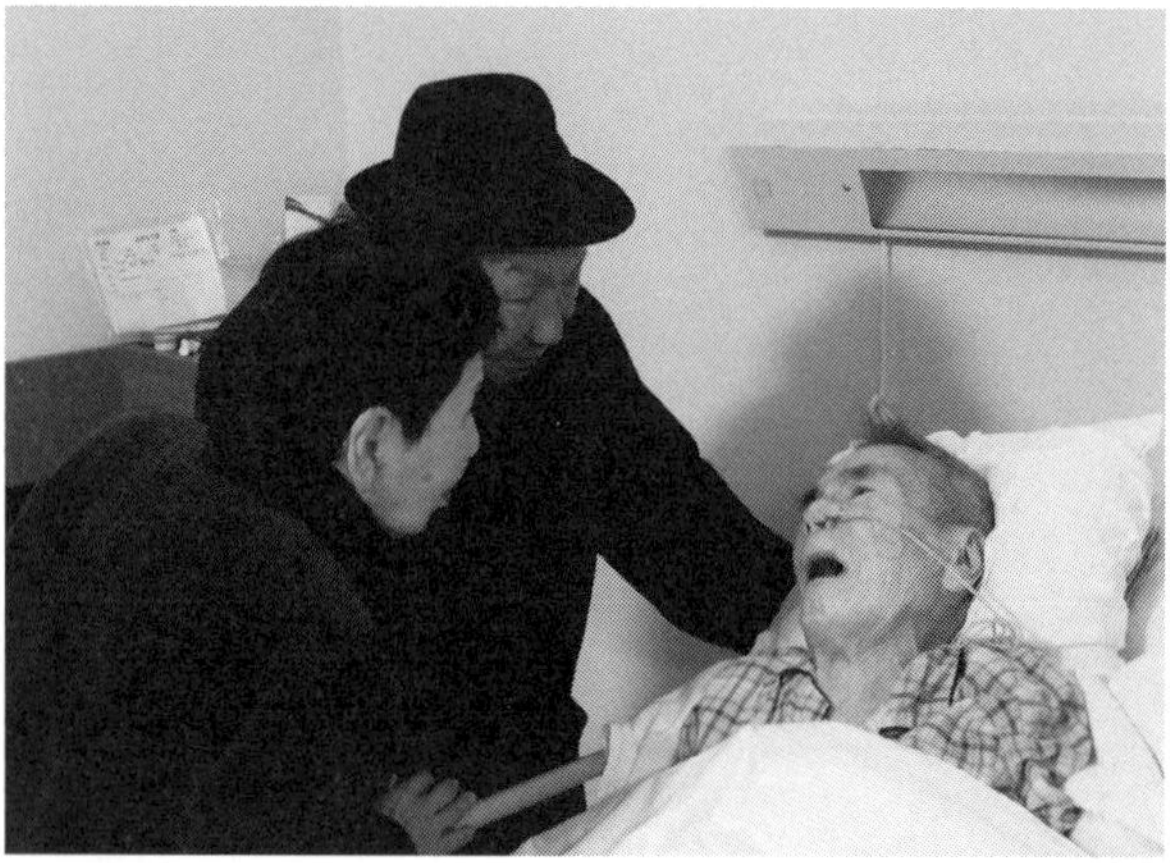

2018年1月9日、熊本が熱望していた再会が実現する。前日の朝、秀子は福岡行きを決めるや、必要最小限の荷物を持って、博多行きの新幹線に乗った。（撮影：青柳雄介）

れ違っても知らん顔された。向こうが知らん顔してたら、こっちも同じ態度を取るしかないわね。でも熊本さんが告白してから全然知らない人が頭を下げてくれるようになった。それだけ変わりましたよ」

「もう少し早く出てきてくれたら、という気持ちはなかったですか？」

十三年前、ボクが口にしたのと同じ質問を、同行していた編集者の斎藤が秀子に投げかける。

「それはね、過去のことだからね。今さら言ってもしょうがない。そんなこと言ったところで始まるもんじゃない」

秀子は、以前と何も変わっていなかった。

一八年一月に果たされた熊本と袴田さんの再会は当初、熊本が浜松に訪れる予定だった。しかし、熊本が体調を崩し、こちらから福岡へ出向くことになった。巖さん、秀子、猪野の三人と、事件と袴田さんを追いかけていた映像作家の笠井千晶《かさいちあき》、ジャーナリストの青柳雄介《あおやぎゆうすけ》がこれに同行した。

「巌がローマに行くって言うもんだから、ちょうどいい。それなら福岡まで連れて行けばいいって、巌には何も知らせずに、その日のうちに新幹線に乗りました」

病室に入ってから、弟に初めて「この人、熊本さんだよ」と伝えた。袴田さんは黙って顔を見るだけだったが、熊本は泣き出し、「いわお、いわお……」と細い声を出した。この様子を撮影した動画を後に最大音量にして見直すと、熊本は「悪かった、悪かった……」とも小さく口にしていたという。また、このとき、猪野が島内に頼まれ、ベッドに横たわる熊本の体の位置を変えたそうだが「骨と皮で、本当に軽かった」という。

前述したが、この二年後、熊本が亡くなる二日前にも、秀子は山崎と一緒に病床を見舞っている。死んでから葬式に行っても仕方ない。生きているうちに会わないと意味がない。その一心で出向いたものの、熊本はただ目を動かすことしかできなかったと、山崎は振り返って言う。

一八年六月の高裁による再審開始取り消しにも、秀子は動じなかった。ここまでくれば、とことん付き合ってやる。完全に肝が座っていた。そして、二三年三月、正式に再審開始決定。いよいよ、弟の冤罪が晴れる日が近づいてきた。

にしても、長すぎる。袴田さんが不当逮捕・勾留されてから、すでに五十七年。秀子の人生の三分の二は事件とともにあったと言ってもいいだろう。

「そんなのは大したことじゃない。巌の苦労に比べりゃ、たかがしれてますよ。今年で九十になりましたけど、おかげさまで体も丈夫で、私は百まで生きますから。ハハハ」

秀子の笑顔は太陽の光のように眩しかった。

熊本さんが無罪だと思っていたことは判決文を読んでわかりました

熊本の告白が、今回の高裁の再審開始決定に果たした役割は何だったのか。秀子はきっかけを作ったと言い、二〇一四年の地裁判決にも影響を与えただろうと思うと付け加えた。

また、その後、電話取材に応じてくれた弁護団の事務局長・小川秀世も、熊本がテレビで無罪心証を語ったことで、袴田事件が改めて注目を浴びるとともに、世論が一気に無罪に傾いたという。そうなのかもしれない。裁判官は世論を気にかける。一審で有罪と結論づけた石見裁判長も、高井裁判官も、当時、袴田さんを犯人と決めつけた新聞やテレビの報道に影響された可能性が高いと、かつて熊本は言っていた。

だから確かめに行った。今年五月十九日、東京・千代田区永田町の参議院議員会館一〇一号室で開催された「再審法改正をめざす市民の会　結成4周年記念集会」。今日ここに、再審開始決定を下し、袴田さんを釈放した静岡地裁の元裁判長・村山浩昭（二一年、定年退官。現在弁護士）が登壇する。果たして、熊本の告白が村山の心の片隅にでもあったのか否か。その答えは本人に聞くしかない。

会場には十数台のテレビカメラが入り、多くの政治家、記者、関係者が座を占めていた。午前十一時五五分、秀子に付き添われ、袴田さんが会場入り。一斉にカメラが向けられ、二人が席につい

2023年5月19日、参議院会館で行われた「再審法改正をめざす市民の会　結成4周年記念集会」で挨拶する秀子。袴田さんの参加は、当日まで公にされていなかった。（著者撮影）

た後、集会は始まった。ちなみに、袴田さんが集会前に議員会館の一室で村山と対面を果たし、秀子がメディアの取材に、村山のことを「命の恩人」と語ったことは後の報道で知った。

まずは袴田事件弁護団団長・西嶋勝彦《にしじまかつひこ》がこれまでの経緯を説明した後、秀子がマイクを握る。

「今日は巌を連れてまいりました。私達の裁判も長いことかかりましたが、再審開始になりました。本当に皆さんのおかげです。こういう席に出られるようになり、大変嬉しく思っています。本当に長い間、ありがとうございました。私は巌だけが助かればいいとは思っていません。巌ももちろんですが、再審で苦しんでいる方、皆さんに助かっていただきたい。石川さんも今日お見えですが、石川さんもぜひ再審開始になっていただきたいと思う。どうぞ、皆様、今後ともよろしくお願いします」

秀子が口にした「石川さん」とは本書251頁でも触れた狭山事件の石川一雄元無期懲役囚のこ

とで、収監されていた東京拘置所で六年近く、袴田さんと同じ時期があったという。秀子によれば、釈放後、入院を経て浜松に帰る際、東京駅に見送りに来た石川さんを見て、その外見の変わりように袴田さんは「なんだ、石川の親父か」と言ったそうだ。袴田さんは、石川さんのことを明確に記憶していた。

秀子の挨拶が終わり、椅子に座った袴田さんにマイクが渡される。何を話すのだろう。会場の誰もが注目するなか、袴田さんがしゃべり始める。

「袴田巌です。今日で東京に来て二日目になります」

滑り出しはごく普通の語りだった。そして、マスメディアは、ここまでの発言しか報じない。自主規制なのだろう。その後、袴田さんがしゃべる内容は支離滅裂だった。

「闘いがあるということで、モノを言うなってなっちゃったんだ。何が起こるかわからんから。闘いに勝つということが大事で、博打も勝ってきた。全ての勝負に勝ってきて、全世界の管理運営支配をしている袴田巌でございます。闘いはどこまでも続く世界の闘いでありまして、どういう風に切り崩して、日本の北と南だね、これではばい菌は水になっちゃってるんだ。これだけの機械を持ってるんだ、袴田巌は。自分の機械を持っているから、これ以上強いものはない。ということでございまして」

ここで、秀子が「はい、ありがとうね」と発言を止めたが、ボクはかなりのショックを覚えた。袴田さんが妄想の世界で生きていることを聞いてはいたものの、その肉声を耳にするのは初めてだ。

改めて袴田さんを襲った拘禁反応の恐ろしさを思い知る一方、猪野が口にしていた言葉が頭をよぎる。

「世間は拘禁反応と一括りにしてますけど、私はそこに違和感を覚えるんです。長い間、独房に入れられたら、どんな人でもおかしくなるでしょう。でも、巖さんは無実でありながら、ずっと死刑の恐怖にさらされ続けてきたわけですよね。その恐怖から逃れるために、自分を妄想の世界に置いたんじゃないんでしょうか。私の想像ですけど」

その想像は恐らく当たっている。再審を請求していても死刑が執行されたケースは過去に何度もある。袴田さんがどこまで意識していたのかわからないが、孤独と恐怖に支配されるなか、現実とは違う場所で生きるより、我が身を維持する術が他になかったのではなかろうか。その痛ましい心情を察すれば、袴田さんの理解不能な言動も、ある意味必然とさえ思えてくる。

「袴田巖死刑囚救援議員連盟」所属の衆参議員数名の挨拶を経て、袴田事件弁護団にも名を連ねる水野《みずの》智幸《ともゆき》弁護士の質問に答える形で村山が語りだす。

（袴田事件の裁判には名だたる裁判官が名を連ね、再審請求審も含め有罪としてきた。そういう判断に異を唱えることへのためらい、恐れはなかったのか？という質問に対し）

「再審開始を決定するのは裁判官にとって、かなりハードルが高い。なぜなら、日本の裁判は三審制でそこでようやく確定したという重みは裁判官なら誰でもわかる。それを覆すとなれば、やはりそれなりの理由がなければいけない。過去に関わった裁判官に関して言えば、上司からブランドで見てはいけないと教えられ、自分もそう思っている。誰がこの判決を書いたかということで信用してはいけない。どんなに有名な裁判官でも間違うときは間違う」

「確定一審の判決は異様な判決。最初に自白の職権排除について触れられている。これは被告人が拷問などによって自白を強要され、冤罪が生じる可能性を防ぐものだから、当然このパターンは無罪判決。ところが、主文は死刑」

熊本が書いた死刑判決文への言及である。

「控訴審は八年くらいかかっている。穿《は》けないズボンを何回も穿かせている。これはどういうことかというと、関わった裁判官がみんな迷っている。正直、当てにならない。悪くいうと、インチキ臭い証拠がたくさんある」

「その中で5点の衣類だけがなぜか脚光を浴びている。5点の衣類が本物の証拠かどうか、真犯人が有したものであり、それが袴田さんに結びつくものかどうかということを全力をあげて検討した。これが崩れれば他には有罪とする証拠はないと思っていた」

「最初はまさか捜査機関が捏造するなどありえない、という思いは当然あった。一方で、警察が場合によっては違法なことをやることを承知していた。ただ、こんなに大掛かりなことをやるんだろうかという疑問がないわけではなかった。一年少し経ってみそ樽の中から血染めの衣類が出てきたというのは偶然でありえない。真犯人が入れたか、誰かが意図的に入れたか。論理的に考えると後者しかない。では、では、その後者とはいったい誰なのかというと、常識的に考えれば捜査機関しかない」

「釈放の決定をしたのは、袴田さんの健康状態が危ぶまれていたことが一番にあった。東京拘置所に面会に行ったが、会っていただけなかった。拘置所の職員にも聞き取りを行ったが、袴田さんにとっては、部屋から出るということは何を意味しているのか。これを恐れて袴田さんは部屋から出ないのではないか。これを考えても、精神的に限界が来ている。5点の衣類は捜査機関の捏造の疑いが極めて濃い。こんなことがあっていいんだろうか。後でどういう批判を受けようとも、釈放するしかないという結論になった」

「高裁で決定が取り消されるかもしれない予感がないわけでもなかったが、正直、驚いた。拘置が解かれたのを維持されたことはせめてもの救いだった。袴田さんが逃げると思う人はいない。袴田さんと秀子さんに申し訳ないと思った。晴れて無罪になる日が遠くなった。どうして、もっと付け入る隙のないような決定文が書けなかったのか」

再審開始と拘置停止の論理的説明、高裁が決定を取り消したことへの袴田さん、秀子への真摯な謝罪。正直、胸のすく思いだった。同時に確信した。村山が、熊本の無罪心証に影響されたことなど考えられない。村山は、あくまで客観的証拠に基づき冷静な判断を下したのだ。

集会が終わり、村山のもとに多くの記者が押し寄せる。この様子では、本人からコメントを取るのは難しいかもしれない。あきらめかけていたとき、集会に参加していた山崎が手招きでボクを村山のそばに呼び寄せ、メディアの人間を制して言った。

「二〇一三年に証言した山崎です。こちら、熊本裁判官のことを本に書いてる人なんですが、少しだけお話、よろしいですか」

山崎の助け舟に感謝しながら、ストレートに聞いた。

「一審で死刑判決文を書いた裁判官の熊本さんが〇七年に、当時から無罪だと思っていたと告白されましたが、一四年の判決の際、そのことが少しでも村山さんの頭をよぎったということはないでしょうか？」

「それは、ありません」

やはり、か。

「ただ、熊本さんが無罪だと思ってらっしゃったことは判決文を読んでわかりました。もちろん、付言にも目を通しています」

付言とは、熊本が判決文作成の際に、せめてもの抵抗の証として書き記した、警察の杜撰《ずさん》な捜査を批判する厳しい文言である（１１２頁参照）。考えれば当然だが、村山はこれを読んでいた。そのことを本人の口から聞けただけで十分だが、ボクは持参していた本書の親本『美談の男』を村山に見せ、念のため問うた。

「この本を二〇一〇年に出版したとき、静岡地裁にお送りしたんですが、お読みにはなっていただけてませんよね？」

村山の口からその答えを聞くことはできなかったが、後日、村山に会った担当編集者の斎藤によれば、村山は『美談の男』を読んでいたらしい。ただ、審理に差し障りがあるため、読んだのは二〇一四年の決定後、村山が盛岡地裁に異動になってからだという。

二〇二三年七月十日、静岡地検は再審で袴田さんの有罪を立証する方針を明らかにした。報道によれば、東京高裁が捜査機関による証拠の捏造にまで言及した決定は承服しがたく、袴田さんが犯行着衣とされる5点の衣類をみそタンクに隠匿した可能性は十分あり、袴田さんの犯人性は変わらないと主張しているそうだ。

本気なのか？　ここまで無罪の証拠が出揃っているのに、検察はまだ袴田さんが事件の犯人だと確信しているのか？　恐らくや、彼らの真意は違う。証拠の捏造を受け入れることで、自分たちの面子《メンツ》が丸潰れになるのが怖いのだ。しかし、そんな面子はすでに崩壊している。検察が国民の信用を取り戻すには素直に自分たちの非を認めることが必須で、有罪を主張し続けるのは醜態以外のなにものでもない。

再審で袴田さんに無罪判決が下るのは、ほぼ間違いないだろう。ただ、それはまだ先のことになりそうだ。同じく検察が有罪を立証した島田事件（62頁参照）の場合、再審初公判から無罪判決まで一年三カ月を要している。最悪のシミュレーションを立てれば、無罪判決が出ても、検察が控訴、さらに上告する可能性もゼロではない。もしかしたら検察は、その間に、袴田さんや、請求人である姉の秀子が亡くなるのを待っているのではないかとさえ勘ぐりたくもなる。

いずれにしろ、残された時間は少ない。一日も早い再審公判の開始、袴田さんの無罪確定を願ってやまない。

拙著を二度も世に送り出してくださった朝日新聞出版の斎藤順一さん、解説文を書いてくださった江川紹子さん、そして取材にご協力いただいた全ての皆様に心より感謝いたします。ありがとうございました。

二〇二三年八月　尾形誠規

2018年(H30)1月9日	熊本典道氏、袴田巌氏と対面
5月16日	熊本典道氏、再審開始を求める上申書を東京高裁に提出する
6月11日	東京高裁(大島隆明裁判長)が「DNAの鑑定手法には疑問がある」と再審開始を認めず
6月18日	弁護側が最高裁に特別抗告
2020年(R2)11月11日	熊本典道氏死去、享年83
12月22日	最高裁が東京高裁決定を取り消し、高裁に審理を差し戻す。長年続いたDNA論争には終止符を打つ一方で、血痕が変色するのはメイラード反応かそれ以外の要因かに絞って調べ直すよう指示
2021年(R3)3月22日	東京高裁で血痕の色変化の化学的要因を解明することを中心に、差し戻し審が開始される
2022年(R4)3月2日	検察官が自らみそ漬け実験を行っていることを告知、弁護人の立会を認める
11月1日	東京高裁の大善文男裁判長ら2人が静岡地検に赴き、検察側の実験を確認。血痕付きの資料を肉眼で確かめ撮影する。弁護人も立ち会う
2023年(R5)3月13日	東京高裁が再審開始を決定。「5点の衣類」は捜査側が捏造の可能性が極めて高いとまで指摘
3月20日	検察が特別抗告を断念
4月10日	静岡地裁で、検察側、弁護側、裁判所による第1回の三者協議が開かれる。検察側が立証方針を示すのに3カ月もの期間を要求し公判開始の見通しがつかず。弁護団は「腹立たしい」
6月20日	静岡地裁で、第3回の3者協議が開かれる。検察はこの日も立証方針を示さず、当初7月までだった協議予定が10月まで追加される
7月10日	静岡地裁で、第4回の3者協議が開かれ、静岡地検は「袴田さんが犯人」と主張する立証方針を明らかにした。これにより審理が長引くことが予想され、弁護団は「組織やメンツのためなら、人生を壊すことなど何とも思わないと世に知らしめることになる」と抗議した

年表・「袴田事件」再審公判、開始への道のり（2023年7月10日現在）

2006年（H18）10月	「袴田巖さんを救援する清水・静岡市民の会」が独自に鶏の血液を使ってみそ漬け実験を開始する
2008年（H20）3月24日	最高裁（今井功裁判長）が特別抗告を棄却。第１次再審請求が終了し、死刑が確定する
4月13日	特別抗告棄却を受け、弁護団と支援者による初めてのみそ漬け実験。支援者が2006年より取り組んでいたみそ漬け実験を再審請求の新証拠とするため
4月25日	みそ漬け実験報告書を新証拠として静岡地裁に第２次再審を請求する。請求申立人は姉の秀子さん
2010年（H22）9月13日	静岡地検が証拠を開示
12月6日	静岡地検が二度目の証拠開示。5点の衣類の鮮明なカラー写真30枚が開示される
2011年（H23）8月25日	静岡地裁がDNA型鑑定の実施を決定する
12月12日	静岡地検が取調録音テープなど176点の証拠を開示
12月22日	弁護側の鑑定人は被害者のDNA型は検出しなかったとする一方、検察側鑑定人は、被害者のDNA型の可能性は排除できないと鑑定する
2012年（H24）1月23日	静岡地裁は、みそ漬けの半袖シャツ右肩部分の血痕が、袴田さんのDNA型と一致するか否かの鑑定を行うことを決定
4月13日	弁護側鑑定人は、血痕のDNA型は袴田さんと一致しないとの鑑定結果
4月16日	検察側鑑定人も、DNA型は袴田さんとは完全に一致しないとの鑑定結果を出すが、最終的に鑑定人自ら鑑定結果を取り下げる
12月2日	弁護団と静岡地検の双方が最終意見書を提出する
12月16日	秀子さんが法廷で意見陳述。裁判長より、裁判官３名が12月2日に東京拘置所を訪れ、袴田さんと面会を試みたが袴田さんは面会を拒否したことを知る
2014年（H26）3月27日	第２次再審請求で静岡地裁が再審開始決定。村山浩昭裁判長は「捏造する必要と能力を有するのはおそらく捜査機関（警察）のほかにない」「国家機関が無実の個人を陥れ、45年以上拘束し続けたことになり、刑事司法の理念からは到底耐え難い」と指摘、死刑の執行を停止する 死刑囚が再審決定と同時に釈放されるのは初めて
3月31日	検察が東京高裁に即時抗告

参考資料

『はけないズボンで死刑判決』（袴田事件弁護団＝編／現代人文社刊）
『袴田事件・冤罪の構造　死刑囚に再審無罪へのゴングが鳴った』（高杉晋吾＝著／合同出版刊）
『袴田事件』（山本徹美＝著／新風舎刊）
『主よ、いつまでですか』（袴田巖＝著／袴田巖さんを救う会＝編／新教出版社刊）
『裁かれるのは我なり――袴田事件主任裁判官三十九年目の真実』（山平重樹＝著／双葉社刊）
「烙印　元プロボクサーの再審請求」（一九八五年／テレビ静岡制作）
「ザ・ドキュメンタリー　囚われの39年～袴田事件・元裁判官の告白～」（二〇〇七年／テレビ東京制作）
「棄却　袴田事件と五点の衣類」（二〇〇八年／静岡朝日テレビ制作）
「キラキラ星通信」（袴田巖さんを救う会発行）
「セミナーNo.101」（セミナー編集委員会＝刊）
「自然と人間」二〇〇九年四月号（自然と人間社刊）
「袴田ネット」（袴田弁護団公式ホームページ）

協力

袴田巖さんを救援する清水・静岡市民の会
無実の死刑囚・元プロボクサー袴田巖さんを救う会
袴田巖さんの再審を求める会

解説

江川紹子

「袴田事件の一審判決を読んで、一人の裁判官が無罪の心証を抱いていたことは、すぐに分かりました。判決を書いた経験のある者なら、一読して気づくはずです」

そう語るのは、元裁判官の秋山賢三《あきやまけんぞう》弁護士。裁判官として徳島ラジオ商殺し事件の再審開始決定に関わり、弁護士としては痴漢冤罪《えんざい》への取り組みなどで知られる。袴田事件には、「裁判官の目で意見して欲しい」と請われて、弁護団の一員となった。そして、裁判の記録を精査した後、袴田事件の一審主任裁判官が無罪心証で判決の第一稿を書いていたことを具体的に指摘する論文を発表した（「季刊　刑事弁護」夏号　一九九七年）。秋山弁護士がとりわけ注目したのは、判決に「付言」として、自白を獲得するために長時間の無理な取り調べを行った捜査に対する批判が行われていることだった。論文では、「付言」の次の部分にわざわざ傍線を引いて引用した。

〈このような本件捜査のあり方は、「実体真実の発見」という見地からはむろん、「適正手続の保障」という見地からも、厳しく批判され、反省されなければならない。本件のごとき事態が二度とくり返されないことを希念する余り敢えてここに付言する〉

死刑判決には明らかにそぐわない指摘だ。それを秋山弁護士は、論文でこう解説した。

〈「合議の分裂」の表れであり、無罪心証を抱く者と有罪への予断・偏見を抱く者との凄まじい相《そう》剋《こく》の産物としてのみ理解しうる（中略）三人の裁判官のうちの一人の裁判官は無罪の意見であったことを意味している〉

一審の死刑判決を出した静岡地裁の裁判官は石見勝四《いしみかつし》裁判長、高井吉夫《たかいよしお》裁判官、そして熊本典道《くまもとのりみち》裁判官の三人。左陪席の熊本裁判官が主任だった。本書では、その「凄まじい相剋」の一端が熊本元裁判官の言葉で綴られている。有罪心証で固まっている右陪席の説得は諦め、裁判長を必死で説得したようだ。しかし、力及ばなかった。

秋山弁護士は、死刑を言い渡す一方で、この「付言」が残った事情をこう推測した。

〈死刑判決としてはあまりにも異常な「付言」部分の謎は、主任裁判官が書いた部分が合議の結果残されたか、または、主任裁判官が「これだけは」と頑張った結果残ったもの、とも理解することが可能である〉

この論文を発表する前に、秋山弁護士は熊本元裁判官に電話を入れた。熊本氏は自分が無罪主張だったことを含め、評議の状況を語ろうとはしなかった。それでも、『付言』の意味を考えて欲しい」など二言三言の言葉はあった。その苦渋に満ちたトーンから、秋山弁護士は自分の推論に確信を持った。

一審判決の矛盾は「付言」だけではない。四十五通もの被告人の供述調書をいったん証拠として採用しておきながら、判決言い渡しの際に、一通の検察官調書を除いて、任意性なしとして排除。にもかかわらず、自白調書を前提に事件のストーリーを組み立てていく、はちゃめちゃぶりだった。裁判が始まった当初は、犯行時に着ていたのはパジャマ、という検察側の主張が、途中でみそタンクの中から出てきた「5点の衣類」へと変わった。判決は、殺害までは「5点の衣類」で行い、その後わざわざパジャマに着替えて放火に及ぶという、いかにも不自然な認定となった。

　このような判決は、専門家が読むに堪えない代物だと、同期の中でも秀才の誉れ高い熊本元裁判官が認識しなかったはずがない。上級審の裁判官が破棄してくれるだろう、との期待はあったろう。

　ところが東京高裁（横川《よこかわ》敏雄《としお》裁判長、柏井《かしわい》康夫《やすお》、中西《なかにし》武夫《たけお》裁判官）は、矛盾に満ちた一審判決を検証する役割を果たさなかった。それどころか、一審が排除した自白証拠を採用するなどして、表向き矛盾を薄めるように努めた。そのうえ、法廷で行った装着実験でも袴田さんがはけなかった「5点の衣類」の中のズボンを、袴田さんが犯行時にはいていた、と認定した。

　そして、最高裁（宮崎梧《みやざきご》一《いち》裁判長、塩野《しおの》宜慶《やすよし》、塚本《つかもと》重頼《しげより》、木下《きのした》忠良《ただよし》、栗本《くりもと》一夫《かずお》裁判官）は、あっさりと上告を棄却し、死刑を確定させた。

　第一次再審請求は、十三年もかかった揚げ句に静岡地裁（鈴木《すずき》勝利《かつとし》裁判長、内山《うちやま》梨枝子《りえこ》、伊東《いとう》一廣《かずひろ》裁判官）が棄却。東京高裁（安廣《やすひろ》文夫《ふみお》裁判長、竹花《たけはな》俊徳《としのり》、小西《こにし》秀宣《ひでのぶ》裁判官）、最高裁（今井《いまい》功《いさお》裁判長、津野《つの》修《おさむ》、古田《ふるた》佑紀《ゆうき》、中川《なかがわ》了滋《りょうじ》裁判官）も、それを追認した。

　ここで、いちいち判決や決定に携わった裁判官の名前を挙げたのは、袴田巖さんが半世紀にわたって殺人犯として身柄拘束された悲劇は、これら裁判官が、その職責を果たさなかったために起こったものだと思うからだ。

「疑わしきは罰せず」が刑事裁判の鉄則であることは、誰でも知っている。検察側の立証に、合理的な疑いを差し挟む余地があれば有罪としてはならない。再審請求審においても、この原則が適用されることは、最高裁が認めている。各裁判官がこの鉄則をきちんと守っていれば、袴田さんが長く死刑囚として拘束されることはなかった。袴田事件は、刑事裁判の鉄則を裁判官がうち捨てた結果であり、裁判所が作った冤罪と言える。

無理な取り調べで自白を迫ったり、証拠の捏造《ねつぞう》の疑いも濃厚な捜査機関、そして無罪方向の証拠を隠してきた検察の責任はとても大きい。しかし、そうした捜査の問題点を裁判所はある程度は把握し、証拠のズボンを被告人がはけないという厳然たる事実も、裁判官の目で確認していた。にもかかわらず、有罪認定をしてきた裁判官たちの責任は、途方もなく大きいと言わなければならない。

とはいえ、裁判官も人間。間違うこともある。だからこその三審制であり、再審制度だろう。

しかし、いったん出た有罪判決を変更するのは、本当に難しい。裁判所や検察庁の統計をもとに計算してみると、一審有罪で控訴した事件のうち、高裁で逆転無罪となるのは、せいぜい〇・二〜〇・三パーセントくらい。無罪を争う事件ばかりではなく、刑が重すぎることを理由にした控訴の方がむしろ多いだろうから、無罪主張の事件で逆転無罪となるケースの割合は分からない。言えるのは、逆転無罪というのは、極めて稀ということくらいだ。

一方、逆転有罪は珍しくない。一審無罪で検察側が控訴した事件の七〜八割は、高裁で逆転有罪になるか地裁に差し戻しとなっており、無罪判決が維持されるのは、二〜三割にとどまる。再審無罪が確定している東電OL殺害事件も、一審では「疑わしきは罰せず」の鉄則に従って無罪としたのに、高裁が逆転有罪とした。しかも、裁判所の中では、この逆転有罪にした判決が、「緻密だ」などと高い評価を受けた。

裁判官は、被告人や弁護人が言うことより、同じ公務員である検察官の主張の方をつい信頼してしまうようだ。しかも、無実の人を罰してしまうことを恐れるより、やっているかもしれない人を無罪放免にする方を気にしているようにも見える。本当は、「十人の真犯人を逃すとも一人の無辜《むこ》（＝無実の人）を罰するなかれ」を理念とすべき裁判所が、「十人の無辜を罰してもいいから一人の真犯人も逃すなかれ」という状態になっているのではないか、と思わざるをえない状況にもしばしば遭遇する。

　まして再審請求ともなれば、過去の裁判の間違いを認めることは裁判所の権威が傷つく、という意識が働くようで、再審開始には消極的だ。検察側の鑑定人がＤＮＡ鑑定で犯人は別人と認めたり、後から真犯人が出てきたりした事件のように、検察側も再審に同意するケースを別にすれば、再審の扉はとてつもなく重くて固い。いったん開始決定が出ても、検察側の異議申立でその扉は再び閉ざされるケースもある。袴田さんと同じように、再審を求め続けている名張毒ぶどう酒事件の死刑囚奥西《おくにし》勝《まさる》さんも、第七次再審請求で開始決定が出て、死刑の執行停止も決まったと思ったら、検察の異議申立でいずれも覆されてしまった（注・二〇一五年に被告人が死亡、遺族が請求人となり「死後再審」として第十次再審請求を申し立てるが名古屋高裁が棄却。二〇二二年、名古屋高裁は異議申立ても棄却、現在は最高裁において特別抗告審が審理中）。

　そうした事例をいくつも見せられてきた私は、袴田事件で静岡地裁（村山《むらやま》浩昭《ひろあき》裁判長、大村《おおむら》陽一《よういち》、満田《みつだ》智彦《ともひこ》裁判官）が、再審開始と死刑の執行停止だけでなく、拘置の執行停止も決めて、袴田さんを釈放したことに、体が震えるほどの驚きと感動を覚えた。決定では、「（これ以上の身柄拘束は）耐え難いほど正義に反する」と書かれていた。そこには、裁判所の書面には珍しく、裁判官の生身の人間としての思いがあふれていた。

　村山裁判長らに、先輩である熊本さんの告白が影響を及ぼしたか否かは分からない。ただ、その苦悩と悔恨に満ちた言葉や表情からは、誤判を契機に、彼の心と人生がどれほどボロボロになったかは伝わっただろう。

熊本さんは、この本で自らの弱みをさらしている。忘れようとして忘れられず、逃げようとしても逃げ切れない。そんな自身の弱さを暴いていく尾形さんを、彼は受け入れる。もしかしたら、あるがままの自分を伝えてくれる書き手を、ずっと待っていたのかもしれない。この本を通じて彼は、裁判官も所詮は弱いただの人間であることを、身をもって示した。こんな自分のようになるなよ、と後輩たちに伝えているようにも思える。

今回の再審開始決定では、捜査機関による証拠の捏造を疑う根拠の一つとして、熊本さんがこだわった「付言」が引用された。

〈その捜査手法は、袴田を有罪と認定した確定判決すら、「適正手続の保障という見地からも、厳しく批判され、反省されなければならない」と評価するほどである〉

そのうえで、こう断じた。

〈捜査機関の違法、不当な捜査が存在し、又は疑われる。国家機関が無実の個人を陥れ、四十五年以上にわたり身体を拘束し続けたことになり、刑事司法の理念からは到底耐え難いことといわなければならない〉

長い長い時を経て、「付言」には、ようやくふさわしい居場所が与えられた。そして、この決定が、日本の司法に絶望しかけた人たちに、もう一度裁判所に期待してみようという思いを呼び起こしている。

熊本さん、あなたの人生は無駄ではなかった。

今は、司法に期待したい人々の思いを、全国の裁判官たちが受け止めて、自らの役割について自問してくれることを、ひたすら願いたい。それが、袴田さんの犠牲に司法が報いる唯一の道だろうから。

（えがわ　しょうこ／ジャーナリスト）

完全版のための追補

二〇一四年に本書が世に出た後、袴田事件は思いも寄らぬ展開を見せた。二〇一八年六月、東京高裁（大島隆明《おおしまたかあき》裁判長、菊池《きくち》則明《のりあき》裁判官、林欣寛《はやしよしひろ》裁判官）が静岡地裁の再審開始決定を取り消し、再審請求を棄却する決定を出したのだ。

驚いた。大島コートは、その二年半前、長年逃亡していたオウム真理教の女性元信者に対し、逆転無罪判決を出していた。私の中で大島コートは、世間が有罪を当然視する風潮にあっても、冷静かつ丁寧に証拠を吟味し、「疑わしきは被告人の利益に」という刑事裁判の鉄則に沿った判断をする裁判体として印象づけられた。

その大島コートが、静岡地裁で再審開始決定の決め手になった、衣類に付いた血痕のＤＮＡ鑑定を否定。いわゆる「５点の衣類」に関するみそ漬け実験など、有罪判決に疑問を抱かせる他の証拠も退けた。再審の門戸を広げた最高裁「白鳥《しらとり》決定」は、「（新たに出された）当の証拠と他の全証拠とを総合的に評価して判断すべき」と指摘したが、袴田事件高裁決定は逆に、一つひとつの証拠をバラバラにし、「これはダメ」「あれもダメ」と〝各個撃破〟で切り捨てた。

そして事件は最高裁へ。第三小法廷はDNA鑑定については高裁決定を支持したが、「5点の衣類」に関連し、長時間みそ漬けになっていれば付着した血痕は変色するとした実験結果を重視。その科学的根拠を調べ直すよう、高裁に差し戻した。これは、五人の裁判官のうち二人（林道晴《はやしみちはる》、戸《と》倉三郎《くらさぶろう》、宮崎裕子《みやざきゆうこ》の各裁判官）の多数意見で、林景一《はやしけいいち》、宇賀克也《うがかつや》の両裁判官は、最高裁が自判してすぐに再審開始をすべきとする反対意見をつけた。

そして、東京高裁（大善文男《だいぜんふみお》裁判長、青沼潔《あおぬまきよし》裁判官、仁藤佳海《にとうよしみ》裁判官）差し戻し審。裁判所は弁護側、検察側双方の科学鑑定を丁寧に吟味し、検察側の実験にも足を運んだうえで、再審開始を決めた。決定では捜査機関による証拠の捏造の可能性にも言及した。

徹底的に再審開始に反対してきた検察も、特別抗告を断念。ようやく再審開始が確定したが、ここまで静岡地裁の決定から九年もの年月を要した。

最大の原因は、再審開始決定に検察側の不服申立てを許す現行制度だ。しかも、再審を行うかどうかだけを決めるはずの再審請求審が、事実上、有罪無罪を決する場になっている現状がある。そのため、検察側はここで全力で争う。無罪方向の証拠があっても出さない。裁判官の多くも、過去の裁判の誤りを認めたくない意識が働くのか、なかなか証拠開示を命じない。そんなこんなで再審開始のハードルは極めて高く、時間もかかる。

冤罪被害者の救済に前向きに取り組む裁判官がいないわけではない。袴田事件差し戻し抗告審の大善裁判長のように、自ら大事な現場に足を運ぶ人もいる。ただ、そういう裁判官に当たる幸運に恵まれるとは限らない。医者と違い、裁判官は自分で選べない。人権救済を使命と考える裁判官に当たり続けないと、再審開始は実現しない。

それは、誤った裁判で有罪とされた冤罪被害者を救う、という再審の目的に見合う法制度になっていないのが最大の問題だ。通常の刑事裁判は、裁判員制度が導入され、書面中心から公判中心の裁判へと変化し、幅広い証拠開示を認めるような仕組みが加わるなど、少しずつ進化を遂げているのに、再審に関する条文は、大正時代に定められた旧刑事訴訟法の規定をほぼそのまま引き継いだもので、進化から取り残されている。

まずは、再審制度の目的は、冤罪の救済だと法律に明記すべきだ。検察には、捜査機関が持つ証拠のリスト開示を義務づける。そして、ひとたび確定判決に疑義が生じ、再審開始決定が出た場合、検察側の不服申立てを許さず、すぐに裁判のやり直しを行う。検察の有罪主張立証は、再審の場で十分やってもらい、審理を尽くして有罪無罪を決すればよい。

あわせて、再審請求審の主要な手続きの公開も求めたい。憲法で裁判の公開を義務づけているのは、公正な裁判を制度として保障し、国民の信頼を確保するためだ。ならば、再審請求審の公開は憲法の趣旨にかなうのではないか。現行法でも、公開が禁じられているわけではないが、過去の事例を探しても、「日産サニー事件」の再審請求審での福島地裁いわき支部が公開したケースくらいしか見当たらない。裁判所はどうも密室を好むらしい。ここは法律で、きちんと公開原則を定めておく必要があるだろう。

日本弁護士連合会が、これらの諸点について再審法の整備を提言している。これをたたき台に、早急に国会で議論し、法文化してもらいたい。

熊本さんは、袴田事件の再審開始決定が東京高裁で一度覆された後、亡くなった。おそらく、最期までこの事件の行方を案じていたに違いない。再審で袴田さんの無罪判決が確定し、そして再審法が整備されて初めて、その魂は安らぐのではないか。袴田さんは捜査と司法の被害者だが、熊本さんもまた、進化から取り残された司法制度のために苦しみ続けた。

この悲劇を繰り返してはいけない。

特別付録

五十七年目の「無罪」袴田さん再審

朝日新聞取材班

1

二〇二三年三月十三日午後二時すぎ、袴田巖《はかまたいわお》さん（87）の姉秀子《ひでこ》さん（90）は弁護団とともに、東京高裁で再審開始の決定文を受け取った。

「この日が来るのを五十七年間待っていた」。支援者の前に姿を見せると、涙ながらに語った。その後の会見では「ひたすら願ってきた再審開始が、ようやく現実になった。（検察側に）抗告されたとしても頑張りたい」と話した。

大きな節目の日となったが、秀子さんの隣に巖さんの姿はなかった。

九年前に釈放された巖さんは、秀子さんと浜松市内で暮らすが、四十七年余りの拘禁生活の影響で精神を病んだ。「妄想の世界にいる」（秀子さん）といい、会話がかみ合わないことも多い。「自分は勝って無罪になった」と信じており、この日はいつも通り、市内を支援者と一緒にドライブして過ごした。

そんな弟の代弁者になってきたのが秀子さんだった。一九三三年生まれの秀子さんは、六人きょうだいの下から二番目。おっとりした末っ子の巖さんを幼少期から引っ張ってきた。

幼少期は戦時中だった。砲撃の音が聞こえると、巖さんと布団をかぶって近くの山に逃げた。十二歳で終戦を迎えると、勉強に励み、学校卒業後は、税務署で事務の仕事をするようになった。タイプライターやそろばんを習い、男性ばかりの職場でも周りを気にせず働いた。二十二歳の時に結婚したが一年で離婚した。「一人の方が気楽。自由にがむしゃらに生きていた」

実家を離れていたが、スポーツが得意な巖さんがボクシングを始めると、試合を見に行った。

三十三歳だった六六年、巖さんの事件で人生が一変する。

「おとなしい巖がそんなことするわけない」。兄姉と弁護士費用を集めた。

六八年、静岡地裁で死刑判決が出た後、裁判に通い続けていた母が亡くなった。兄や姉にはそれぞれ家族がいた。「独り身の私が、母の思いを受け継いで巖を助けよう」と決めた。

でも、孤独だった。身内以外に無実を信じる人はいないように思えた。経理職として働くようになった食品会社は社宅が同じ建物内にあり、自室と往復するだけ。買い物は夜中に行き、「息を潜めて生きた」。

巖さんの姿が浮かんで目が覚め、寝るためにウイスキーのお湯割りを飲んだ。酒浸りの生活になった。

事件から十年ほど経つと、巖さんの同級生らのおかげで支援の輪が少しずつ広がっていった。

「私がしっかりしないと」。酒を断ち、前を向いた。

東京拘置所に面会に通い続けたが、八〇年に死刑が確定すると、奇妙な言動が目立ち始めた。「姉はいない」と面会を拒まれ、約三年半会えない時もあった。それでも「面会に来たことは知らせたい」と月に一度は通った。「家族は見捨てていないと伝えたかった」

巖さんのための活動を続けるうち、盆も正月もない暮らしになった。

自分が生きる希望は何だろう――。ある時、ふと考え込んだ。「いつか巖が出てきた時に一緒に住む家を建てよう」と思った。

安定した収入のことも考え、六十一歳の九四年、3階建てのマンションを建てた。一部屋でも多く貸して早くローンを返そうと、自身は、好意で無料にしてもらっていた食品会社の社宅で生活を続け、完済後の七十九歳になって入居した。

約二年後の二〇一四年、地裁が再審開始と巖さんの釈放を決めた。3階の部屋に弟を迎え入れた。

「本当に一緒に暮らせるなんて想像していなかった。幸せで夢のようだった」

裁判はその後も紆余《うよ》曲折あったが、事件から五十年以上かけて培った強い気持ちは、もう揺れなかった。

先月、秀子さんは九十歳の誕生日を迎えた。巖さんから、日課の散歩中に浜名湖近くのホテルで購入したというピンク色のセーターを贈られた。巖さんは事件の話になると顔がこわばるため、日ごろから事件には触れない。この日の決定については「いい結果が出たよ、安心して」とだけ伝えるつもりだ。秀子さんは、ただただ心の中で願う。「死刑囚ではなくなって、巖に真の自由を与えてほしい」

支援者ら「報われてうれしい」

「検察の抗告棄却」「再審開始」。東京高裁前で弁護団が二枚の幕を掲げると、支援者らに笑みが広がった。拍手とともに「よかったー」「ご苦労様」の声が上がり、やがて「FREE HAKAMADA NOW!（今すぐ袴田さんを自由に）」のかけ声がわき起こった。

「ことごとく検察官の主張を排斥した画期的な決定だ」。弁護団長の西嶋勝彦《にしじまかつひこ》弁護士は会見でそう強調した。

焦点の一つは、二〇一四年に再審開始への扉を開いた弁護側の「みそ漬け実験」に対し、検察側が独自に行った実験の結果だった。血痕が黒褐色に変わると主張した弁護側に対し、検察側は実験結果の写真をもとに「赤みが残った」と訴えた。高裁は今日（注・二〇二三年三月十三日）の決定で弁護側の主張を認め、「むしろ赤みが残らないことが明らかになった」と指摘した。

実は裁判官は写真に頼らず、静岡地検を訪れて実物の色みを肉眼で確認していた。弁護団の間光洋《はざまみつひろ》弁護士は「裁判官が『誤解してはならない』との思いで足を運んでくれた結果だ」と評価した。

弁護団はこの日、東京高検が決定を不服として特別抗告をしないよう申し入れも行った（注・検察は二〇二三年三月二十日に特別抗告を断念）。

支援団体の事務局長を務める山崎俊樹《やまさきとしき》さん（69）は、高裁前で目に涙を浮かべる秀子さんを見て「報われて本当にうれしい」と語った。四十年以上にわたり支援を続け、「みそ漬け実験」を考案した一人でもある。「明らかにおかしい事件だとずっと思ってきた。長かったが、ここまでやってきてよかった。血痕の色に注目して高裁に差し戻した最高裁には感謝しているし、高裁も正当に証拠を評価してくれた」と喜びをかみ締めた。

検察側「捏造ありえない」

再審開始決定を受け、法務・検察幹部からは不満の声が漏れた。東京高検は「内容を精査し適切に対処したい」との談話を発表。最高裁に特別抗告するかどうかには言及しなかった。

東京高裁は「(5点の衣類は)捜査機関が隠匿した可能性が極めて高い」と指摘した。検察幹部の一人は「捏造《ねつぞう》なんてあり得ない。まさかの決定だ」と驚きを口にした。別の幹部は「当時は公判が粛々と進んでおり、そんな中であえて捜査側が証拠を作り出す必要はない」と話した。

静岡県警は「審理に関与しておらず、お答えする立場にはない」とのコメントを発表。「隠匿した」との指摘に対し、県警幹部は取材に「法曹三者で審理しているためコメントのしようがない」と答えた。

小沢一郎氏に無罪判決も　東京高裁・大善文男裁判長

再審開始決定を出した東京高裁の大善文男《だいぜんふみお》裁判長(63)は、東京地裁の部総括判事だった二〇一二年には、検察審査会の議決に基づいて政治資金規正法違反の罪で強制起訴された小沢一郎《おざわいちろう》衆院議員に無罪判決を言い渡した。公判では、検事が事実に反する内容の捜査報告書を作っていたことが判明。判決で「検察庁などで十分調査し、対応がなされることが相当だ」と指摘した。

今回の再審請求審では、二〇二二年十二月の三者協議の前に高裁内で巖さんと面会した。同席した姉の秀子さんらによると、巖さんは「自分は既に無罪になっている」などと話し、大善裁判長は『うんうん』と聞いてくれた」という。

五十七年前の事件で死刑を宣告され、「無実」を訴え続けた袴田巖さん。重い再審の扉が再び開いた。半世紀以上も続く事件は、何を問いかけるのか。

2

一九六七年九月十四日付の朝日新聞静岡版。「静岡地検が、さきに発見された血染めのシャツなどを有力証拠として申請したため」に「臨時公判」が開かれ、袴田巖さんは自分の物ではないと否定したと、伝えている。いわゆる「5点の衣類」の登場は、二十二行の小さな記事だった。

前年の六六年六月にみそ製造会社の専務一家が殺害され、約二カ月後に従業員の袴田さんが逮捕された事件。5点の衣類は、別の従業員が六七年八月三十一日、みそ工場の「1号タンク」内で、仕事中に見つけた。

「赤みそをスコップですくい上げている時、南京袋の端が見えた」「白いシャツやステテコには血と分かるシミがべっとりついていた」。後にそう証言した。

検察は当初、犯行時の着衣は微量の血がついた袴田さんのパジャマだと主張していたが、5点の衣類に改めた。静岡地裁は六八年、5点の衣類に袴田さんと同じB型の血がついていたなどとして死刑判決を下した。

死刑は八〇年に最高裁で確定した。

翌八一年、一回目の再審請求が申し立てられた。小川秀世《おがわひでよ》弁護士は、大学の恩師から「静岡で弁護士をするなら袴田事件に関わらないと」と言われ、弁護団に飛び込んだ。担当は「5点の衣類」。多くの検討課題の中で注目されていたのは「自白」や「凶器」で、衣類は「新人に任せる程度のものだった」。

突破口を見いだせないまま、再審請求は二〇〇八年に最高裁で退けられた。

一方、その裏である実験が行われていた。

「長くみそに漬かっていた割には衣類が白すぎるのでは」。支援者の一人が写真を見て疑問を抱いた。実験すると、二十分もすれば同じような色合いになった。

衣類がみそに漬かっていたのは短期間で、逮捕されていた袴田さんがタンクに入れるのは不可能──。弁護団は実験報告書などを「新証拠」とし、〇八年に二回目の再審請求をした。

実験は条件を変えて繰り返し、血痕の色の変化も検証。「一年間もみそに漬けると黒くなるのに、赤みが残っているのはおかしい」との主張に昇華した。

ただ、弁護団がより重視した新証拠は「血痕は袴田さんとは別人」というDNA型鑑定だった。だが、こちらは二〇年に最高裁で信用性が否定されて論争が終結。十三日の東京高裁決定で再審の扉を開いたのは「赤→黒」の色の変化だった。

「色は主観が入るので明白な証拠になりにくいと思っていた」。今や弁護団の事務局長になった小川弁護士はそう振り返った。

では、誰がなぜ、衣類をみそタンクに入れたのか。

元巡査「タンクには絶対に何もなかった」

「事件後、タンクには絶対に何もなかった」。静岡県警清水署刑事課の巡査だった男性は証言する。事件から四日後、四人一組の班が二班、みそ工場を捜索した。元巡査は、問題の1号タンクを担当した。

地中に埋まったタンクは約二メートル四方で、深さは約一・六メートル。八トンほどが収容でき、当時は返品されたみそが一〇〇キロ前後入っていた。元巡査は棒で念入りに確認したという。

清水署幹部は後に「もっとしっかり捜索しておけばよかった」とコメントしたが、元巡査は「そんな甘い捜査ではない。あんなむごい事件は初めてで忘れられない」という。

東京高裁決定が指摘したのは「捜査機関による捏造の可能性」だ。弁護団は、裁判で完全否認に転じた袴田さんを有罪に持ち込むには、血が微量のパジャマよりも強い証拠が必要と考えたのでは――と見立てる。

一方、元巡査は「後で自分の首を絞めるような捏造をするとは思えない」という。真相は謎のままだ。

みそ工場は事件後に閉鎖された。跡地には住宅が立ち並び、当時の面影はない。

近くに住む八十代の男性は被害者一家と交流があり、袴田さんの逮捕時は「これで報われると思った」。二〇一四年に袴田さんが釈放されると、「何が本当なのだろうか」と気持ちが揺れた。そして今、またやり場のない思いを抱える。「本当の犯人は誰なのか。この五十七年は一体なんだったのか」

袴田さんの無罪が確定したとしても、事件は既に時効が成立している。

3

「今まで見たことがない資料だ」。二〇一〇年、検察が開示した証拠に、袴田巖さんの弁護団は色めき立った。犯行時の着衣とされ、みそタンクから見つかった「5点の衣類」の鮮明なカラー写真だった。

それまでは不鮮明な写真しかないと説明されてきたが、血痕の赤みがはっきり確認できた。

一九八一年からの第一次再審請求、〇八年からの二次を通じ、新たな証拠開示は初めてだった。弁護団が再三求めても検察は応じず、裁判長から強く促された末に四十六点の資料を開示した。

二〇二三年三月十三日の東京高裁決定では、長期間みそに漬かった血痕は黒褐色に変わるという実験結果が再審開始の決め手となったが、不自然に赤みが残るカラー写真があっての判断だった。

再審の手続きを規定した刑事訴訟法には、証拠開示の明確な規定はない。裁判官が強く要請しなければ検察は応じないのが実態だ。

検察はなぜ消極的なのか。最高検が八六年に作成した「再審無罪事件検討結果報告」という非公表資料に、理由が書かれている。

報告書では、死刑が確定していた免田、財田川《さいたがわ》、松山の三事件が、八〇年代に再審で相次いで無罪になった原因を検証。元の裁判で出さなかった証拠の提出を再審請求で求められた際の対応をこう記す。

「関連性のある必要最小限の範囲内に限るべきだ」「請求人（弁護側）が不提出記録から有利な証拠を探そうという証拠漁《あさ》りを許すことがあってはならない」

現在でも、検察は弁護側の証拠開示の要請を「証拠漁り」と表現し、裁判所に出す書面でも公然と使う。

さらに裁判官の中にも「再審請求は冤罪《えんざい》の可能性が極めて低い事案が多い。どこまで証拠開示を求めるかは難しい」との声がある。

しかし、「ない」とされた重要証拠が実は存在したケースは少なくない。

大阪高裁は今年二月、八四年に滋賀県で起きた強盗殺人事件「日野町事件」（注・一九八四年に滋賀県蒲生《がもう》郡日野町の酒屋経営の女性が殺害された事件。客だった阪原弘《さかはらひろむ》さんが自白を強要され、無期懲役判決）で再審開始を決めた。再審請求の中で検察が捜査段階の写真のネガを初めて開示。元の裁判で提出された写真と比べて不自然な点があり、開始決定につながった。

日本弁護士連合会で再審問題に取り組む鴨志田祐美《かもしだゆみ》弁護士は「裁判官の熱心さで行方が左右される再審格差がある」とし、「証拠開示に関する明文の法規定を作るべきだ」と訴える。

審理は長期化、重い時間の経過

再審をめぐるもう一つの大きな課題が、審理の長期化だ。

裁判所の再審開始決定には「抗告」と呼ばれる不服申し立てができ、上級審が改めて審理する。袴田さんの第二次請求では、二〇一四年に静岡地裁が再審開始決定を出したが、検察側の抗告などで確定せず、既に九年が過ぎた。今回の高裁決定に対し、検察が最高裁に特別抗告すれば、再審公判はさらに遠のく（注・検察は二〇二三年三月二十日に特別抗告を断念したが、七月十日に「有罪立証」する方針を明らかにした）。

静岡地裁の裁判長として再審を認めた村山浩昭《むらやまひろあき》弁護士は「裁判所が慎重に検討し、有罪に合理的な疑いがあると判断した」という開始決定に対する検察の抗告を禁止すべきだと主張。不服なら「再審公判で十分に主張すればよい」と話す。

だが法務・検察側は、真っ向から異を唱える。

二三年二月の衆院予算委員会の分科会。自民党議員の質問に法務省刑事局長が答弁した。「検察官の抗告権を排除すると、違法不当な再審開始決定を是正する余地がなくなってしまう」

再審に関する刑訴法の規定は、制定から七十五年間で一度も改正されていない。冤罪救済に取り組む市民団体が働きかけて全国百二十四の地方議会で法改正を求める請願も採択されたが、具体的な動きはない。

当事者にとって、時間の経過はあまりに重い。

日野町事件では、無期懲役が確定した元被告は再審請求中に病死し、遺族が請求を引き継いでいる。

袴田さんは八十七歳で、支え続ける姉・秀子さんは九十歳。しかも袴田さんは死刑囚で、一四年の静岡地裁決定が執行を停止するまで、法律上はいつ執行されてもおかしくない立場にあった。

東京高裁決定を伝える報告集会が開かれた十四日、西嶋勝彦弁護団長は、再審無罪となった死刑囚が過去に四人いることを念頭に言った。「袴田さんは五人目の死刑囚として、制度に問題を投げかけている」

※朝日新聞、朝刊、二〇二三年三月十四〜十六日より転載。取材した記者は以下のとおりです。植松敬、魚住あかり、遠藤隆史、黒田壮吉、田中恭太、村上友里。

検察は過去の過ちを認めるべきだ

佐藤 優

筆者は鈴木《すずき》宗男《むねお》事件に連座して東京拘置所の独房に二〇〇二年五月十四日から〇三年十月八日まで５１２日間勾留されていました。最後の半年間、両隣の独房には確定死刑囚が収容されていました。確定死刑囚は面会や文通も厳しく制限されていて、独房の外に出るのは平日一回三十分の運動の時間だけ（夏期週三回、それ以外の時期は週二回の入浴日は運動が出来ない）です。従って筋肉が落ち、足が鶴のように細くなります。また長期の拘置生活で精神に変調を来す人もいます。死刑の執行はその日の朝になって告知されます。午前七時の起床・点検から七時三十分の朝食までの間に独房から連行されなければ、その日は死刑の執行はありません。休日に死刑が執行されることはないので、確定死刑囚が安心して眠ることができるのは休日の前の晩だけと言います。

確定死刑囚に囲まれているうちに筆者の心理にも変化が生じてきました。筆者はいつか塀の外に生きて出ることができますが、両隣の人が東京拘置所の外に出るときは死刑が執行されるか、病死のときだけで、いずれにせよ棺桶に入った死体としてしか外に出ることができないのです。筆者が拘置所を出てから二十年になりますが両隣にいた確定死刑囚の夢を見て、夜中に起きることがあります。

〈五十七年前の一九六六年に静岡県のみそ製造会社の専務一家四人が殺害された事件で、強盗殺人罪などで死刑が確定した袴田巖さん（87）＝釈放＝について、東京高裁（大善文男裁判長）は（三月）十三日、裁判をやり直す再審開始を認めた静岡地裁決定を支持し、検察側の即時抗告を棄却する決定を出した。犯行時の着衣とされた「5点の衣類」について、捜査機関が捏造した可能性が「極めて高い」と述べた〉（二〇二三年三月十三日、朝日新聞デジタル）

保釈後、筆者は確定死刑囚の置かれた状況に関心を持つようになり、袴田巖さんの支援集会にも何度か出席したことがあります。配布された資料もていねいに読みました。そして、この事件は冤罪であると確信するようになりました。今回の東京高裁は、客観証拠に合致した正しい判断をしたと思います。検察側が特別抗告を断念すべきです（注・二三年三月二十日に検察は特別抗告を断念）。そうなれば再審開始が確定し、地裁で再審公判が開かれ、袴田さんは無罪となる公算が極めて大きくなります。

今回、朝日新聞の千葉雄高《ちばおだか》記者は、〈特筆すべきは、最高裁が宿題として課した唯一の争点に対し、検察側と弁護側が二年近くかけて立証を尽くした末の結論という点だ。検察が特別抗告しても覆らないとみる法曹関係者は少なくなく、今回の決定は「事実上の決着」とも言える重要な意味を持つ。／（中略）四十七年超の拘禁で精神を病み、八十七歳になった袴田さんを、なお死刑囚の立場に置く正当性はあるのか。検察は理念に立ち返り、特別抗告せずに再審を受け入れるべきだ〉（前掲、朝日新聞デジタル）としました。

筆者も同じ意見です。筆者は何人か検察官の知り合いがいます。いずれも正義感が強く、真面目な人たちです。特別抗告を断念し、過去の過ちを認めることで国民の検察に対する信頼は強まると筆者は確信します。

（さとう　まさる／作家・元外務省主任分析官）

※「ＡＥＲＡ」二〇二三年三月二十七日号「佐藤優の７ＤＡＹＳ　実践ニュース塾」より転載。尚、検察は三月二十日に特別抗告を断念、四月十日、静岡地裁にて、裁判のやり直しに向け、裁判所、検察、弁護人による三者協議を行ったが、静岡地検は再審公判での具体的な立証方針を明らかにせず、方針を示すのに三カ月の期間を求め、地裁も了承した。弁護側は「長すぎる」と検察の対応を厳しく批判した。六月二十日、静岡地裁で、第三回の三者協議が開かれる。検察はこの日も立証方針を示さず、当初七月までだった協議予定が十月まで追加された。七月十日、静岡地検は「袴田さんが犯人」と主張する立証方針を明らかにした。これにより審理が長引くことが予想され、弁護団は「組織やメンツのためなら、人生を壊すことなど何とも思わないと世に知らしめることになる」と抗議した。（二〇二三年七月十日現在）

袴田事件は、私たちに何を問いかけているのか

村山浩昭

私は二〇二一年十二月まで裁判官をやっていました。静岡地裁の裁判長だったとき、袴田事件の第二次再審請求審を担当しまして、強く思い出に残っている裁判のひとつであります。

二〇一四年三月二十七日、私を含めて三人の裁判官による合議体で再審を決定しました。一般論ですが、再審決定というのは裁判官にとってかなりハードルが高いことです。三審制の裁判でようやく確定した判決の重みは、裁判官なら誰でもわかっているはずです。それをひっくり返すとなると相当な理由が必要となります。

袴田事件には有名な裁判官が何人も関わっていますが、過去に関わった裁判官への配慮はしませんでした。「ブランドで判断してはいけない」と教わってきまして、誰がこの判決を書いたかということで信用してはいけないと思っています。どんなに有名な裁判官でも間違うときは間違うものです。

正直に言うと確定一審の判決は、異様です。最初に「自白の職権排除」がありました。これは被告人が拷問などによって自白を強要されて冤罪が生じる可能性を防ぐためのものですから、当然このパターンは無罪判決なのです。しかし主文は死刑。

控訴審は八年ぐらいやっていますが、袴田さんにはけないズボンを何回もはかせています。関わった裁判官全員が迷っているからです。後からみると、あてにならない証拠、悪く言うと「インチキ臭い」証拠がたくさんありました。その中で、5点の衣類だけが脚光を浴びていくのです。

私たち三人の裁判官は、この5点の衣類について全力で検討しました。裁判で警察の違法捜査を指摘するというのは比較的あることでして、私自身も担当した裁判で違法収集証拠だとして証拠を排除した結果無罪判決を出したこともあります。そういう経験をしていましたので、警察といえども違法なことをやることがあるとはわかっていました。しかし袴田事件のように大掛かりな捏造を、本当に警察がやるのだろうかという疑問を持たなかったわけではありませんでした。

事件から一年以上経って、みそ樽から5点の衣類が出てきました。この中には緑色のブリーフもありました。本当に袴田さんが入れたか、袴田さんが緑色のブリーフを持っていたことを知っていた者が入れたかです。袴田さんがみそ樽に入れたのではないと証明されたならば、それをやったのは、袴田さんを陥れるために、真犯人が入れたか、捜査機関である警察が入れたかのどちらかです。しかし常識的に考えて真犯人がそんな危険なところに近づくとは考えにくく、となるとこれは警察が捏造したと考えるほかないということになりました。

批判されたとしても釈放するしかない

懲役刑の場合は、刑の執行が停止されれば当然釈放されます。しかし死刑の場合は絞首されるのが止まるだけということになります。懲役刑でも死刑でも同じように無罪の可能性があるのに、どうして一方は釈放され、もう一方は釈放されないのかという疑問が根底にありました。さらに、拘置も停止するというハードルを越えなければいけないと思ったのは、袴田さんの健康状態が危ぶまれていたからです。私たち三人の裁判官は袴田さんに会うために東京拘置所まで行ったのですが、会っていただけませんでした。どうして会えないのか、刑務官と袴田さんとの間にどのようなやり取りがあったのかを、東京拘置所の職員から詳細に聞き取ったのですが、袴田さんはまともな受け答えをすることができなくなっていました。袴田さんにとって独房から呼び出されるということ、それは死刑を意味するものだったのでしょう。精神的にも相当限界にきていると感じました。

また袴田さんが死刑囚として収監されている理由は、5点の衣類が証拠として認められ有罪判決が出たからです。ところが決定文にも書いてあるように、その証拠は「捜査機関による捏造の可能性が極めて高い」のです。そうであるのに、袴田さんをそのまま拘置所に留め置くことが許されるのでしょうか。それが、「耐えがたいほど正義に反する」ということなのです。拘置の停止で一番気になるのは、死刑囚を釈放すると逃げてしまうのではないかということですが、当時の袴田さんが逃げてしまいますよという人はまずいないだろうとも思いました。

決定文には、「耐えがたいほど正義に反する」といった若干感情的な表現を使っている部分もあるのですが、今申し上げたようなことを考えた結果、あとでどういう批判を受けようとも、私たち三人の裁判官としては釈放するしかないという結論になりました。

袴田さんと秀子さんに申し訳ないと思った

裁判の行方は、検察が即時抗告して東京高裁に移ります。審理が異様に長引いているというのがずっと気になっておりました。5点の衣類の証拠力がないという決定が維持されれば大丈夫なはずでしたが、東京高裁でひっくり返る可能性もあるかもしれないと内心では思っていました。ただ鑑定人が裁判所の指示に全然従わない独自の鑑定をやっていると聞いていましたので、そんなものを裁判所が信じるはずがないだろうとも考えていました。

二〇一八年六月十一日の決定を聞いて、驚きました。そして、何よりも……袴田さんと秀子さんに申し訳ないと思いました。これで無罪になる日が遠くなってしまう。三人の裁判官で一生懸命やったのですが、どうしてもっと付け入る隙がない決定文が書けなかったのだろうと悔やみました。しかし、まだ最高裁があると親しい方や、自分自身に言い聞かせていました。

それから約二年半が過ぎた二〇二〇年十二月二十二日、最高裁の差し戻し決定が出ます。部下からは「部長、クリスマスプレゼントですよ」と言われたとき、最初は何のことかわかりませんでしたが、最高裁が袴田事件で高裁の決定を差し戻したこと、袴田さんが収監されることもないと聞いて安心しました。

後で決定文を読むと、五人の裁判官全員が高裁決定を取り消す点では一致していましたが、裁判官出身のお二人と弁護士から裁判官になられた三名の方は「差し戻し」で、学者さんと外交官から裁判官になられた二名の方が「再審開始」という意見でした。よほど私たちの合議体は裁判官ウケが悪いなと思ったのですが（苦笑）、決定文に書いてあることを読むと一応理解できました。最高裁の差し戻し決定というのは、5点の衣類が本当に黒く変化するかということをはっきりさせなさいと言っています。非常に争点がはっきりしていました。

警察を敵に回すのは覚悟の上で

再審開始を決定した東京高裁の裁判長を含む担当裁判官が、実際に静岡地検までみそ漬け実験を見にいっているというのは報道で知っていました。裁判官が自分の目で見て確かめるのは大事なことだと思っていますので、実際に行かれたという姿勢は、この裁判に真摯に向き合おうとされているのだと感じました。

決定文も拝読しましたけれども、本当にきちんと精査されています。検察と弁護人、両方の専門家の知見を踏まえながら論理的に判断していると思いますし、5点の衣類が捜査機関の捏造ではないかという点に言及している点も評価できると思いました。「捏造」ということに言及するのは、警察を敵に回すことになるのがはっきりしているので、とても勇気がいることです。それでも敢えて指摘しないといけない心証だったのだろうと思います。

現在は静岡地裁で再審公判が進行中です。再審公判像をどのように描くかということですが、普通は今までずっと重い審理をやっていますので、再審公判になってからは軽い審理になっているというのが実情です。本来それが正しいのかという議論は大いにあります。ただ現状に鑑みますと、これ以上他に何かやることがあるんだろうかと思います。再審公判では検察官が有罪の証拠を提起して論告し、これに対し、弁護団はその証拠が信用できない、あるいはこの事件の真相と言いますか、警察による不当な捜査が行われていたことを指摘する形になるのではないかと思います。袴田さんのご年齢を考えれば、できるだけ速やかにきちんとした審理をして判決をしてもらいたいという思いでいっぱいです。

七十年以上ずっと変わらぬ制度の矛盾点とは

再審制度の改正ですが、袴田事件以前はそんなに強く感じていなかったというのが率直なところです。しかしこの袴田事件に関わるようになって真剣に悩み始め、裁判官を退官するころには再審関係の法律は改正が必要であると確信をもっていました。現在その確信はさらに強まっています。最大の問題は、「冤罪救済の最後のとりで」と言われる再審にどうしてこんなに時間がかかってしまうのかということです。袴田事件の第一次請求審は一九八一年ですが、静岡地裁で決定が出たのは十三年後の一九九四年です。次に東京高裁の即時抗告審の決定が出たのが十年後の二〇〇四年です。さらに最高裁の決定が出たのが四年後の二〇〇八年。つまり第一次請求審の決定が確定するまでに二十七年もかかっているのです。これだけ見ても、私はどこかおかしいのではないかと思いました。

どうしてそうなるのか。原因は、構造的なものです。日本弁護士連合会は今、証拠開示、検察官の抗告禁止、請求審の規定を整備しましょうと言っており、特に前者二つは必須と考えているわけですけれども、やはり規定がないからこういうことになっているのです。

これは法律論になってしまうのですが、現在の刑事裁判において、第一審や控訴審などの通常審は「当事者主義」です。検察官と被告人側がそれぞれ自らの主張をし、証拠を提出します。一方、再審請求手続では「職権主義」がとられます。裁判所が主導権を持ち、再審の対象となる証拠を独自に調査し判断するのが原則です。昭和二十四年に現在の刑事訴訟法が施行されました。五百以上の条文がありますが、再審に関しては十九条分しかありません。通常審の規定は、裁判員制度の導入などでこの七十年以上の間でだいぶ変わっています。一方、再審については全く変わっていません。当事者主義でやっていた裁判を、再審請求手続になった途端、職権主義でやるという構造的矛盾があるのです。

職権主義でやると、裁判所は「職権解明義務」と言いまして、再審請求で立てられている理由が正しいかを解明しないといけないのですが、それを解明するための証拠が、今まで当事者主義で争われた裁判で使われたものに限定されかねないのです。裁判官による証拠開示の規定がないために、無罪を立証できる決定的な証拠があるかもしれないのに、その証拠が提出されないままになってしまうのです。

再審法の改正については、私を含めて法律家は努力を怠ってきました。その中で、冤罪で救済されないたくさんの方――たくさんというのは語弊があるかもしれませんが、出てきてしまっている。再審の問題は、なかなか「自分事」にはならないものではあります。それでも無実の人が濡れ衣を着せられて救われないという事態が日本の社会で起きていいはずがありません。

こういう不条理なことが起きないように再審法を改正しましょうと言っているわけですけれども、これに対して反対する人は誰もいないと思うのです。私は弁護士という立場から、広く世の中に訴えていこうと思っています。

仕組みを変えればうまくいく

裁判官の中から再審法を改正しようという声が上がってきません。それは再審請求審を担当したことがある裁判官が少ないからです。これは当事者になってみないとわからない問題です。また、裁判官の場合はどうしても法律を適用する立場にありますので、法律改正の試案ができたので意見を聞かせてくださいと言われれば意見を寄せることはできますが、積極的に法律を変えようと行動することはあまりないと思います。ただ私は、変えてもいいと思っている裁判官はそれなりの数はいると思っています。

再審請求がやりやすくなると裁判が増えてタイヘンだという考え方もあるかと思います。しかし、それ故に改正を遅らせるのはナンセンスで、規定に一定の弾力性をもたせて運用していけばできることであります。タイヘン、タイヘンと言っているだけは何も変わりません。

検察官は行政官としてとても優秀な人が集まっています。裁判員制度が始まり、証拠開示の規定ができました。当初、検察官は強く反対していました。ところが今、全然滞ることなくやっているじゃないですか。

検察官はルールができればきちんとやれるのです。裁判所だって規定ができれば、それに則って実のある検討をした結果、決定を出せるようになるのです。それには多少の予算を付ける必要はあります。しかしこの国でたくさんの税金を使う事業がいろいろある中で、今申し上げたようなことに使う司法予算は、国民の血税を使うなと言ってケチるような金額ではありません。裁判が増えて立ち行かないという心配があれば、裁判官を増やすなりして賄っていけばいいのです。それだけの司法基盤は、今の日本にはあると思っています。

裁判官をやっていた私がマスコミの前に出てきて発言するというのは、裁判官仲間にどういうふうに評価をされるのかはわかりません。私としましては元裁判官ですので、どこまで行っても元裁判官という立場を離れることはできないと思います。再審制度の改正においても、最優先すべきは再審請求人の権利実現でありますが、法曹界としてみんなが関わっていく案件ですから、再審請求審を担当する裁判官がきちんとやりやすいような法整備をしていきたい。そういう気持ちで法改正に取り組んでいます。

（むらやま　ひろあき／元静岡地方裁判所判事・弁護士）

※本稿は、二〇二三年五月十九日、東京都千代田区の参議院会館で行われた「再審法改正をめざす市民の会　結成4周年記念集会」で行われた村山浩昭元裁判官と袴田弁護団の水野智幸元裁判官の対談をベースにしていますが、ところどころ発言を省略し、適宜表現を補いながら再構成したものです。

優秀な裁判官がなぜ間違えるのか

木谷　明

元裁判官の木谷明《きたにあきら》と申します。この度、袴田巖さんの再審を認める決定が確定しました。心よりお祝いを申し上げます。

この事件の第一審の主任裁判官、静岡地裁の熊本典道《くまもとのりみち》君は、私の司法研修所時代のクラスメートです。熊本君はこの裁判において、再審段階で出された新証拠が何もない確定審の段階で、既に無罪の心証をとっていました。再審段階になってから、検察が今回の5点の衣類のカラー写真を始めいろいろ証拠を開示したため無罪が決定的になったのですが、そんなものが存在しない段階から無罪だと確信していたのです。しかし熊本君は、二名の裁判官との合議に多数決で負けた結果、書きたくない死刑判決文を書く役割を背負うことになったのです。彼は、「上級審に行けば絶対に覆してくれる」と思ったそうですが、控訴審も上告審もそのまま通ってしまった。

袴田さんの弁護団はこの裁判のやり直しを求めて、一九八一年に第一次再審請求をしました。新しい証拠も出されましたが、二十七年後に最終的に棄却されてしまう。第二次再審請求では、静岡地裁の村山浩昭裁判長が再審開始の画期的な決定をしたのですが、検察が即時抗告し東京高裁が再審開始を取り消してしまう信じられない決定を出しました。幸いにもその後、最高裁がその決定を取り消してくれ、今回の東京高裁の大善決定ということになったわけですが、すでに五十七年という長年月が過ぎております。これはとても大変なことです。どうしてそんなに時間がかかってしまうのか？　皆さんも疑問に思っていらっしゃるかと思うので、今日はその疑問にもお答えできたらと思っています。

第一審で熊本君が書いた死刑の判決文は、ほとんどすべての自白調書を証拠とすることができないとし、唯一、起訴当日に検事がとった調書だけを証拠採用しています。しかし、その調書も判決の上では重視されていないので、有罪の決定的な証拠は、事件発生から一年二カ月後、偶然にみそ工場のタンクの中から見つかった5点の衣類以外にないわけです。検察官は当初、犯行に及んだ時の衣類を「白いパジャマ」としていましたが、みそタンクから衣類が発見された後、「犯行着衣は5点の衣類だった」と主張を変えました。袴田さんは、「5点の衣類は捏造だ」と言ったのですが信じてもらえませんでした。

再審裁判では、5点の衣類について、みそタンクに一年も漬かっていたのに血の色が赤すぎないかというのが問題になり科学論争になりました。しかし、私はそんな難しい科学論争をする必要はなかったのではないかと思います。それよりも、袴田さんがもし本当に着衣をみそタンクに入れたのなら、どのような行動をとっただろうかを考えてみればいいのです。

袴田さんは消火活動の時、白いパジャマを着ていました。これは目撃者がいてはっきりしていることです。そうだとすると、もし袴田さんが四人殺しの真犯人だったとすると、5点の衣類を着て四人を殺害し放火した後、どこかで犯行時に着ていた服（5点の衣類）を脱いで（ブリーフまでです）パジャマに着替え、犯行着衣をみそタンクに埋めた上で消火活動をしたということになります。

それでは、袴田さんはどこで5点の衣類を着替えてパジャマになったというのでしょうか？　それはパジャマが置いてある自分の部屋で着替えるしかないでしょう。あれだけ血がついたものを自分の部屋の中で着替えれば、部屋のどこかに血液が付着し血痕が残らない筈がありません。ところが袴田さんの部屋だけでなく、部屋に向かう階段や廊下、壁にも血痕が残っていたという証拠はないのです。このことだけで5点の衣類が犯行時の着衣だということが疑わしくなると思われませんか。要するに、5点の衣類が犯行着衣だという点に、客観的証拠による裏づけが全くないわけです。熊本君も恐らくそのような理由から、袴田さんの無罪を確信したのだと思います。こういうことは、ちょっと落ち着いて考えてみれば、誰にでもわかることです。全然難しいことではありません。それなのに、この事件を審理してきた裁判官たちは、どうして検察官が言ったことを信じてしまったのでしょうか？　それは何の根拠もないのに、「警察がこんな大掛かりな捏造をするわけがない」と信じ込んでいるからなのです。

人権派の裁判官に恵まれていた袴田事件

さらに私を愕然とさせた事実があります。本件を審理した裁判官の顔ぶれを調べてみると、有罪判決を見直せなかった裁判官の多くが、極めて高い評価を受けている優秀な方だったのです。私は、自分の経験から、裁判官には三つのタイプがあると思っています。一つは「迷信型」。検事が出してきた証拠が間違っているはずがないと信じてしまう人。もう一つは「優柔不断型」。ちょっとおかしいじゃないかと思っても決断ができず結局有罪判決を書いてしまう人です。最後は「熟慮断行型」で、自分で考えておかしいと思った時には決然と無罪判決を出す人です。

割合でいうと、迷信型が三割、優柔不断型が六割、熟慮断行型が一割でした。情けない話ですが、私の回りの裁判官を見てみるとそんな感じです。ところが、袴田事件を裁いた裁判官は、熊本典道君をはじめ、熟慮断行型で人権意識が高い方が多いのです。この点で私は驚かざるを得ませんでした。まず、確定控訴審（東京高裁）の横川敏雄裁判長は人権重視の裁判をする人権派の旗頭のような存在です。若いころ、私だけでなく熊本君を含めて皆が憧れていました。「白鳥・財田川決定」と言って、再審裁判においても「疑わしきは被告人の利益に」という刑事裁判の鉄則が適用されることを示した画期的な最高裁の判例があります。この判例を主導したのは最高裁の岸《きし》盛一《せいいち》裁判長ですが、横川さんは最高裁の判事にこそなりませんでしたが、この岸さんの長年の盟友です。

第一次再審請求で抗告審を担当した安廣《やすひろ》文夫《ふみお》さんも素晴らしい方です。私は同じ時期に最高裁調査官を務めましたので彼の仕事ぶりをよく見てきましたが、最高裁における多くの無罪判決の原動力となった人です。第二次再審請求の抗告審を担当したのは大島《おおしま》隆明《たかあき》裁判長です。私はこの人とは面識がないのですが、テレビドラマ「イチケイのカラス」のモデルとなった原田《はらだ》國男《くにお》裁判長の右陪席として大活躍し、後に各地の裁判所の裁判長として自らも多くの無罪判決を出しています。村山浩昭さんの再審開始決定に対して検察が即時抗告を申し立て、この抗告審を東京高裁の大島裁判長が担当することになったとき、私は親しくしていた原田國男さんに「村山決定は大丈夫かな？」と話したことがあります。すると原田さんは「絶対に大丈夫だ。大島がやってるんだから絶対大丈夫だ」と太鼓判を押してくれました。ところが蓋を開けてみたら、逆転の再審取り消し決定です。その時は本当に愕然としました。原田さんも同じ思いをしただろうと思います。

このように見てきますと、袴田さんはとても裁判官運に恵まれていたのです。冤罪に苦しむ被害者の中で、私が一割しかいないと言っている「熟慮断行型」の裁判官にこれほど多く巡り合っているということ自体が「大変な幸運」だったわけです。しかしながら袴田さんに対する有罪死刑判決は、これらの人権派裁判官によっても容易に是正されなかった。再審開始決定までに六十年近くかかってしまったのも厳然たる事実です。私はこのことを目の前にして、暗澹《あんたん》たる気持ちになります。どうして人権派の裁判官でさえ、証拠の捏造を見抜けなかったのでしょうか？　それは裁判官の捜査機関に対するいわれなき信頼感、つまり、警察がそこまで大掛かりな証拠の捏造をするとは到底考えられないじゃないかという思い込みだったと思うのです。

さらに、私はここで、上告審（最高裁）段階で本件の主任調査官を務めた渡部保夫《わたなべやすお》判事の話をしなければなりません。渡部さんは、当時刑事調査官室の上席調査官でしたが、たまたま本件の主任調査官を務められました。この方は、調査官時代に「この有罪判決は破棄相当である」という報告書を次々に提出して、多くの破棄判決の原動力になった方であり、この世界で知らない人はいません。とても立派な方で、私も心から尊敬しています。渡部さんは後に札幌高裁の裁判長として、冤罪「梅田事件」の再審開始決定に対する検察官抗告を棄却しましたが、その後北海道大学教授に転じ、『無罪の発見―証拠の分析と判断基準』（勁草書房、一九九二年）という素晴らしい本を書いています。

本件の上告を棄却した最高裁決定は、この渡部さんの調査報告に基づくものでした。私は、報告書の具体的内容は知りませんが、ある日、当時同室の調査官であった私に次のようなことを言われたのを忘れることができません。渡部さんは、「木谷さん、この事件は有罪ですよ」と言われたのです。「警察がこんな大掛かりな証拠の捏造をすると思いますか？　もしこの事件が無罪だったら、私は首を差し出しますよ」とまで言われたのです。びっくりしましたが、私はその当時、袴田事件のことを詳しく知らなかったので、尊敬する渡部さんがそこまで言われるのなら有罪なんだろうと単純に思いこんでしまいました。その後、今回の事件の事実関係を知るにつれ、渡部さんがなぜそういう発言をされたのか不思議でならなくなりました。しかしそれもすべて、検察や警察に対するいわれなき信頼感、根拠なき思い込みが原因だと思います。そういう考えが全ての裁判官の思考の根底にあったので、私が最初に申し上げた刑事裁判のイロハとも言うべき基本的な問題、「部屋で着替えたのなら血液の痕跡が残るはずではないか」という疑問を平然とスルーしてしまったわけです。

「宣誓神話」の罠、取り調べ可視化の盲点とは

私が「宣誓神話」と名づけたものがあります。裁判官がとんでもない思い込みに支配されてしまう典型的な例のことです。法廷で被告人が、取り調べのときにとてもひどい暴行・脅迫を受けて嘘の自白をしてしまったと弁明することがあります。そういう場合検察官は、取り調べを行った警察官をすぐ証人に申請して法廷に呼びます。すると彼らは法廷で、大抵は次のように証言するのです。「そんなひどい取り調べなんかしませんよ。とんでもない言い掛かりです。私は諄々《じゅんじゅん》と道理（ことわり）を説いて被疑者に反省を促しただけです。私がよく説明すると被疑者は涙を流して反省し、素直に自白しました」と、こういう証言をします。

すると多くの裁判官は、被告人の弁明より警察官の証言の方が信用できると考えて、被告人が任意に自白したものでその自白は信用できると認めてしまうのです。裁判官は、次のように考えるのです。すなわち、警察官には嘘をつく動機がない。宣誓の上で証言している。嘘の証言をすれば偽証罪に問われることは百も承知だ。警察官が偽証罪で処罰されるのを承知で嘘の証言をするわけがないじゃないか。一方、被告人は罪を免れようとして嘘をつく動機がある。しかも宣誓していないから、嘘をついても偽証罪で処罰される心配がない。だから、被告人の供述と警察官の証言が食い違った場合は、警察官の証言に基づいて事実を認定するのは当然だ。

こういうふうに考えるんですね。この「宣誓神話」によって作られた冤罪はいくつもあります。全く滑稽な論理で私にはとうてい信じられない話です。いくら宣誓していても、証人の嘘が検察官に利益なものである限り、検察官が警察官を偽証罪で取り調べて起訴することはありません。警察官はこのことをよく知っていますから、宣誓の上でも平然と嘘をつくのです。ところが、比較的最近でも、東京高裁の立派な裁判長がこういうことを決定で述べておられました。

現在は、裁判員裁判対象事件など一部の事件について、取り調べの一部可視化が実現しました。取り調べ状況が録画されていると、検察官も、この神話に便乗できなくなります。しかし、法律で規定されたのは「一部可視化」です。要するに、可視化が求められるのは「逮捕状が執行され被疑者の身柄が拘束された後」に限られるのです。現実には、「任意同行」「任意取り調べ」という名目で事実上強制的な取り調べをすることがよくありますが、逮捕状執行前のこの「任意の取り調べ」段階では可視化しなくてよいことになるのです。警察は、逮捕前に被疑者を徹底的に痛めつけて自白させた後おもむろに逮捕し、全てを諦めた被疑者から一見すると理路整然たる自白を引き出すことができるのです。そして裁判員たちは、ビデオカメラの前で被告人が被疑者として淡々と自白する映像を見て有罪の心証を固めてしまう。これは実際に、栃木県今市市《いまいち》（現日光市）で起きた、小学一年生女児殺害事件であったことです。取り調べの一部可視化が冤罪の原因となったケースです。

裁判官は現場に赴き、自分の目で確認すべきだ

次に二〇二三年三月十四日、再審を決定した東京高裁の大善決定について申します。大善決定の内容は、すでに皆さんがご存知のことかと思います。村山決定が大島決定によって取り消され、弁護人が特別抗告をしたところ、最高裁は大島決定について「DNA鑑定についての決定は誤りとは言えないが、血痕の色に関しては疑問がある」という指摘をしました。大島決定を取り消すという点については五人の裁判官全員が一致していたのです。しかし二人の裁判官は、直ちに再審を決定すべきだと言ったのに対して、キャリア裁判官を含む三人の裁判官は、「みそ漬けの衣類についた血痕が赤みを残しているのは化学的根拠が不十分だから東京高裁で審理し直すべきだ」という趣旨の意見で、多数決で差し戻しになりました。

東京高裁の大善裁判長は、この問題を精力的に審理しました。確定一審や再審請求の過程で提出された鑑定書に加えて、検察官、弁護人、双方から申請された新たな鑑定書、実験報告書、証人などが取り調べられました。その結果、5点の衣類が一年以上みそに漬け込まれていたと見るには合理的な疑いがあり、袴田さん以外の、第三者がタンクに入れてみそ漬けにした可能性があるとしたのです。また第三者には捜査機関も含まれると判示し、事実上捜査機関による捏造の可能性が極め

て高いことを認めました。大善決定は、確定判決がもっとも重視した5点の衣類以外の証拠には袴田さんが犯人であると言えるものがないとも言っています。

大善コート（合議体）の審理で特に注目すべき点は、検察官が行ったみそ漬け実験の結果について、検察官が提出した写真ではなく自ら静岡地検に赴いて自分の目で色を確かめたことです。検察官は提出した写真には赤みが残っていると主張しましたが、その写真は赤みが強く出る白熱灯の下で撮影されたものであり、自分たちの目で見た結果と一致しないと検察官の主張を排除しました。この指摘は、検察の特別抗告を阻止する上で、極めて重要だったと思います。テレビドラマ「イチケイのカラス」をご覧になった方はご存知だと思いますが、このドラマの中で主人公が「この件について裁判所の主導で捜査します」と、裁判官が職権を発動する場面があります。裁判所が「捜査をする」ということはありませんので、この言い方は不正確です。しかし裁判官が職権を発動して、現地に赴き自分の目や耳でいろいろ確かめることは、事案の真相究明において、きわめて大切なことです。私も必要があれば気軽に現場へ行き、検証することを躊躇しませんでした。特に再審請求審は通常の裁判と違い「職権主義」で、裁判官が主導権をもち証拠を取捨選択するという建前になっていますので、裁判官がいろいろ調べることはもっとあっていいと思います。

国家機関である警察が証拠を捏造した可能性があると言及することは、同じ国家機関に属する裁判官にとってはかなり勇気の要る行動です。そのことを別にしても、歴代の優秀な先輩裁判官たちが間違いないとしてきたこの事件の結論を逆転させることの重圧は、とても大きくのしかかっていたことは容易に想像できます。大善裁判長はかつて、民主党の幹事長だった小沢一郎さんの「陸山会事件」で無罪判決を言い渡した方でもあります。陸山会事件についてはご存知の方が多いかと思いますが、検察官が取り調べた小沢さんの事務所の三人の調書を作成するにあたり、実際に述べていないことまで書き込んで捏造したことが明らかになりました。小沢さんの秘書だった石川知裕《いしかわともひろ》さんが取り調べの状況を密かに録音してたんですね。これが決め手になって、小沢さんに無罪判決が言い渡されたのですが、その時の経験で大善さんは検察官でさえこんなことをするんだ、ましてや警察はいざとなればどんなことをするかわからないということを実感されたんじゃないでしょうか。大善コートは優秀な陪席判事にも恵まれていました。私は青沼潔《あおぬまきよし》判事とはちょっとお会いしたことがありますが、仁藤佳海《にとうよしみ》判事とは面識がありません。でも二人とも、大変しっかりした人権派の裁判官であるという噂を聞いています。

ところで本件では、再審開始決定が確定するまでに五十七年間という気の遠くなるような年月が必要でした。なぜこれほどの時間がかかるのでしょうか？　ひとつは制度的な理由です。検察官は、国の費用で、しかも強制力を用いて証拠を集めてきます。これに対し、被告人・弁護人側は、自分の費用で証拠を集めるほかなく、警察・検察官に認められたような強制権限もありません。したがって、もともと持っている武器に「大砲と空気銃」ほどの違いがあるのです。そして、検察官は、集めた証拠のうち有罪立証に役立つものしか裁判所に提出しませんから、検察官の手元には、被告人側に有利な証拠が残っている可能性がありますが、弁護人が検察官の手持ち証拠を見ることができないのです。これは大変な不合理です。さらにせっかく再審開始決定が出されても、検察官が不服申立て（即時抗告や特別抗告）をすると、さらに時間がかかってしまう。また再審請求された場合に、裁判所がいつまでに何をしなければならないかについて、法律の規定が何も無いので裁判官は事実上放置しておくことが可能なのです。そのうち転勤にでもなればやらずに済んでしまう。こういう法律上の不備があります。さらに心理的な理由もあります。先ほども述べましたが再審を開始するということは、それ自体が一般の裁判官にとってできればしたくない仕事なのです。「再審開始」の裁判をするということは、過去に先輩がした裁判、それも最高裁まで行って「間違いない」とされている裁判が誤りであることを正式に認めることです。それは裁判所の権威を失墜させることではないかと心配する裁判官もいます。既に確定している過去の裁判が誤りであることを認めることは、「法的安定性を害する」とか「裁判所の権威を失墜させる」ことにつながるから、「できるだけすべきでない」という考え方は、まだ根強く残っています。

しかし、裁判官も人間です。人間である以上、「常に正しい判断」などできるはずはなく、いつかは必ず誤るものだと考えるべきなのです。そういう誤りの可能性を指摘された場合、裁判官は、証拠を正面から検討した上で、誤りであれば誤りとして率直に認めるべきです。国民の裁判に対する信頼は、「裁判所だって誤ることがある」と率直に認めることによって生まれるはずです。誤りである疑いが濃厚なのに屁理屈を並べて何とかそれを維持しようとすることからは、裁判に対する国民の信頼は絶対に生まれません。そういう態度はむしろ軽蔑と不信を招くだけです。私は後輩の裁判官たちが、証拠に率直に向き合ってくれることを期待してやみません。

（きたに　あきら／元東京高等裁判所判事・弁護士）

※二〇二三年四月十五日、静岡県浜松市で行われた講演会をもとにしていますが、ところどころ発言を省略し、適宜必要な表現を補いながら構成しています。この講演会は、二〇一七年より「袴田さ

ん支援クラブ」が毎月主催する「袴田事件がわかる会」の第六十五回です。尚、その時の模様は「袴田チャンネル」でも視聴できます。https://www.youtube.com/watch?v=dvZ2dlLAXV0

カバー写真提供　静岡朝日テレビ
ブックデザイン　鈴木成一デザイン室

尾形誠規（おがた・せいき）
一九五九年兵庫県生まれ。法政大学卒業後、様々な雑誌の編集部を経て九八年、仲間数名と鉄人社を設立する。同年、月刊誌「裏モノＪＡＰＡＮ」を創刊、十年間にわたり編集長を務める。その間、ライターの北尾トロ氏に裁判傍聴を勧め、傍聴ルポの連載も担当。『裁判長！ここは懲役4年でどうすか』として書籍化して話題を呼ぶ。現在、鉄人社代表取締役を務めながら、書籍の編集も手がけている。
tetsujinsya.ogata@gmail.com

完全版
袴田事件を裁いた男
無罪を確信しながら死刑判決文を書いた元エリート裁判官・熊本典道の転落

二〇二三年八月三十日　第一刷発行
二〇二三年十一月三十日　第二刷発行

著者　尾形誠規
発行者　宇都宮健太朗
発行所　朝日新聞出版
〒104-8011　東京都中央区築地5-3-2
電話　03-5541-8832（編集）
03-5540-7793（販売）
印刷製本　中央精版印刷株式会社

Published in Japan by Asahi Shimbun Publications Inc.
ISBN 978-4-02-251928-3
定価はカバーに表示してあります。
落丁・乱丁の場合は弊社業務部（03-5540-7800）へご連絡ください。送料弊社負担にてお取り替えいたします。